やさしい！
くわしい！
新しい!!

いまこそ読みとく 太平洋戦争史

The History of the Pacific War

戦史研究家
諏訪正頼
Masayori Suwa

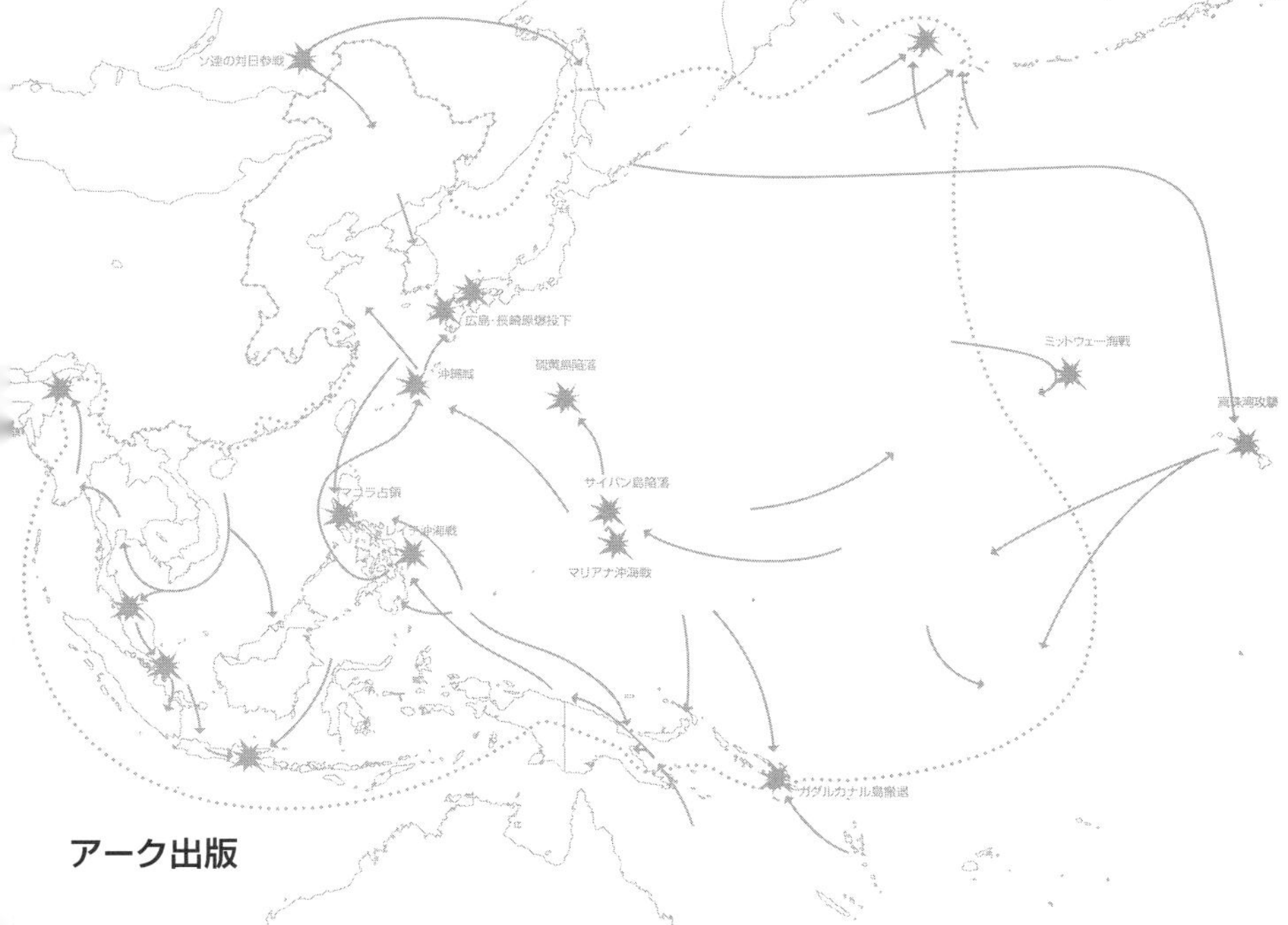

アーク出版

はじめに

今年（２０１６年）は日米開戦75周年目に当たる。これを機に「太平洋戦争とはどのような戦争だったのか?」と興味を持った方々も多いのではないかと思う。

実際に本屋に行ってみる。すると太平洋戦争に関する膨大な書籍、著作が本棚に並んでいる。これらの書籍は大きく分けて三つの種類に分類できそうだ。

一つ目は特定の戦い（「○○の戦い」「△△作戦」など）や兵器に関する書籍。これらの書籍からは太平洋戦争の特定の戦いや兵器についての知識を得ることはできるだろうが、太平洋戦争の全体像理解には向いてないだろう。

二つ目は太平洋戦争に関する著者の主張・考えをメインテーマにしたものである。「太平洋戦争はアジアを欧米植民地支配から解放した正義の戦いであった」「いや、あの戦争はアジア諸国の人々に多大な苦痛を与えた〝侵略戦争〟であった」、または「こうすれば日本は勝てた」云々といった内容のものである。これらの書籍も太平洋戦争の全体像理解には向いてないように思われる。

三つ目は学者や研究者などが書いた専門性の高い内容の書籍である。恐らくこれらの書籍が太平洋戦争の全体像理解という目的にはもっとも適しているように思われる。しかし、これらの書籍にも難点がある。ある程度の知識があることを前提に書かれているということである。これらの書籍には専門用語（軍事用語など）が多用され、また表現や言い回しも硬いものが多い。さらにたいていの場合、数巻にも及ぶ〝大作〟であることが多い。

こうしてみると、太平洋戦争に興味・関心を持っている、いわゆる〝初心者〟向けの内容と適度なボリューム（ページ数）の書籍は意外と少ないことに気づく。

本書はそのような読者を対象にしている。太平洋戦争に興味はあるが、基礎知識・予備知識があまりない（言い方を変えれば、「太平洋戦争は学校で習ったこと以外はあまりよく知らない」）といった方々でも太平洋戦争の全体像を容易に理解していただけるよう、可能なかぎり平易な表現で記述することを心掛けた。また本書では「なぜ日本は太平洋戦争への道を進んでしまったのか？」「太平洋戦争はどのように戦われたのか？」といったことを、どなたにも理解いただけるような構成・内容にするよう心掛けた。

本書の大部分では太平洋戦争について事実（または事実と考えられる事象）を中心に、できるだけ客観的な記述に努めたつもりである。ただ要所要所に、筆者の見解を述べさせていただいている。これは太平洋戦争を理解するために重要と思われる事柄や、現在の日本にも有効な教訓となり得るのではないかと筆者が考えたからである。読者の皆様のご理解を賜れれば幸いである。

また、「なぜ日本は敗れたのか」というテーマについても、本書の各所で、日本軍の組織、戦略、兵器、思想など様々な面から触れるように心掛けた。これは「日本は物量の差だけではなく、他の様々な面においても、アメリカをはじめとする連合国に敗れた」と筆者が考えているからである。ただし、「だから日本は敗れたのだ」といった、はじめに結論ありきという形ではなく、あくまで史実を客観的に分析したうえで、「〇〇という面について、日本は××だったので敗れたと言えよう」といった記述を心掛けるようにした（その一方で日本軍の取った作戦行動で、優れたものや、賞賛に値する行為などについても、できるだけ公平に触れるよう心掛けた）。

恐らく今年も終戦記念日の8月15日を中心に様々なメディアや識者などによって太平洋戦争に関する議論、主張が行われることになるだろう。それらを理解するためにも、また読者個人の太平洋戦争に関する見識、見解形成に本書が少しでもお役に立てれば望外の喜びである。

諏訪　正頼

2016年7月

いまこそ読みとく太平洋戦争史／目次

2章 開戦と侵攻

３章　戦局の転換点

■ニミッツ太平洋艦隊司令就任■1941・12■
東郷平八郎を尊敬していたニミッツがキンメル大将の後任として就任する――110
海軍のニミッツと陸軍のマッカーサーの役割分担…110／日本では今後の戦争計画について陸海軍が対立…112
■日本本土初空襲■1942・4■
戦勝ムードに酔う日本人の士気を挫くためB-25による本土初空襲が実施――114
■珊瑚海海戦■1942・5■
史上初の空母対空母の海戦。航空機による戦いの結果は?――118
■ミッドウェー・アリューシャン作戦■
日本海軍史上最大の作戦だったが、アメリカ軍は事前にキャッチしていた?――119
■ミッドウェー海戦■1942・6■
日本が空母4隻、航空機320機を失うという大敗を喫した原因は?――123
■アメリカ軍の反攻■1942・8■
アメリカ軍は反攻の拠点になぜガダルカナルを選んだのか――129
■ガダルカナル・陸の戦い■1942・8～10■
不敗だった日本陸軍が3度攻撃を仕掛けても奪還できず――131
■ガダルカナル・海の戦い（第1～第3次ソロモン海戦）■1942・8～11■
陸軍を援助するため海軍は3次にわたり出撃するも石油不足で撤退――135
ガダルカナル・空の戦い…139

■ガダルカナルの戦略的価値■
戦闘による死者よりも飢えとマラリアによる死者が上回った悲劇 140
■ガダルカナル撤退■ 1943・2
島への固執から優秀なパイロットを数多く失い、大量の物質を消耗した 143

4章 連合国軍の反撃

■い号作戦発動■ 1943・4
南太平洋での劣勢を挽回するため、山本長官が立案した作戦とは？ 150
ゼロ戦とヘルキャット…150
■山本五十六の戦死■ 1943・4
長官の襲撃は後継者が誰になるかも検討のうえ実行された!! 153
■アッツ島玉砕■ 1943・5
守備隊約2600人が全滅。初めて「玉砕」という言葉が使われた戦闘 154
■キスカ島撤退■ 1943・7
実行不能と言われた撤退作戦を、司令官の機転で成功させる!! 157
■カートホイール作戦■ 1943・6～11
ラバウルを目指し、アメリカ軍が発動した車輪作戦とは？ 159
ハルゼー軍の進撃…160／31ノットバーク…164

5章　日本軍の敗退

■インパール作戦認可■1944・1■
補給路もなく、大本営内部にも反対意見があったのに、なぜ認可された？──205

■インパール作戦開始■1944・3■
3個師団、10万人が参加する作戦が始動。1ヵ月で包囲は成功するが…──208

■日本軍の後退■1944・6〜10■
深刻な食糧不足に見舞われた日本軍は退却を開始。兵士3万人を失う──211

■ビルマ北部の戦い■1942・5〜1944・8■
日本軍に絶たれた補給ルート復活のため、米・中国軍は反攻に出る──214
アメリカ製の武器を持った中国人がアメリカ人士官の下で反撃に出る…214／ラングーン陥落…218

■サイパン上陸■1944・6■
なぜアメリカ軍はサイパン攻略を図ったのか──219
アメリカ本土から南米を爆撃できる「B-29」が完成…219／迎え撃つ日本の陸軍は準備不足、海軍は迷走…220／アメリカ軍、サイパン上陸…224

■マリアナ沖海戦■1944・6■
小沢第一機動部隊大敗。アメリカ軍を勝利に導いた最新兵器とは？──227

6章 そして終戦へ

カバー装幀／石田嘉弘
本文DTP／丸山尚子

太平洋戦争への道

1章

「昭和恐慌」の混乱が続く中で２年後に勃発した「世界恐慌」により日本経済は大打撃を受ける。資源に乏しく、際立つ産業も持たない日本は活路を海外に求めていく。

日独伊三国同盟締結
――1940年９月、ドイツの総統官邸において調印された「日独伊三国同盟」。中央に座るのはアドルフ・ヒトラー。

1927年（昭和2年）3月　昭和（金融）恐慌
1929年（昭和4年）10月　世界恐慌
1931年（昭和6年）9月　満州事変
1932年（昭和7年）3月　満州国成立
1932年（昭和7年）5月　五・一五事件
1933年（昭和8年）1月　ヒトラー、ドイツ首相に就任
1933年（昭和8年）3月　ルーズベルト、アメリカ大統領に就任
1933年（昭和8年）3月　日本、国際連盟脱退
1934年（昭和9年）3月　満州帝国成立
1934年（昭和9年）8月　ヒトラー、ドイツ総統に就任
1936年（昭和11年）2月　二・二六事件
1937年（昭和12年）6月　近衛内閣成立
1937年（昭和12年）7月　盧溝橋事件、日中戦争開戦（〜1945年〔昭和20年〕）
1937年（昭和12年）11月　日本軍、上海占領
1937年（昭和12年）11月　日独伊三国防共協定締結
1937年（昭和12年）12月　日本軍、南京占領
1938年（昭和13年）4月　国家総動員法成立公布
1938年（昭和13年）4月　電力国家管理法制定
1938年（昭和13年）10月　日本軍、武漢占領

1939年（昭和14年）	5月	ノモンハン事件（～9月）
1939年（昭和14年）	8月	独ソ不可侵条約締結
1939年（昭和14年）	9月	ドイツ、ポーランドに侵攻
		第二次世界大戦開戦（～1945年〔昭和20年〕）
1940年（昭和15年）	3月	南京国民政府（汪兆銘首班）成立
1940年（昭和15年）	5月	チャーチル、イギリス首相に就任
1940年（昭和15年）	7月	日米通商条約破棄
1940年（昭和15年）	9月	日本、北部仏印（現在のベトナム北部とラオス）占領
1940年（昭和15年）	9月	日独伊三国同盟締結
1940年（昭和15年）	10月	大政翼賛会結成
1941年（昭和16年）	4月	日ソ中立条約締結
1941年（昭和16年）	7月	日本、南部仏印（現在の南部ベトナムとカンボジア）占領
1941年（昭和16年）	8月	アメリカ、日本への石油輸出を全面禁止
1941年（昭和16年）	10月	近衛内閣総辞職、東条内閣成立
1941年（昭和16年）	12月	日本、御前会議で英米蘭（イギリス、アメリカ、オランダ）との開戦を決議

世界恐慌 1929・10

貧しさが戦争を呼ぶ? 戦争の原因が世界恐慌と言われる理由は?

1929年(昭和4年)10月、ニューヨーク証券取引所で株価が大暴落したことをきっかけに世界各国の経済が混乱した。これを「世界恐慌*」という。

この世界恐慌の波を日本もまともにかぶることになった。とくに世界恐慌の2年前の1927年(昭和2年)に発生した「昭和(金融)恐慌*」によって混乱していた日本経済が受けたダメージは、甚大なものであった。都市部には多くの失業者があふれ、疲弊した農村では娘たちが身売りされた(ただ社会*主義経済政策を取っていたソビエト連邦だけは、この影響を受けなかった)。

この世界恐慌に対処するため、世界主要各国は様々な政策を取った。当時世界各地に広大な植民地を持っていたイギリスとフランスは、本国と植民地との経済的繋《つな》がりを強め、他国との貿易・通商を厳しく規制するという「ブロック経済政策*」を採用した。

一方自国自体、広大な国土を持っているアメリカは、ダム建設などの大規模な公共事業等によって経済再生を目指す「ニューディール政策*」を取った。

イギリスもフランスもアメリカも広大な海外領土、または自国領土を利用した経済政策によってこの恐慌を切り抜けようとした。しかしそのような領土を持たない国々もあった。ドイツ、イタリア、そして日本である。これら三国は周辺の国々に新領土を求めることで、経済の再生を図ろうとした。

ドイツは東ヨーロッパとロシアを、イタリアは北アフリカ(エチオピアなど)とバルカン半島(ユーゴスラビアなど）の領有化・植民地化を目指した。ドイツはアドルフ・ヒトラー*（ナチス党）、イタリアはベニト・ムッソリーニ*（ファシスト党）という〝独裁者〟によって、この〝海外拡大政策〟が強力に進められていった。

一方、日本は隣国、中国の東北部、いわゆる〝満州〟の領有化を目指していった。これを進めたのは軍部、陸軍であった。

満州事変　1931・9

独断で爆破事件を起こした関東軍を、政府はなぜ統率できなかったのか

日本は日露戦争*（1904～05年〔明治37～38年〕）で南満州鉄道の権益を取得した。この鉄道を守るために、日本は軍隊を配置した。この軍隊は〝関東軍*〟と呼ばれた（〝関東〟とは関東地方のことではなく、守備隊が配置されたのが、中国にある山海関という城塞の東側であることに由来している）。

1931年（昭和6年）9月18日夜、満州・奉天《ほうてん》近郊の柳条湖《りゅうじょうこ》*付近で、南満州鉄道の線路が爆破された。これを中国軍（国民党軍）の仕業《しわざ》であると断定した関東軍は、ただちに中国軍への攻撃を開始した。関東軍は当時日本の植民地であった朝鮮に駐留していた日本軍部隊の援軍を受けて、翌1932年（昭和7年）に満州全土を占領した。

しかしこの鉄道爆破は関東軍の陰謀であった。その首謀者は関東軍参謀長・板垣征四郎*と同軍参謀・石原莞爾《かんじ》*であった。とくに石原は当時、陸軍きっての天才と言われ、日本の将来に関して独自のヴィジョンを持っていた。彼は「日本が豊富な鉱物資源を持つ満州を領有すれば、日本の経済的苦境も解決で

「満州事変」周辺地図

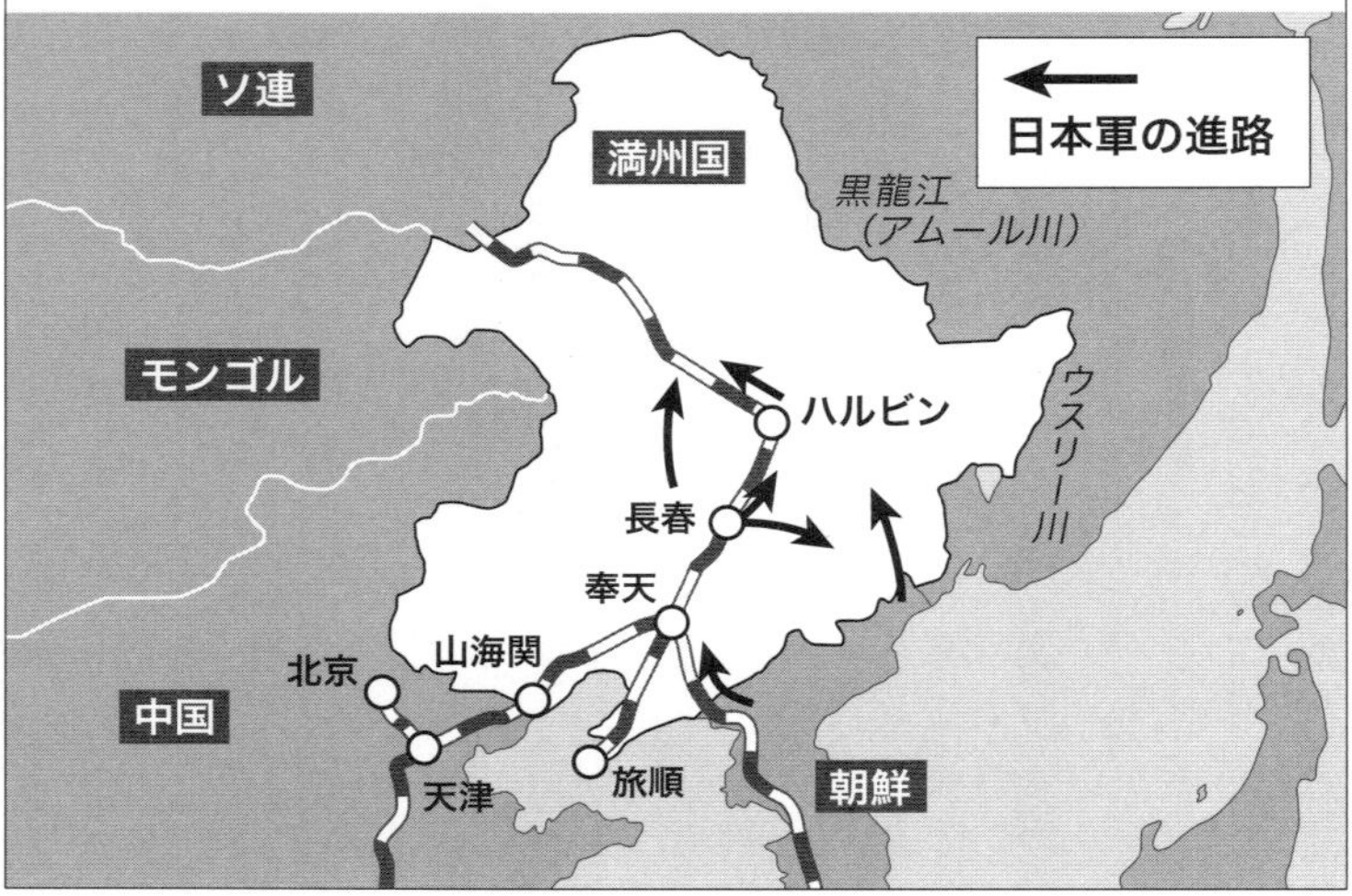

きる。また失業者対策としての移民の受入れ先にもなる」と主張した。

石原はその著作『最終戦争論』で、「現在、ヨーロッパ、ソ連、アメリカ、日本の4大勢力が世界の覇権をめぐって争っているが、最終的には、日本とアメリカとの間で〝決戦〟が行われるだろう」と予言した。そのアメリカとの決戦に備えて、日本は国力を強化しなければならない。そのためにも日本には満州領有が必要であると主張した（ただし石原は満州領有後、日本は諸外国との戦争を極力控え、満州開発と国力増強に専念するべきであるという考えを持っていた）。

ちなみに石原の「やがて日米が世界の覇権を巡って、決戦するであろう」という予言は外れたが、著作の中には「原子爆弾」「再生エネルギー」「バイオテクノロジーによる食糧生産」「無補給・無着陸で世界一周できる航空機」などの出現や実現化を予言している。

なおドイツ、イタリアが政府主導で海外拡張政策を進めていったのに対して、日本の政府は満州事変発生直後から、中国との戦争に消極的であった。しかし関東軍および朝鮮駐留日本軍は政府の命令を無視して、満州占領を進めていった。日本軍は政府命令を無視した、いわゆる「独断専行」によって事を進めていったのである。

結局、満州占領後、石原も板垣も罰せられることはなく、逆に昇進している。つまり「手柄を立てればこっちのもの」ということである。この風潮《ふうちょう》はその後の日本軍（とくに陸軍）で支配的なものになっていった。

1932年（昭和7年）3月1日、日本は〝満州国〟*の建国を宣言した。当初、日本軍は満州を日本の植民地にしようとした。しかし諸外国からの非難を避けるため、あくまで「満州に住む人々（中国人、蒙古人、朝鮮人、白系ロシア人、日本人）の〝自発的意志〟による「独立」という形にするため、このような体裁を取った。

1933年（昭和8年）、国際連盟*は圧倒的多数で満州国を認めないという決議を採択した。これを不服とした日本は同年、国際連盟を脱退した。

その翌年の1934年（昭和9年）3月1日に国名を満州帝国と変え、中国最後の王朝である清朝*の皇帝・溥儀《ふぎ》*（彼は1911年〔明治44年〕の辛亥《しんがい》*革命によって、中国皇帝の座を退いている）が皇帝に即位した（皇帝溥儀には何の権限もなく、満州帝国の実権は日本が握った）。

満州事変以降、失業対策の一環として農村の若者を中心とする約30万人の日本人が「開拓団」*として満州に移民した。彼らは満州の大地を耕して、農業を営んだ。彼らに嫁いだ日本の女性たちは「大陸の花嫁」と呼ばれた。

五・一五事件　1932・5

首相を暗殺する軍事クーデターを、なぜ青年将校は起こしたのか

◉腐敗した政治の刷新を求め青年将校が立ち上がる

1932年（昭和7年）5月15日、陸海軍の青年将校と士官候補生が、首相官邸に乱入し、内閣総理大臣・*犬養毅《いぬかいつよし》を殺害した。

青年将校を前にして、犬養は「話せばわかる」と言ったが、彼らは「問答無用」と言って、犬養を射殺した。これを*五・一五事件という。

なぜ彼らはこのようなことをしたのだろうか？

前述したように、*昭和恐慌と*世界恐慌によって、日本人のほとんどが大変な苦境に陥っていた。しかし政治家は何ら有効な対策を打とうとしなかった。当時の日本の政局は*立憲政友会と*立憲民政党の二大政党が互いの非難合戦に終始していた。また三井、三菱といった*財閥は昭和恐慌でのドル買い等で莫大な利益を上げ、さらに恐慌で倒産した企業を次々と買収していった。

この状況を見た青年将校は「政治家は腐敗しており、財閥と結託し、自分たちの利益を追及し、この日本の苦境に何ら有効な措置を取ろうとしていない。もはや我々軍人が立ち上がって、彼ら政治家を排除し、軍人主導で日本のかじ取りをしていかなければならない」と考えるようになっていた。

●国民と世論に支持された軍部

海外では領土拡張、国内では政治家暗殺を行った軍部（軍人）を、当時の国民はどう見ていたのだろうか？

よく「戦前、戦中の日本は軍部が独走し、当時の国民はそれに引きずられ、逆らうことができなかった」と言われているが、事実はまったくの逆であった。

国民の大半もまた、昭和恐慌、世界恐慌に対して有効な手立てが打たず、ひたすら政争に明け暮れている政治家に失望していた。

そんな国民にとって満州事変およびその後の日本軍の行動は、先が見えず、暗雲が立ち込めていた日本の前途に、一筋の光明《こうみょう》がもたらされたように見えたのである。国民は熱狂的に軍部を支持した。

五・一五事件においても、犬養首相を暗殺した青年将校や士官候補生の裁判中、全国各地から彼らの助命嘆願《じょめいたんがん》を訴える手紙が裁判所（軍事法廷）に多数寄せられた。中には自分の指を切り落とし、それを「私を身代りに処刑して下さい」と訴える手紙に同封して送り付けた者までいた（結局、首相暗殺を実行した被告全員に禁固刑が言い渡された）。

新聞を中心とするマスコミもまた軍部を支持した。なぜなら軍部支持・軍部礼賛《らいさん》の記事を書けば、新聞が飛ぶように売れたからである。

満州事変が発生した時、朝日、読売、毎日といった主要新聞社は争うように〝号外〟を発行した。また国際連盟が満州国を認めない決議を採択した時は、各紙ともに国際連盟批判の論陣を張り、国際連盟脱退演説を行った松岡洋右《ようすけ》*外務大臣を〝国民的英雄〟と絶賛した。満州事変や国際連盟脱退*といったイベントが発生した時に、軍部や強硬派の政治家を支持する記事を書けば書くほど、新聞の販売部数は増えていったのである。

戦前の日本は、軍部が無理やり国民を太平洋戦争に引きずり込んでいったのではなく、軍部・国民・マスコミが一体となって、戦争への道を突き進んでいったというのが真相なのである（また戦後になって、「太平洋戦争は陸軍の独走によって引き起こされたものであり、海軍はその陸軍の独走に引きずり込まれた」という、いわゆる「陸軍悪玉説、海軍善玉説」*がまことしやかに言われたが、これも事実ではない。陸軍同様、海軍にも「軍備増強」「三国同盟（詳細後述）賛成」「英米と開戦するべきである」という強硬論を唱えた海軍軍人は多数いた）。

二・二六事件　1936・2

クーデターは失敗したのに、軍部の発言権がより強まった理由は？

1936年（昭和11年）2月26日、陸軍青年士官と彼らに率いられた陸軍部隊、約1500人が、総理大臣官邸、その他大臣官邸などを襲撃し、その後、警視庁、陸軍省、参謀本部などを含む政府中枢を占領した。これを二・二六事件*という。

彼らは「昭和維新断行」をとなえた。「腐敗した政治家や天皇側近を取り除き、天皇陛下のもと、軍人主導による政府を打ち立てて、日本を改革する」。これが決起（〃立ち上がる〃〃行動を起こす〃といった意味）した軍人たちの目的であった。

この事件で高橋是清《これきよ》*大蔵大臣、斎藤実《みのる》*内大臣、渡辺錠太郎《じょうたろう》*教育総監などが殺害された。岡田啓介《けいすけ》*首相は危うく難を逃れた。

この事件の犠牲者の一人である高橋是清は、幕末に江戸で生まれた。若いころアメリカに留学したが、ホームステイ先の家族に騙《だま》され、農場に売られ、そこで奴隷のような扱いを受けた。そのような環境下であったが、苦学して英語を習得した。帰国後、大学予備門（明治時代、東京帝国大学〔現東京大学〕進学予定者は、ここで語学を取得することが義務づけられていた）で英語を教えた。彼の教え子には、*正岡子規《まさおかしき》や*秋山真之《さねゆき》（日本海海戦〔日本の連合艦隊とロシアのバルチック艦隊が戦った大海戦。連合艦隊が圧勝した〕で、連合艦隊の参謀を務めた）などがいる。日露戦争では日本銀行副総裁としてイギリスとアメリカに渡り、日本の戦費調達に奔走《ほんそう》した。その後大蔵大臣などの大臣職をいくつか勤め、1921年（大正10年）には内閣総理大臣に就任している（その風貌《ふうぼう》から「ダルマ宰相《さいしょう》〔〃宰相〃とは総理大臣のこと〕」というあだ名がついた）。その後、高齢（当時高橋は70歳近くになっていた）を理由に、政界を引退したが、昭和恐慌、世界恐慌発生後、内閣の要請を受け、再び大蔵大臣の職に就いた。高橋はモラトリアム政策（金融機関の預金の払い戻しを、一時的に猶予《ゆうよ》すること）、低金利政策、財政支出の増大などの政策を矢継ぎ早に実行し、日本の経済と財政を安定させることに成功した。しかし、増えすぎた軍事予算を削減しようとしたことから、軍部の恨みを買い、2月26日、赤坂の自宅で陸軍青年将校らによって射殺された。享年82であった。

*鈴木貫太郎侍従長（天皇に仕える側近の長）も自宅で、決起した軍人たちに撃たれて重傷を負った。青年将校が止めを刺そうとしたが、鈴木の妻が「夫は間もなく死にます。せめて最後くらい、私たち家族に看取らせて下さい」と訴えた。青年将校らは婦人の訴えを受入れ、鈴木に敬礼した後、去って行ったという。

鈴木は群馬出身の海軍軍人であり、1905年（明治38年）の日本海海戦では、水雷艇《すいらいてい》（魚雷を装備した小型の軍艦）を指揮して、バルチック艦隊に対して勇猛《ゆうもう》果敢《かかん》な夜間攻撃を行った。その後、連合艦隊司令長官、海軍軍令部長などを歴任した後、1929年（昭和4年）より、侍従長を務めていた。

鈴木は二・二六事件の後、かろうじて一命を取りとめた。そして1945年（昭和20年）に総理大臣となり、太平洋戦争終結に活躍することになる。が、これは後の話である。

二・二六事件発生後、政府と陸軍首脳部は対応に苦慮した。「決起《けっき》した部隊の行動を認めるべきか、それとも彼らを〝反乱軍〟とみなすべきか」誰もが決めかねた。また各地の陸軍部隊も積極的に動こうとせず、〝様子見〟を決め込んだ。

しかしそんな中、ただ一人彼らを〝反乱軍〟であると断定し、速やかに鎮圧することを主張した人物がいた。昭和天皇*である（もっとも戦前、戦中、天皇は人間ではなく、人間の姿をした神、〝現人神《あらひとがみ》〟とされていたのだが）。

天皇は事件の報告を受けた時、激怒したと言われている。天皇は「朕《ちん》（天皇自身を指す一人称）が頼りにしている重臣たちを殺害した今回の事件は許しがたい。もし陸軍が躊躇《ちゅうちょ》するようであれば、朕自ら近衛師団（近衛とは天皇を守る部隊のこと。師団*とは陸軍部隊の単位、兵数約1万2千～2万人程度）を率いて鎮圧する」と述べた。

天皇のこの発言により決起した部隊は〝反乱軍〟となり、陸軍は彼らを包囲し「原隊に復帰せよ」との勧告を出した。

結局、決起部隊は2月29日に占領していた諸官庁を撤退し、原隊に復帰（部隊の駐屯基地に戻るということ）した。決起した青年将校の大半は自決（責任を取って自殺すること）あるいはその後の裁判で死刑判決を受けた。

彼らの軍事クーデターとも言える計画は失敗したものの、結果的にはこの事件後、軍部の発言力は強化されていった。政治家たちのほとんどは「もし軍部のやることに異を唱えれば、二・二六事件のように、軍部に殺されてしまう」と考え、沈黙を守るようになったのである。

近衛内閣成立 1937・6

天皇家にも連なる近衛文麿が、なぜ日中戦争を始めたのか

◉内閣成立直後、盧溝橋事件勃発

1937年（昭和12年）6月、*近衛文麿《このえふみまろ》が内閣総理大臣に就任した。近衛は天皇家の血筋を引く、貴族の中でも名門中の名門である近衛家の当主である。京都大学に入学し、そこでリベラルな思想に触れた。

総理大臣になった時、近衛は45歳であった。国民は天皇家に連なる血筋と、リベラルな思想にも理解のある、この若き総理に期待を寄せた。「彼なら日本の置かれている、この困難な状況をきっと解決してくれるだろう」そう多くの国民は考えた。総理就任直後の近衛に対する国民の支持の高さは、現代で言えば、小泉純一郎内閣のそれに匹敵していたと言えるだろう。

しかし近衛は総理就任後間もなく、難局に直面することになる。1937年（昭和12年）7月7日、日中両軍が北京郊外の盧溝橋《ろこうきょう》で武力衝突したのである。いわゆる*盧溝橋事件である。

満州事変と満州国成立後、日本と中国は停戦協定に合意していた。当時中国の大半を支配していた*蔣介石《しょうかいせき》率いる国民党は、*毛沢東《もうたくとう》率いる中国共産党と内戦状態にあったからである。

蔣介石は満州を占領した日本軍は脅威であるが、まずは国内の敵である共産党を叩くことを優先した（それまでは日本との軍事衝突は極力避けるというのが、国民党政府の基本方針であった）。

そのような状況下で事件は起こった。中国軍と武力衝突した日本軍部隊の指揮官は*牟田口廉也《むたぐちれんや》大佐、部下は*一木清直《いちききよなお》少佐であった。また牟田口の上官は、*川辺正三少将であった。一木は後に太平洋戦争でのガダルカナル島において、アメリカ軍と戦う部隊の指揮官となった。また牟田口は*インパール作戦の指揮官として、川辺は牟田口の上官として、*インド・ビルマ戦線でのイギリス・アメリカ・中国連合軍との戦いに関わることになる。どちらの戦いも多くの日本兵が死傷する激戦となった。

近衛内閣は「今回の事件は、中国側の陰謀によるものである。日本は中国のこの行為を許すことはできない。中国を懲らしめるために、日本は断固とした態度に出る」との結論を出して、中国派兵を決定した。こうして*日中戦争（1937～1945年〔昭和12～20年〕）が始まった。

この当時、日本陸軍の作戦決定の中枢である参謀本部作戦部長の職にあったのは*石原莞爾《かんじ》であった（階級は中将に昇進していた）。

石原は中国での戦火の拡大に反対し、即時停戦を主張した。前述したように石原は、「今の日本は戦争を極力避け、満州開発と国力増強に専念すべきである」と訴えた。しかしほとんどの陸軍将校らはそんな石原の主張に耳を貸そうとはしなかった。

彼らは石原にこう反論した。「石原閣下、閣下は満州事変の際、東京の政府や参謀本部の命令を無視して満州を占領し、手柄をたてられたではないですか。我々が今やろうとしているのは、まさに閣下が満州でおやりになったのと同じことなのです」。
間もなく石原は、作戦部長の職を追われ、陸軍中央から去ることとなった。そして1941年（昭和16年）には陸軍を退くのである。

●近衛内閣が戦争を始めた理由

当時、国内では日本と中国との間で戦われたこの戦争を〝日中戦争〟とは呼ばなかった。〝戦争〟という名称を使うと、欧米諸国、とくにアメリカからの非難や経済制裁などを受ける懸念があったからである。そこで「支那事変《しなじへん》」*という名称が使われた（支那とは中国のことを指す。しかし現在では中国に対する侮辱的《ぶじょくてき》な呼び方であるとされ、使用されることはほとんどない）。

ところでなぜ、近衛内閣は中国との戦争の道を選んでしまったのだろうか？　これには主に二つの理由があると考えられる。

第一に近衛は軍部をリードしたいと考えていた。前述したように、満州事変、五・一五事件、二・二六事件などによって、軍部の力は圧倒的なものになっていた。そのような状況下で、政府が主導権を取り戻すためには、軍部が行おうとしている政策を、軍部に先んじて政府が積極的に進めることである、近衛はそう判断したのである。

第二の理由は日本は（軍部・政府ともに）、「中国軍は弱い」と見ていたことである。「中国軍は弱い。実際満州事変でわが日本軍は、わずか半年程度で満州全土から中国軍を蹴散《けち》らしたではないか。今回も日本軍が強気で中国を攻撃すれば、弱腰の蒋介石政府はすぐに和平を請うようになるだろう」。近衛はそう判断したのである。この日本側の読みは外れることになる。

日中戦争時の周辺地図

日本軍（陸軍）は数十万人規模の部隊を二つの方面に派遣した。一つは満州と中国との国境地帯である。日本軍は万里の長城を超えて北京を占領し、中国本土、いわゆる華北地方へと進撃していった。

もう一つは上海方面である。こちらへは海より上陸した。中国軍との激戦の後、日本軍は１９３７年（昭和12年）11月、上海を占領した。次の目標は首都南京である。「南京を占領すれば、国民党政府は日本に和平を請うだろう。そこで日本に有利な条件で停戦協定なり講和条約を結べばよい」。そう日本政府も軍部も考えた。

１９３７年（昭和12年）12月10日、日本軍は南京への総攻撃を開始。わずか3日後の12月13日、南京は陥落した。南京占領後、日本軍は南京の中国兵や一般市民を虐殺した*（南京事件）。

日本軍が南京への攻撃を開始する前に、すでに蒋介石以下国民党政府は、中国奥地の武漢に移動していた。蒋介石は日本との徹底抗戦を叫び、それまで戦っていた毛沢東の共産党と和平を結び、共同して戦うこととなった。これを〝国共合作〟という。

ちなみに国民党と共産党との同盟関係は、日本が連合国に無条件降伏する1945年（昭和20年）まで続くが、日本の降伏後、戦いを再開する（これを〝国共内戦〟という）。激戦の後、戦いは4年後の1949年（昭和24年）、共産党の勝利に終わった。同年10月1日、毛沢東は〝中華人民共和国〟の成立を宣言した。一方、敗れた国民党は台湾に逃れ、〝中華民国〟を名乗った。両国のこの状態は現在も続いている。

脱線ついでにもう一つ日中戦争に関するエピソードを紹介したい。1938年（昭和13年）5月に中国空軍（国民党軍）は、日本本土への空襲を実施した。〝空襲〟といっても、参加したのはアメリカ製中型爆撃機わずか2機であった（乗員はすべて中国人）。両機は中国本土の基地を飛び立った後、東シナ海を渡って九州上空に達した。そこで投下したのは〝爆弾〟ではなく、〝ビラ〟であった。ビラの内容は中国での日本軍の行為と、和平を訴えたものであったという。このエピソードは「宮崎駿《はやお》の雑草ノート」にも紹介されている。

中華民国臨時政府樹立　1938・1

膠着状態に陥った日中戦争。近衛内閣の対応策は？

話を元に戻そう。南京を占領されても徹底抗戦を続ける国民党政府に対して、近衛首相は1938年（昭和13年）1月16日、「爾後《じご》、国民政府を対手とせず（「今後、国民政府を相手にしない」という意味）」

という声明を発表した。そして日本の傀儡《かいらい》政権（〃傀儡〃とは操り人形のこと）である「*中華民国臨時政府」を成立させた。後に蒋介石とケンカ別れした国民党の大物政治家である*汪兆銘《おうちょうめい》が、この政府に加わり、1940年（昭和15年）汪を首班とする「*南京国民政府」が成立した（名前が変わっても〃傀儡政権〃であることに変わりはなかった）。

ちなみに、汪兆銘は1944年（昭和19年）11月、名古屋で病死している。もし戦後まで生きていれば、「漢奸《かんかん》（中国を外国に売った、裏切り者の意味）」として、逮捕、処刑されていたことであろう。

1938年（昭和13年）10月、日本軍は国民党政府の首都、武漢を占領した。しかし蒋介石は政府をさらに奥地の重慶に移した。

この間ドイツによる日中和平工作が行われたが、日中双方の条件が合わず、結局、日中戦争は泥沼の膠着状態《こうちゃくじょうたい》が続くことになる。

なお、その後の中国戦線であるが、表面上は日本軍が占領地を拡大し続けていく一方、中国軍は後退を続けていった。しかし実際に日本軍が占領・支配できたのは、中国の都市と線路（点と線）だけであった。

日中戦争の長期化によって、戦争に必要な人員や物資の不足が深刻な問題となっていった。そこで近衛内閣は1938年（昭和13年）4月に、「*国家総動員法」を公布（法律を国民に知らせること）した。この法律によって、政府は戦争遂行に必要な人員や物資を自由に使えるようになった。

さらに1940年（昭和15年）10月には「*大政翼賛会《たいせいよくさんかい》」が結成された。これは日本の戦争遂行に協力するため、国内のすべての政党が合同した組織である（当時非合法政党であった日本共産党を除く）。

この他にも1938年（昭和13年）に「*電力国家管理法」が制定され、電力の国家管理も強化されるようになった。
このように日本は政治、経済、産業、すべての面において戦争遂行のための体制、いわゆる「戦時体制」*が強化されていったのである。

ノモンハン事件 1939・5

日本が惨敗を喫した理由、勝ったソ連が停戦に応じた理由は？

日中戦争の戦火が拡大していった1939年（昭和14年）5月、満州国とモンゴルとの国境で日本軍とソ連軍との間で戦闘が行われた。いわゆる「ノモンハン事件」*である。事件といっても日ソ両軍合わせて10万人以上が動員された戦いであった。

事件発生時、日本軍はソ連軍を過小評価していた。日露戦争で日本はロシアに勝利したのがその理由であった。また日中戦争に専念しなければならないこともあり、「だからこそ大軍を送り込み、短期決戦でソ連軍を圧倒して有利な条件で停戦協定を結ぶ」。日本軍（関東軍）の首脳部はそう考えた。その前提にもとづいて、関東軍参謀の服部卓二郎*や辻正信*は、極めて野心的かつ攻撃的な作戦を立案した。

しかし結果は惨憺《さんたん》たるものであった。日本軍の予想に反してソ連軍は戦車、大砲、航空機などの兵器を大量に投入した。対する日本軍は、銃の先頭に剣をつけたいわゆる「銃剣」だけを生身の兵士に持たせ、ソ連の機械化部隊へ突撃して行った。その結果、死傷者だけを増やすこととなった。

結局戦闘開始から3カ月後の9月に、日ソは停戦協定に合意した。ソ連軍は有利に戦いを進めていたが、最大の敵であるドイツの脅威に備えなければならないという判断から、ソ連も停戦に合意したので

ノモンハン位置図

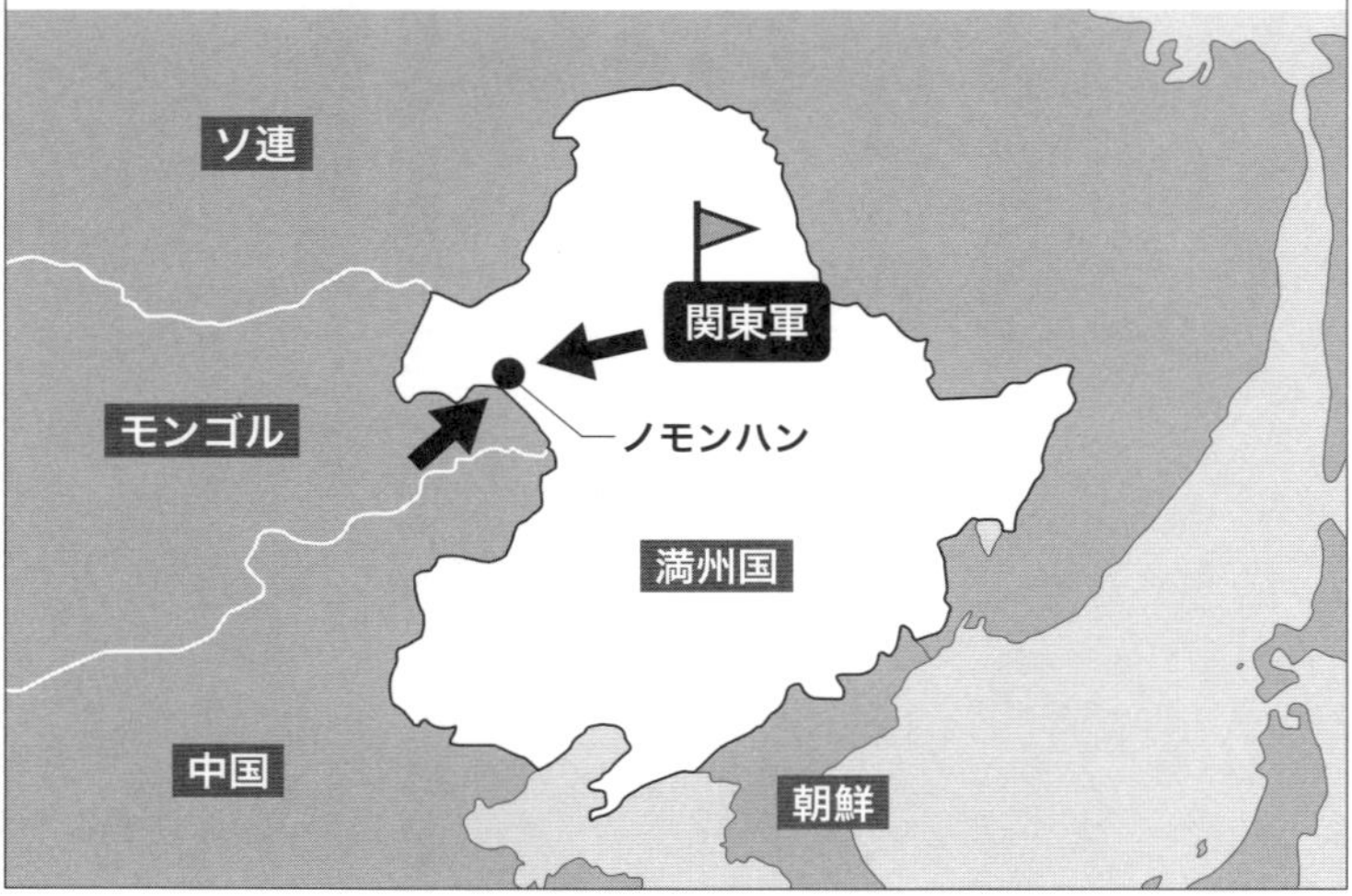

ある。

この事件後、最前線で戦った連隊長*（連隊は陸軍の部隊の単位。一個連隊は数千人で構成されている）の多くが「責任を取らされて」、自決を強要された。しかしその一方で作戦を立案した服部や辻が責任を取ることはなかった。後に彼らは東京の参謀本部に返り咲き、太平洋戦争での数々の重要な戦いの作戦立案に関わっていくことになる。

またこの事件後、陸軍は「ノモンハン事件研究委員会」を設立し、日本軍（関東軍）が苦戦した原因の究明を行った。しかし同委員会は「わが軍がノモンハンで勝てなかったのは、戦車、大砲、航空機といった機械化装備の少なさではなく、〝積極的な攻撃精神の欠如〟である」と分析した。そのうえで「今後は兵士に対する攻撃精神を高める訓練を強化するべきである」と結論づけた。要するに「今回ソ連軍に勝てなかったのは〝気合い〟が足りなかったからである。したがって、もっと〝気合い〟を入れて戦えば、次は必ず勝てる」ということである。

数年後、〃気合い〃を入れ直した日本軍は、太平洋の島々や、インド、ビルマの戦場で、戦車、大砲、航空機などを大量に装備したアメリカ軍、イギリス軍に生身の〃銃剣突撃〃を繰り返し、無数の屍《しかばね》をさらすことになる。

ノモンハンの戦いが終わった後、ソ連軍を指揮した将軍がソ連首相・スターリン*の日本軍軍人に関する質問に対して、こう答えている。「日本軍の下士官および兵士は勇敢に戦います。青年将校は狂信的に戦います。しかし将軍たちは無能です」。要するに「司令官の無能を戦場の指揮官や兵士たちの勇気で補っている」ということである。現代の企業で言えば、「経営陣の無能を、中間管理職や社員たちの工夫や勤勉さでカバーする」といったところであろうか。

このスターリンの質問に答えた将軍の名をゲオルギー・ジューコフ*といった。後にドイツとの戦い（独ソ戦*・1941～45年（昭和16～20年））でソ連軍最高司令官代理として数々の戦いの指揮を執り、ソ連軍を勝利に導いた軍人である。

日独伊三国同盟　1940・9

なぜ日本は戦争を始めたドイツと同盟を結んだのか

海外拡張政策によって国際的孤立を深めていったのは、日本だけではなかった。ヨーロッパではドイツとイタリアも同様の政策を取り、孤立を深めていった。

その結果、この三国は連携を深めていくことになる。1937年（昭和12年）には日独伊三国防共協定*（ソ連を中心とする、共産主義国家および共産主義勢力に対抗する協定）が結ばれた。

第二次世界大戦開戦時のヨーロッパ

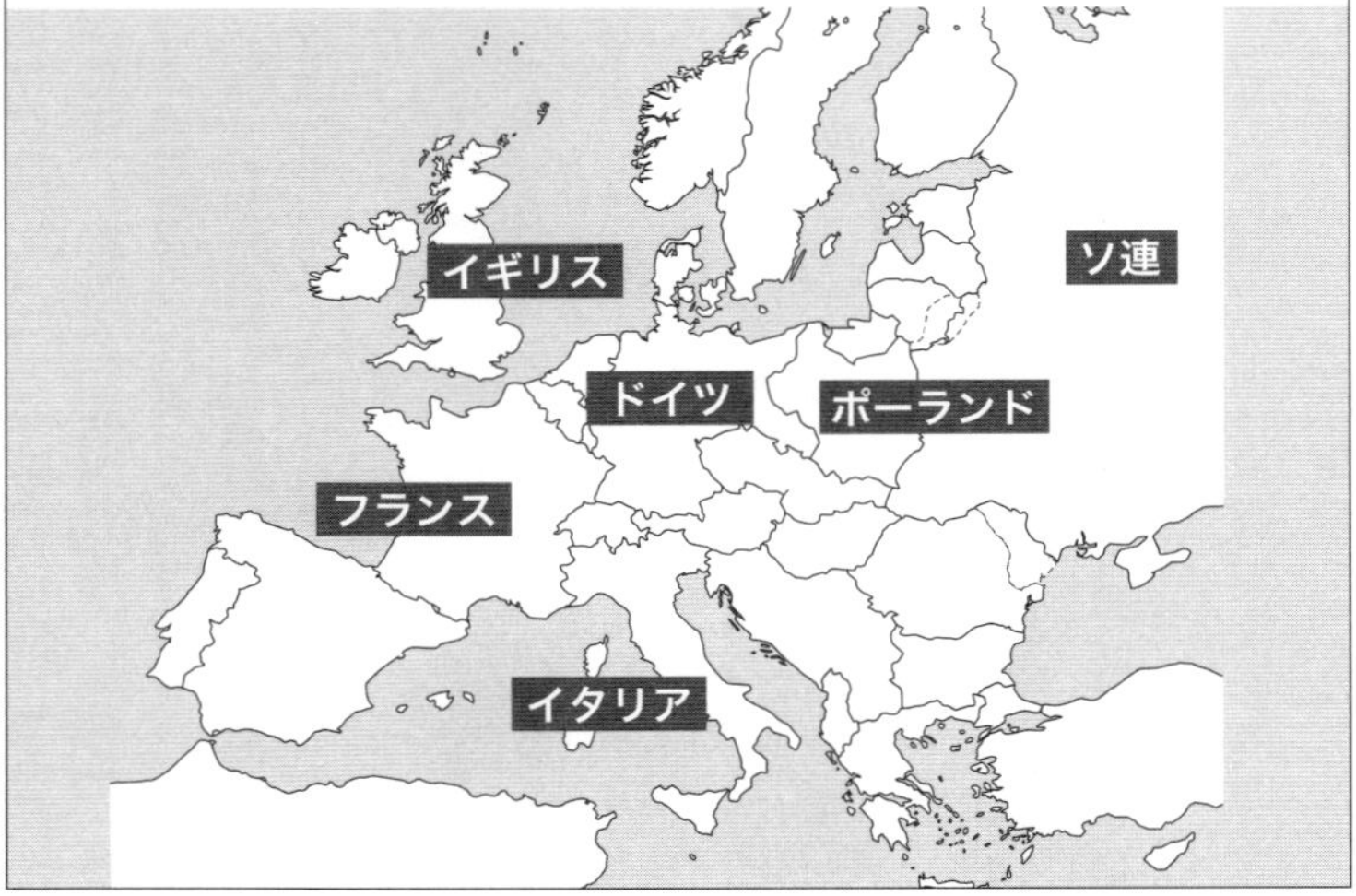

この動きに対して、かねてから日本の中国での勢力拡大を警戒していたアメリカは、1940年（昭和15年）7月、突然、日米通商条約の破棄を通告してきた。これによりアメリカは日本との貿易を制限することが可能となった。石油・鉄くずなどの資源の大半をアメリカからの輸入に頼っていた日本にとって、これは深刻な問題であった。

一方、ヨーロッパではナチス・ドイツが1939年（昭和14年）9月1日、突如、隣国のポーランドに侵攻した。ポーランドと同盟関係にあったイギリスとフランスは、ただちにドイツに宣戦布告した。これによって*第二次世界大戦が始まった。

ドイツ軍は戦車と航空機の集中使用による得意の〝電撃戦《でんげきせん》〟によって、わずか1カ月でポーランドを降伏させ、占領した。翌1940年（昭和15年）5月にドイツはフランスへの侵攻を開始した。この戦いでもドイツはわずか1カ月でフランス・イギリス軍を中心とする連合国軍を打ち破った。翌6月にフランスはドイツに休戦を申込み、事実上、降伏した。

これによりドイツとイタリアは、イギリス、ソ連および中立国を除く、ヨーロッパのほぼ全域を支配下に置くこととなった。

このフランスの降伏を受け、1940年（昭和15年）9月、日本はフランスの植民地であった北部仏印（現在のベトナム北部とラオス）を占領した。さらに同じ月に日独伊三国同盟*が締結《ていけつ》された。日本はこの同盟によって、アメリカ、イギリスからの圧力に対抗することを狙った。日本はこの三国同盟にソ連を引き込んで、〝四国同盟〟にすることを目論《もくろ》んだ。ソ連はこの同盟を結ぶことには同意しなかったが、日本とソ連が互いの領土に攻め込まないことを定めた「日ソ中立条約*」には同意し、1941年（昭和16年）4月にこの条約を結んだ。

1939年（昭和14年）8月にドイツとソ連が互いの領土に攻め込まないことを定めた「独ソ不可侵条約*」の2年後に結ばれたこの条約を、ソ連首相のスターリンは心から喜んだ。「日ソ中立条約」が結ばれた後にモスクワで開かれた祝賀会でスターリンは、「天皇陛下万歳」と言って乾杯した。なお、この三国同盟と日ソ中立条約を結んだ中心人物は、外務大臣の松岡洋右《ようすけ》*であった。

日本への石油輸出全面禁止　1941・8

日本が受け入れられるはずもない条件を、なぜアメリカは提示したのか

◉アメリカ国民は戦争参加に反対していた

あまり知られていないことだが、太平洋戦争開戦までアメリカ国民の大半はアメリカがヨーロッパや

アジア・太平洋での戦争に参加することに反対していた。「自分たちの生活と直接、何の関係もない外国でどうして我々が血を流さなければならないのか?」。これが当時のアメリカ国民の大多数の意見であった（この考えを〝孤立主義*〟と呼ぶ）。世界初の大西洋単独無着陸飛行を行ったことで有名な、チャールズ・リンドバーグ*も、熱心な〝孤立主義者〟であり、「アメリカは戦争に参加するべきではない」と全米各地で熱心に演説した。

当時のアメリカ大統領、フランクリン・ルーズベルト*は内心では「ドイツ・イタリア・日本の海外拡張政策は自由主義世界にとって脅威であり、アメリカは自由を守る〝砦〟としてこれを防がなければならない」と考えていたが、アメリカ世論の孤立主義の手前、軍事的手段を取ることはできなかった。

そこで彼は再度、日本に対して〝経済的手段〟を取ることにした。１９４１年（昭和16年）7月に日本が南部仏印（現在の南部ベトナムとカンボジア）を占領したことへの制裁措置として、翌8月1日、日本への石油輸出を全面的に禁止した。

石油の約90%をアメリカからの輸入に頼っていた日本にとって、これは致命的であった。石油がなければ日本の産業も立ち行かなくなるし、日本軍も軍事行動ができなくなる。政府は現在の石油の備蓄量では、あと2年程度しかもたないと計算した。

アメリカに呼応してイギリス、中国、オランダ（オランダ領インドネシア）も対日経済封鎖に参加した。これら４か国の頭文字（America, Britain, China, Dutch)を取って、この経済封鎖は「ＡＢＣＤ包囲網*」と呼ばれた。

日本は御前会議*（天皇と政府および軍部首脳が出席する会議）で「アメリカの石油禁輸を解除させる

ための日米交渉は行っていくが、それと同時に米英との戦争準備も進めていく」という方針を決定した。

日米交渉はワシントンで開催された。日本側代表は*野村吉三郎駐米大使（元海軍大将）、アメリカ側代表は*コーデル・ハル国務長官であった。

交渉でハルが提示した主な条件は次のとおりである。

1. 日本軍の中国および仏印インドシナからの撤退
2. 蒋介石政権（国民党政権）以外のいかなる政権も認めない（日本が支援する汪兆銘政権の否定）
3. 日独伊三国同盟からの日本の離脱

これらの条件に対して、日本側はとても受入れられるものではないと判断した。とくに軍部（陸軍）にとって、今まで多大な犠牲を払って手に入れた満州と中国の占領地をすべて手放すというのは到底、受入れられない条件であった。

日米交渉に行き詰まった近衛は１９４１年（昭和16年）10月16日、内閣を総辞職し、自らも総理を辞任した。日中戦争開戦以来、戦争の拡大と国内戦時体制の強化を進めておきながら、いざアメリカの石油禁輸でにっちもさっちもいかなくなると、日米和平か開戦かの瀬戸際で、政権も責任も投げ出したと言わざるを得ないだろう。

戦後近衛は*連合国総司令部（ＧＨＱ）から*Ａ級戦争犯罪人に指定され、出頭を命じられたが、１９４５年（昭和20年）12月16日未明に自宅で青酸カリを飲んで自殺した。享年54。日本史上、もっとも若くして自殺した総理経験者であり、また日本史上唯一自殺した総理経験者である。

近衛の後を継いで近衛内閣で陸軍大臣を務めた*東条英機《とうじょうひでき》陸軍大将が、内閣総理大臣となった。

総理就任当初、東条は戦争回避に向けて努力した姿勢も見せてはいたものの、アメリカの条件は到底受入れがたいものと判断し、結局、12月1日の御前会議で英米蘭（イギリス、アメリカ、オランダ）との開戦が決議された。開戦日は12月8日と定められた。

ところで天皇は、太平洋戦争開戦について、どう考えていたのであろうか?

当時の憲法*（大日本帝国憲法）では天皇は、日本陸海軍の最高司令官*（大元帥）と定められていた。しかしながら天皇が政治・外交・軍事に関して、積極的に自分の意見を表明することはめったになかった。天皇は「自分は国家に〝君臨（君主の座に就くこと）〟すれども、政治、外交、軍事といった実務については、積極的に関わるべきではない」という姿勢を貫いていた（二・二六事件での天皇の発言は、きわめて例外的なものであったと言えるだろう）。

しかし、そんな天皇も太平洋戦争開戦について、消極的ながら、自分の意見を述べている。

1941年（昭和16年）9月の御前会議で天皇は、祖父の明治天皇の和歌「よもの海みなはらからと思う世に　など波風のたちさわぐらむ（世界の海は一つなのになぜ波風が立つのだろう）」を読み上げた。これは「戦争回避に向けて政府、軍部が協力して努力せよ」という天皇の意志表示であったと言われている。しかし、そのような天皇の意志とはうらはらに、とうとう日本は太平洋戦争への道へ進んでいったのである。

●戦争回避の絶好のチャンスを逃す?

以上が日本が太平洋戦争に至った、大まかな経緯である。

ここで筆者が長年、疑問に感じていることがある。「太平洋戦争は本当に避けることができなかったのか？」というものである。

前述したようにアメリカが提示した条件の中でも、日本軍の中国および仏印インドシナからの撤退は、日本軍、とくに日本陸軍にとっては到底受入れ難いものであったと戦後、たびたび指摘されている。

しかしこの条件は日本にとって本当に受入れ難い条件だったのだろうか？

日米交渉が行われていた1941年（昭和16年）当時、日中戦争はすでに4年目を迎えていた。しかし未だに戦争終結の目途《めど》は立っていなかった。先の見えない泥沼の中国戦線に日本は膨大な兵士と資源をそれこそ果てしなく注ぎ込んでいた。

筆者は日中戦争はある意味、日本にとっての〝ヴェトナム戦争〟であったと言えるのではないかと考えている。

ヴェトナム戦争（1964～75年〔昭和39～50年〕）は、アメリカ、南ヴェトナムと共産主義国家の北ヴェトナムおよびヴェトコン（南ヴェトナム民族解放戦線）との戦争であった。

戦力的にはアメリカ軍が圧倒的に有利であったが、北ヴェトナムおよびヴェトコンはジャングルや地下トンネルを駆使した徹底的な〝ゲリラ戦〟で対抗した。その結果、アメリカ軍は負けもしなかったが、決定的な勝利を収めることもできなかった。

完全な〝手詰まり状態〟に陥ったアメリカは、北ヴェトナムとパリ和平協定を結び、ヴェトナムから撤退したのである。

1941年（昭和16年）当時の日本も同様に、中国戦線において〝手詰まり状態〟に陥っていたと言えたのではないだろうか？　もしそうだとすればアメリカの中国からの撤退要求は、日本が中国から手を引く恰好《かっこう》の〝口実〟にすることができたのではなかったろうか？

恐らく中国本土からは撤退できたとしても、満州からの撤退は困難であっただろう。この当時、既に日本は満州開発に多くの資金と技術をつぎ込んでいたからである。したがって満州領有についてはアメリカに折れてもらわなくてはならないだろうが、それでも日本が満州以外の中国と仏印インドシナから手を引けば、アメリカのメンツは十分立ったと思われる（後は日本の外交手腕次第であったろう）。

そうなった場合、日本国内においては国民や軍部の中に、満州以外の中国と仏印インドシナからの撤退に強硬に反対する意見が出てきたであろう。しかし日清戦争*（１８８４〜85年〔明治27〜28年〕）で日本が清国（中国）に勝利した後に結ばれた講和条約（下関条約*）で、遼東半島《りょうとうはんとう》を取得したものの、その後ロシア・ドイツ・フランスからのいわゆる〝三国干渉*〟により、やむなく手放したという事例もある。その際、日本政府は国民に「今は我慢して、国力の強化に努めよう」と呼びかけたのである。

日米交渉の際も同様に「今は耐える時である」と、国民、軍部を説得してアメリカとの合意、戦争回避の道を探ることはできなかったのだろうか？

いずれにせよ、中国問題についてはっきりしていることが二つある。太平洋戦争開戦後も、日本陸軍は約１００万人の兵力を中国戦線（満州を除く）に〝貼り続け〟なければならなかったこと。そのせいで、太平洋戦争に最後まで十分な兵力を送ることができなかったということである（太平洋戦争開戦時の日本陸軍の総兵力は約２５０万人。そのうち、東南アジア、太平洋戦線に投入されたのは約50万人であった）。

開戦と侵攻

2章

泥沼の日中戦争、中途半端な戦争計画、曖昧な指揮・命令系統、アメリカとの圧倒的格差‥長期的な展望が拓けないまま、日清・日露の経験から逆に打開策を求め戦端を開いてしまう。国民は戸惑いつつも当初の勝利に酔うが‥。

ハワイ真珠湾攻撃
——日本軍の奇襲攻撃により黒煙を上げるアメリカ戦艦。

１９４０年（昭和15年）	6月	ドイツ、フランスを占領
１９４０年（昭和15年）	7月	バトル・オブ・ブリテン開始（〜１９４１年〔昭和16年〕5月）
１９４１年（昭和16年）	4月	日ソ中立条約締結
１９４１年（昭和16年）	6月	ドイツ、ソ連に侵攻、独ソ戦開戦（〜１９４５年〔昭和20年〕）
１９４１年（昭和16年）	11月	南雲機動部隊、ハワイ・真珠湾を目指して択捉島《えとろふとう》単冠湾《ひとかっぷわん》を出港
１９４１年（昭和16年）	12月	ソ連軍、モスクワ近郊でドイツ軍に反撃（ドイツ軍、初めての退却）
１９４１年（昭和16年）	12月	太平洋戦争開戦（〜１９４５年〔昭和20年〕）日本軍、真珠湾を攻撃
		香港、マレー、フィリピン攻略開始
１９４１年（昭和16年）	12月	マレー沖海戦
１９４１年（昭和16年）	12月	香港陥落、イギリス軍降伏
１９４２年（昭和17年）	1月	日本軍、フィリピン首都マニラ占領（アメリカ軍はバターン半島、コレヒドール島に退却）
１９４２年（昭和17年）	2月	シンガポール陥落、イギリス軍降伏
１９４２年（昭和17年）	2月	日本軍、パレンバン油田（オランダ領インドネシア）占領
１９４２年（昭和17年）	2月	スラバヤ沖海戦、バタビア沖海戦
１９４２年（昭和17年）	3月	日本軍、オランダ領インドネシア占領
１９４２年（昭和17年）	4月	バターン半島のアメリカ軍降伏
１９４２年（昭和17年）	5月	コレヒドール島のアメリカ軍降伏、日本軍、アメリカ領フィリピン占領

日本の戦争プラン

資源が乏しいのがわかっていながら、どんな計画で戦争を始めたのか

太平洋戦争の具体的な流れについて見ていく前に、日本はどのような戦争計画を立てて、戦争に臨んだのかについて見ておきたいと思う。

1章でも述べたとおり、日本は石油をはじめ資源の大半を海外からの輸入に頼っていた。そこでまず、連合国と長期戦が戦えるよう戦争の初期段階で、東南アジアの資源地帯を確保することを第一目的とした。とりわけその中でも石油資源のあるオランダ領インドネシアの占領を、最重要目的とした。

インドネシアと日本の間には、イギリス領マレー、シンガポール、ボルネオ、アメリカ領フィリピンなどの島々が横たわっている。そこで日本軍はまずこれらの島々を攻略した後、インドネシアを占領するという計画を立てた（ただし、東南アジアを占領した後の具体的な計画についてはまったく持っていなかった。「陸と海の戦いでロシア軍を圧倒し、その後、アメリカの仲裁で講和条約を結ぶ」というグランドデザイン〔大構想〕を準備したうえで戦った日露戦争と大きく異なる点である）。

ところで太平洋戦争開戦時、日本にとっての最大の脅威は、ハワイに拠点を置くアメリカ太平洋艦隊*であった。この脅威にどう対処するかが、日本軍、とりわけ日本海軍にとって最大の課題であった。

当初、海軍は次のような作戦計画を立てていた。まず陸海軍が共同して東南アジア諸島を攻略・占領する。それを受けてアメリカ太平洋艦隊は友軍を助けるべくハワイを出撃し、太平洋を横切って東南アジア（とくにフィリピン）を目指すであろう。それを連合艦隊（日本海軍の主力艦隊）が太平洋上（マ

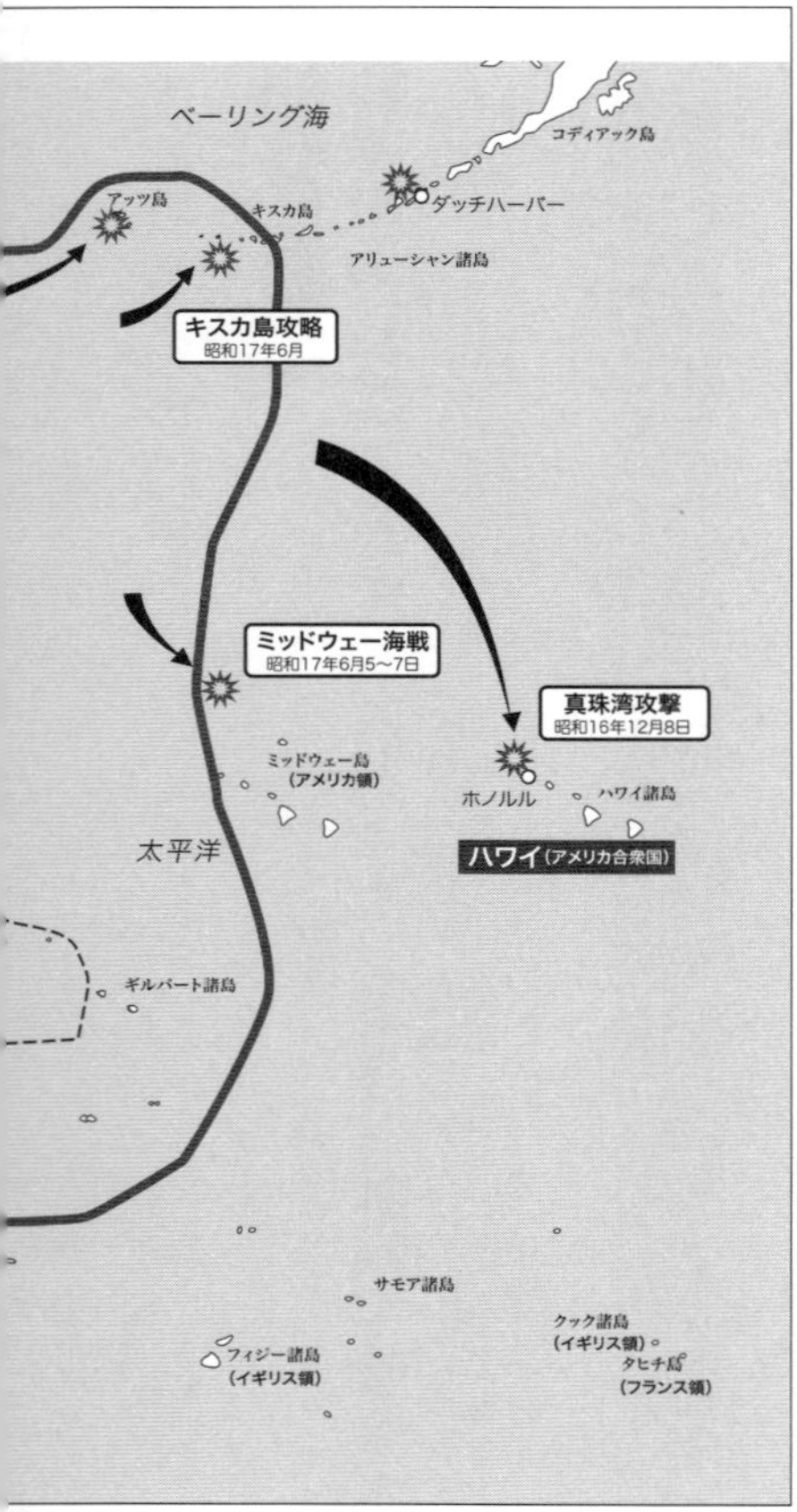

リアナ諸島付近）で迎え撃ち、敵艦隊を撃破する。敵艦隊を撃滅する主力となるのは戦艦部隊であり、空母（航空機を搭載した軍艦）や潜水艦などはあくまで戦艦を補助するものとされた。

海軍はなぜ戦艦を中心とした敵艦隊との「艦隊決戦」という計画を立てたのか？　これには１９０５年（明治38年）の「日本海海戦」*が深く関係している。

日露戦争*（１９０４～05年〔明治37～38年〕）の最終局面で連合艦隊はロシア本土（ヨーロッパ）からはるばる航海してきたロシアのバルチック艦隊*を対馬沖で迎え撃ち、大海戦となった。この戦いで連合艦隊はバルチック艦隊をほぼ全滅させるという、大勝利を収めた。

この日本海海戦はその後、日本海軍のいわば「必勝パターン」とされた。つまり「遠方からやってくる敵艦隊を日本近海に引きつけた後、戦艦を中心とする艦隊でこれを撃滅する」というものである。

この日本海海戦は海軍兵学校でも「海戦のお手本」として、徹底的に教え込まれた。そのため、日本海軍の司令官や参謀らはこの「お手本」にもとづいて、アメリカ艦隊との戦闘計画を立てたのであ

太平洋戦争における日本軍の戦闘図

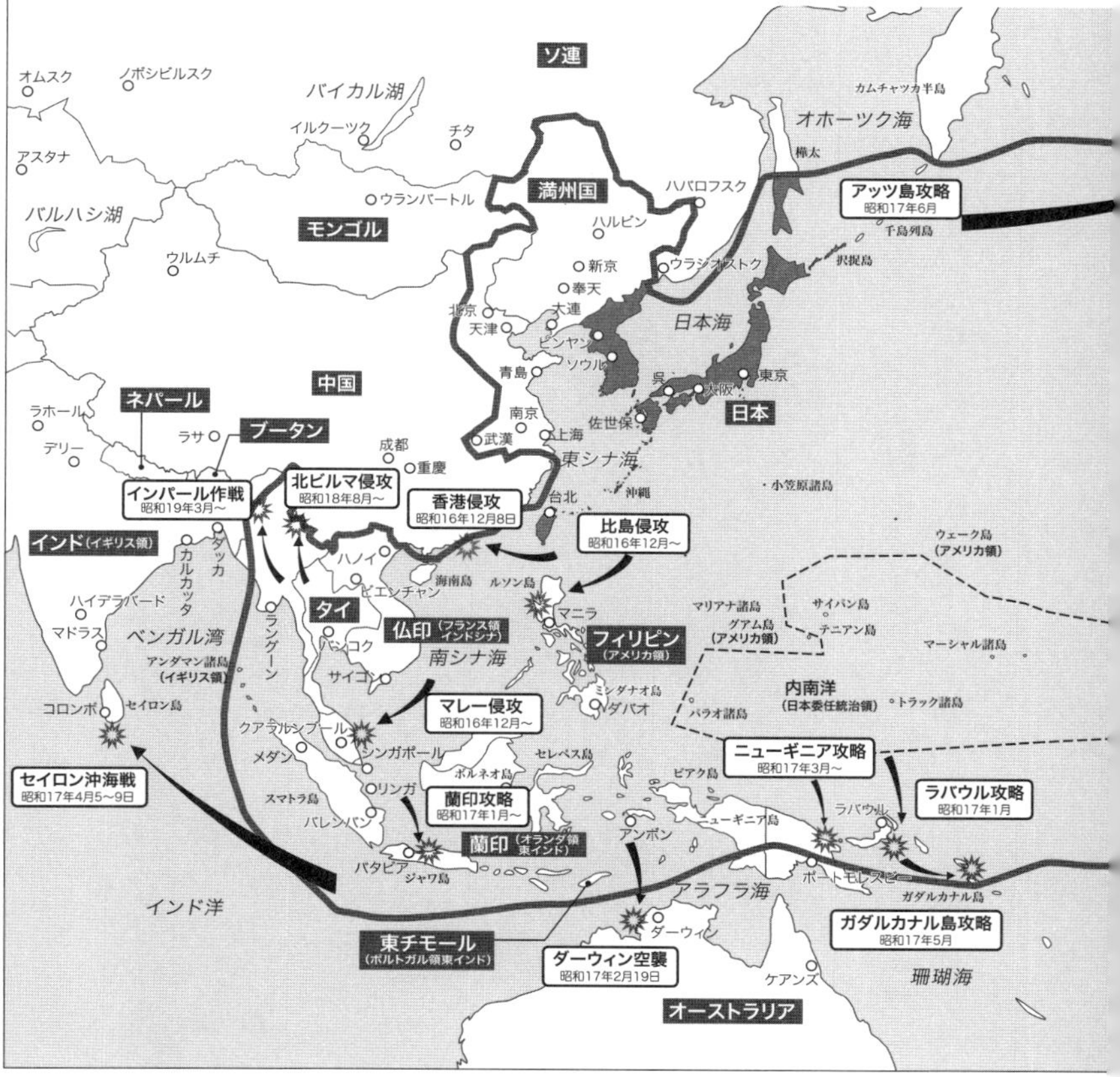

る。

言い換えれば日本海軍は、太平洋戦争初頭でアメリカ太平洋艦隊を相手に、もう一度「日本海海戦」を行おうと考えたのである。「そのためには、敵よりはるかに強力な戦艦を建造しなければならない」。この考えによって、世界一の巨大戦艦「大和」と「武蔵」が建造されたのである。

山本五十六の戦争プラン

海軍伝統の艦隊決戦ではなく、山本五十六はなぜ奇襲戦をとったのか

しかし、日本海海戦からすでに40年近くが経っていた。その間、航空機が飛躍的な進歩を遂げていたのである。

たしかに戦艦は装備している強力な大砲で、何十キロも先にいる敵の軍艦を攻撃することができる。しかし魚雷や爆弾を抱えて空母（航空母艦）を飛び立った航空機は、数百キロ先の軍艦を攻撃することができた。しかも空母の方が戦艦より建造費が安かった。事実、戦艦大和1隻分の建造費で正規空母4隻が建造できた。

このことに気づいた軍人が日本海軍にもいたが、まだ少数派であった。しかしその少数派に属するある軍人が、戦艦主体の艦隊決戦構想から空母から出撃させた航空機による奇襲攻撃でアメリカ太平洋艦隊を叩くという大胆な発想の転換をやってのけた。その軍人は新潟県長岡の出身で、大の博打《ばくち》好きであった。男の名を山本五十六《いそろく》*といった。連合艦隊司令長官である。

山本はかつてアメリカに2度、滞在したことがある。1度目はハーバード大学留学で、2度目は大使館駐在武官としてである。そこで彼はアメリカの莫大な資源と巨大な工業力をいやというほど思い知らされた。

そのため山本は、アメリカを刺激することになるという理由から日独伊三国同盟*に反対した。また日米開戦にも反対した。彼は「テキサスの油田とデトロイトの自動車工場を見れば、誰もアメリカと戦争

しようなどと言わなくなるだろう」という趣旨のことを述べている。

しかしひとたび政府と陸海軍首脳部が日米開戦を決断すると、山本は連合艦隊司令長官として、アメリカとの戦いに勝つ作戦の立案にとりかかった。それが航空機による奇襲攻撃である。

「国力ではるかに勝るアメリカと長期戦になれば、日本に勝ち目はない。よってアメリカとの戦争は短期戦で行わなければならない。そのためにはまずハワイを根拠地にしているアメリカ太平洋艦隊を、緒戦で壊滅させてアメリカ国民の士気をくじく。その後、フィリピンはじめ太平洋の島々での戦いなどでアメリカ軍を圧倒し、講和に持ち込む」。これが山本の構想であった。

実は航空機による艦船への奇襲攻撃には前例があった。「*タラント空襲」である。１９４０年（昭和15年）11月、イギリス海軍はイタリア艦隊の拠点であるタラント軍港に空母から発進させた航空機による奇襲攻撃を実施し、イタリア海軍の戦艦３隻に大打撃を与えた。

しかしハワイ奇襲攻撃には様々な困難があった。まず距離の問題である。イギリス艦隊はエジプトのアレキサンドリア港を出撃して、イタリアのタラント軍港に奇襲攻撃を行った。広いとは言っても、どちらも地中海の中である。これに対して日本の機動部隊（空母部隊）は日本を出撃し、太平洋の約半分の数千キロを横断してハワイ近海に行かなければならない。しかも敵に気づかれずにである。

この問題は太平洋航路（民間船が航行する航路）のはるか北を航海してハワイに接近することで、解決することができた。

しかしもう一つ問題があった。それはアメリカ太平洋艦隊が停泊している、パールハーバー（真珠湾）の水深の浅さであった。

空母を飛び立った航空機はその胴体に抱えた魚雷を投下する。投下された魚雷はいったん海中深く潜った後、海面近くまで浮上しながら敵艦に向って進んでいく。しかし真珠湾の水深が浅いため、魚雷を投下すると海底に突き刺さってしまうという問題があった。

この問題も魚雷に工夫をすることで解決された。

最後の問題は日本海軍首脳部（軍令部）に真珠湾奇襲攻撃作戦を承認させることである。海軍軍令部は山本の作戦案を「危険すぎる」「ギャンブルである」といって認めようとしなかった。これに対して山本は「もしこの作戦案が認められなかったら、自分は連合艦隊司令長官を辞める」とまで言った。結局、軍令部は山本の作戦案を承認した。

連合艦隊の航空機部隊は真珠湾と地形の似ている鹿児島湾で猛特訓を開始した。連日、鹿児島市街と鹿児島湾を海軍航空部隊が低空で飛行した。

鹿児島市民は不思議そうな目でこの謎の猛訓練を眺めた。また郊外の農家は毎日飛来する航空機のエンジン音のせいで、飼っている鶏がすっかり卵を産まなくなったと愚痴をこぼすようになった。

こうして日本は戦争の準備を着々と進めていった。

大本営の設置　1937・11

最高司令部の大本営とは、どんな組織だったのか

ここで日本はどのような指揮・命令系統のもとでこの戦争を戦ったのかについて、見ておきたいと思う。

日中戦争が始まった1937年（昭和12年）11月、日本は「大本営*」を設置した。大本営とは戦時に

設置される日本軍の最高司令部である。陸軍の最高意思決定機関である〃*陸軍参謀本部〃と海軍の最高意思決定機関である〃*海軍軍令部〃が合同した、天皇直属の組織である。

しかしながら天皇は（1章でも触れたように）名目だけの最高司令官（大元帥）という色合いが強く、さらに陸軍参謀本部と海軍軍令部も表向きは統合されていることになっているが、実際はまったく別の組織と言ってよかった。陸海軍は別々に軍事計画や作戦を立て、それらに関する情報共有がなされることはほとんどなかった。たとえば1942年（昭和17年）の*ミッドウェー海戦での海軍の敗北は、陸軍には知らされなかった。むしろ大本営では限られた人的・物的資源の配分を巡って、陸海軍が激しく争うなど、両軍の対立の場のようにさえなっていた。

さらにこの大本営（陸軍参謀本部、海軍軍令部）は政府からまったく切り離された、独立した組織であった。そのため、政府は大本営の軍事計画や作戦立案に関わることができなかった（陸軍軍人である東条英機首相は陸軍大臣を兼任していたが、それでも作戦の立案に関わることができなかった。ちなみに陸軍大臣と陸軍省の主な役割は、予算や人事などであった）。海軍軍令部と海軍大臣（海軍省）の関係も同様であった。

これは当時の憲法（大日本帝国憲法）で、陸海軍の最高司令官は天皇であると定められていることに起因している。陸軍参謀本部と海軍軍令部はこの憲法の条文を盾《たて》に、「陸海軍は最高司令官である天皇に対してのみ責任を負っている。したがって陸海軍の軍事計画や作戦立案に、国民や政府が意見を言うことはできない」と戦前から主張するようになっていたのである。これを「*統帥権《とうすいけん》の独立」と呼ぶ。

このように日本は陸軍、海軍、そして政府がまったくバラバラの状態で、太平洋戦争に臨んでいったのである。この弊害がやがて日本軍の敗北の大きな原因の一つになっていく。さらに名目上の最高司令官が天皇であるため、日本軍の軍事計画や作戦の最終決定者（責任者）が誰なのかという点が極めて曖昧になってしまった。これら組織と意思決定の問題は最後まで解決されることのないまま、日本は終戦を迎えることになる。

一方、アメリカ軍の最高意思決定機関は「統合参謀本部*」であった。この組織には陸海軍のトップである陸軍参謀総長*、海軍作戦部長*（合衆国艦隊司令長官を兼務）などの高級軍人と、アメリカ軍最高司令官である大統領によって構成されていた。ここでの陸海軍の提案や意見、そして議論などを経て大統領が軍事計画・作戦の最終決定を下すという仕組みになっていた。さらにこの統合参謀本部は陸海軍間の対立の調整という役割も果たしていた。

真珠湾攻撃 １９４１・12

大成功の奇襲作戦。決定的打撃のチャンスがありながら、なぜ中止した？

◉攻撃隊指揮官は「第3次攻撃」を進言したが…

１９４１年（昭和16年）11月末、南雲忠一*中将指揮下の機動部隊は択捉島《えとろふとう》（北海道の東にある島。北方四島の一つ）の単冠湾《ひとかっぷわん》に集結した。11月26日、南雲機動部隊は単冠湾を出港、一路、ハワイ・真珠湾を目指した。この機動部隊は、「赤城」「加賀」「蒼龍《そうりゅう》」「飛龍《ひりゅう》」「翔鶴《しょうかく》」「瑞鶴《ずいかく》」の空母6隻を中心とした艦隊であった。

前述したように同機動部隊は太平洋航路のはるか北の航路を進んでいった。しかし冬の北太平洋の気象・海象は荒く、機動部隊は視界不良の下、強風と高波の海を突き進んでいった。そのため、航行中に数名の見張員が海中に吹き飛ばされてしまったほどだ。

　機動部隊司令長官である南雲忠一は当時54歳、山形県米沢の出身である。かつて米沢藩は山本五十六の出身である長岡藩とともに幕末の*戊辰戦争《ぼしんせんそう》で、「*奥羽列藩同盟《おううれっぱんどうめい》」に加わり、薩摩・長州を中心とする〝官軍（西軍）〟と戦った間柄である。

　しかし開戦前までの山本と南雲の関係は必ずしも良好なものとは言い難かった。大正時代に南雲は艦隊増強を唱えるいわゆる〝*艦隊派〟という派閥に属し、軍備縮小を主張していた山本と対立した。その際に南雲は山本の盟友で山本とともに軍備縮小を唱えていた*堀悌吉《ほりていきち》（大分出身）を、予備役（軍人として現役を退くこと）に追いやったと言われている。また南雲は日独伊三国同盟に賛成し、この点でも山本と対立していた。しかし日米開戦を前にして、両者はそのようなわだかまりを捨てて共に戦うことになった。

　しかし海軍内には南雲の機動部隊司令長官就任に疑問符をつける軍人もいた。南雲は大砲や魚雷を主武装にした巡洋艦や駆逐艦での勤務経験が長く、空母の運用や航空作戦に関しては「素人」同然であった。そこで南雲に替わって空母運用と航空作戦に知見のある、*小沢治三郎《じさぶろう》中将を機動部隊司令長官に推す声もあった。

　しかしその案が採用されることはなかった。南雲が*海軍兵学校36期出身であったのに対して、小沢は37期出身であったことが理由である。日本軍は個々の軍人の能力や実績ではなく、年次や兵学校などでの成績で人事を決めていた。

　一方アメリカ軍は年次や成績に関わりなく能力が優れていれば、どんどん昇進させて、責任ある地位

南雲機動部隊の進撃ルート

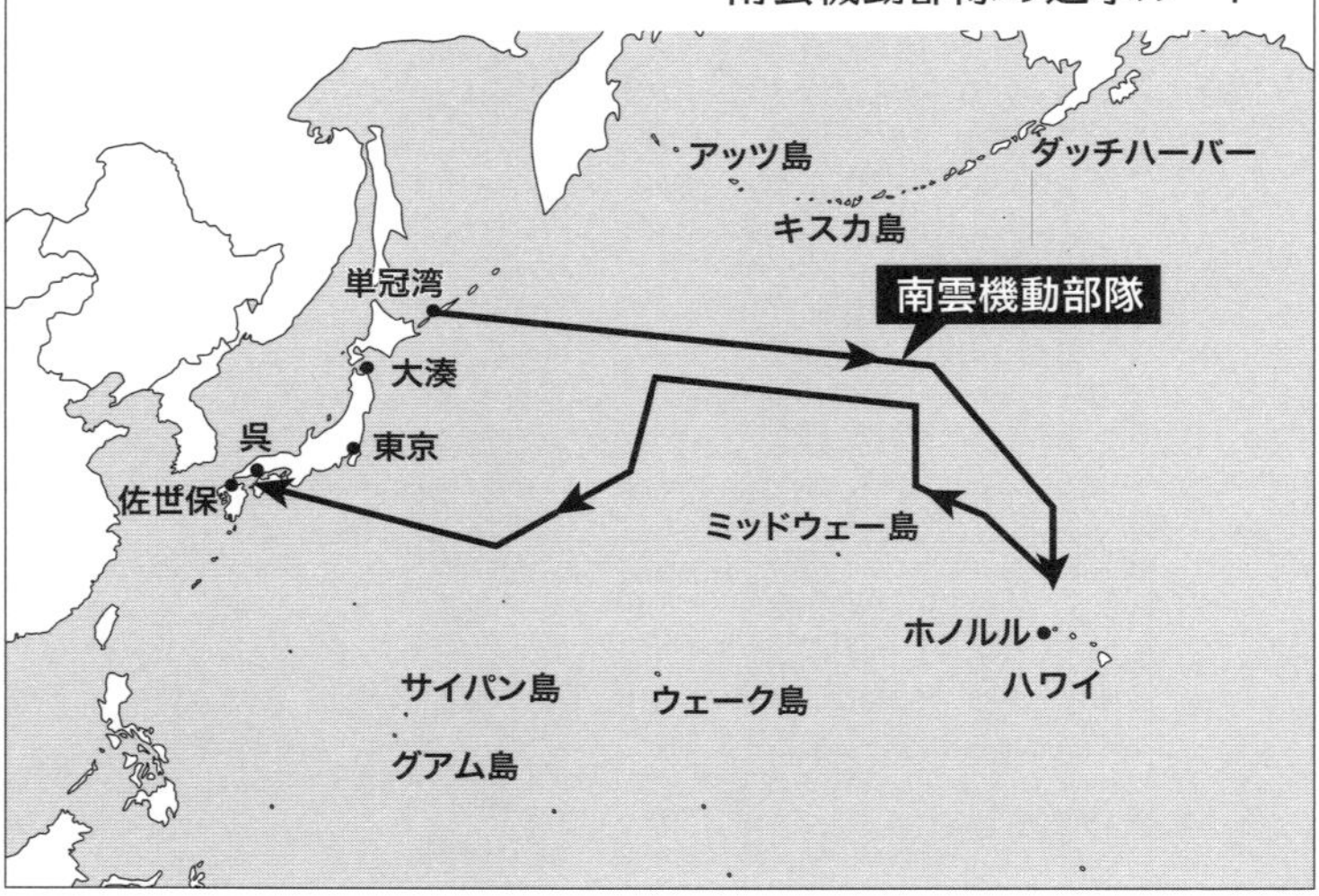

につけた。この差が太平洋戦争中盤以降の戦いの流れに次第に影響を及ぼしていくことになる。

結局、機動部隊や航空機部隊の運用に関しては、機動部隊航空参謀である源田実中佐[*]の案を南雲がただ承認するだけという形になった。そのため海軍内部では南雲機動部隊のことを陰で「源田艦隊」と呼ぶ声もあった。

真珠湾奇襲攻撃[*]はハワイ現地時間12月7日の日曜日（日本時間12月8日）と定められた。ハワイに送り込んだスパイからの「アメリカ太平洋艦隊は毎週日曜、その大半が真珠湾に停泊している」という情報にもとづいた判断である。ただし12月7日当日、空母3隻はミッドウエー島とウエーク島に航空機を輸送するため、真珠湾にはいなかった。

一方、ハワイのアメリカ軍はどのような体制であったのだろうか？　アメリカ軍も日米交渉がうまくいっていないこと、日米開戦がせまりつつあることを認識していた。しかしアメリカ太平洋艦隊司令長官・キンメル*大将は、アメリカ太平洋艦隊への日本軍の攻撃など、夢想だにしていなかった。ハワイ駐留陸軍部隊司令官のショート中将は、もし日本軍のハワイ攻撃があるとすれば、それはハワイ在留の日系人による、「ゲリラ活動」になるだろうと予測した。そのため、彼は指揮下にある航空機を滑走路の中央に集めた。日系人ゲリラの航空基地への侵入・破壊工作を恐れてのことである。しかし実際には日系人ゲリラなど存在しなかった。それどころか滑走路中央に集められたアメリカ航空機部隊は、日本軍の格好の「標的」となったのである。

12月2日、南雲機動部隊は大本営より「ニ*イタカヤマノボレ一二〇八」との暗号電文を受信した。ニイタカヤマ（新高山）とは台湾にある山の名前である。「ニイタカヤマノボレ」とは「アメリカとの開戦」を意味し、「一二〇八」とは開戦日を意味した。

ハワイ時間12月7日午前6時、日本軍攻撃隊は6隻の空母から次々と飛び立ち、一路、ハワイを目指した。

実は、アメリカ軍も日本軍攻撃隊のハワイ接近は察知していた。12月7日午前7時頃、オアフ島北部にあるアメリカ陸軍のレーダー監視所が、接近する航空機の編隊をキャッチした。ただちにレーダー観測員は近くの航空基地に報告したが、当直士官が「それはきっと、今日アメリカ本土から到着予定のB−17爆撃機の編隊に違いない」と言って取り合わなかった。

一方日本軍攻撃隊はハワイ上空に到達し、一機の迎撃機も対空砲火もないことを確認した指揮官の淵《ふち》田《だ》中佐は旗艦（旗艦とは艦隊を指揮する艦艇のこと）赤城に対して、「トラ・トラ・トラ」と打電した。「ワレ奇襲ニ成功セリ」という意味である。

この奇襲攻撃で、アメリカ太平洋艦隊は戦艦4隻（「オクラホマ」「アリゾナ」「カリフォルニア」「ウエストバージニア」）が撃沈、その他の戦艦も中破、小破した。また巡洋艦（中型の軍艦）、駆逐艦（小型の軍艦）も多数、撃沈、中破、小破した。また地上基地の航空機300機以上が破壊された。

戦艦アリゾナは、日本軍爆撃機部隊から5発の爆弾を受けた。そのうちの1発が燃料タンクと火薬庫に到達し、たちまち大爆発を起こした。艦体は真っ二つに割れ、約1100人の乗組員とともに海中に没した。現在、このアリゾナの残骸の上に「アリゾナ記念館」が建っている。

戦艦「ネバダ」はなんとか真珠湾の外への脱出を試みたが、日本軍の攻撃をかわせず6発の命中弾を受け、湾内の海岸に座礁した。

大被害を受けたアメリカ太平洋艦隊だが、戦艦8隻のうち6隻が後に修理され、戦列に復帰した。ただし速力の遅いこれらの「旧式戦艦」は太平洋戦争の後半で、アメリカ軍の上陸作戦を艦砲射撃によって援護する「浮砲台」という役割を果たすことになる（太平洋戦争後半でのアメリカ太平洋艦隊の主力は、足の速い「高速空母」と、それを護衛する最新鋭のレーダーなどを備えた新型の「高速戦艦」であった）。

日本軍の真珠湾攻撃は2回にわたって行われた。空母に帰還した攻撃隊指揮官の淵田中佐は、南雲中将と草鹿《くさか》少将（南雲機動部隊参謀長）に「第3次攻撃」を進言した。「今度は燃料タンクと艦船の修理施設を叩きましょう」。空母「蒼龍」「飛龍」を指揮する山口多聞《たもん》少将（彼は豪胆な指揮官として有名であった）も、「第3次攻撃、準備完了」と信号で伝えてきた。しかし南雲は第3次攻撃は行わず、機動部隊に引き上げを命じた。

「次の攻撃は奇襲にならず、アメリカ軍も相当抵抗してくるだろう。そうなれば攻撃部隊の被害も大きくなる。またアメリカの機動部隊がいつハワイに戻って来て、背後から攻撃してくるかもしれない（事実、ハルゼー中将率いる空母「エンタープライズ」を中心とする機動部隊が、南雲機動部隊に攻撃をかけるべく、猛スピードでハワイに向かっていた)」。南雲と草鹿はそう判断した。南雲は言った。「私の任務はこの機動部隊を、無事日本に連れ戻すことである」。

この日本軍の奇襲攻撃によるアメリカの死者は2000人以上にのぼった。一方日本軍は未帰還機29機、戦死者は55人であった。日本軍の完勝であった。

山本五十六はこの奇襲成功の報告を広島湾上に停泊していた戦艦長門の艦上で受けた。

ちなみにこの真珠湾奇襲攻撃は『ハワイ・マレー沖海戦』というタイトルで映画化（特撮映画）され（1942年〔昭和17年〕12月公開）、大ヒット作となった。この映画の特撮シーンを担当したのが、*円谷英二《つぶらやえいじ》であった。戦後「ウルトラマン」など数々の特撮映画、テレビ番組制作を手がけた人物である（マレー沖海戦については後述）。

真珠湾奇襲攻撃後、太平洋艦隊司令長官キンメル大将は少将に降格、翌1942年、予備役に編入された。キンメルは「小さな艦隊の指揮官でもいい。自分に汚名挽回《おめいばんかい》の機会を与えて欲しい」とワシントンの司令部に願い出たが、聞き入れられることはなかった。彼は失意の中、1968年（昭和43年）に86歳で亡くなった。なお、1999年（平成11年）にアメリカ上院で、2000年（平成12年）には下院で、キンメルの名誉回復決議が採択されている。

●アメリカは日本の奇襲攻撃を本当に知らなかったのか

真珠湾奇襲攻撃後、アメリカは日本軍のこの攻撃を「卑劣な不意打ち、だまし討ち」と主張した。駐米日本大使の野村がアメリカのハル国務長官に最後通牒《さいごつうちょう》を手渡した時、すでに日本軍のハワイへの攻撃が始まっていたというのがその理由である。

「最後通牒」とは一種の「絶縁状」のようなもので、これを相手国に送ると、いつでもその国と戦争状態に入ることができるという意味を持っている。

日本大使館は東京の外務省から打電された最後通牒の英訳に手間取った。そのため、ハル国務長官への手交《しゅこう》が遅れてしまったのである。それをアメリカは「日本によるだまし討ち」と呼んだのである。もっともアメリカ政府は、暗号解読機によって日本の外務省の暗号文をほぼすべて解読することに成功していた。そのため、日本の最後通牒の内容も事前に掴《つか》んでいた。

ところでアメリカは日本の真珠湾奇襲攻撃を事前に察知していたのだろうか？　前述したようにアメリカは日本の外交暗号は解読していた。しかしこの時点で日本軍の暗号解読に成功していたという証拠は上がっていない。

「真珠湾奇襲攻撃はアメリカの陰謀であった」という説がある。前述したように開戦前のアメリカ世論の大半は戦争参加に反対であったため、日本からアメリカに攻撃させるように仕向けた（日本に対する石油禁輸などの経済制裁もその一貫）。日本からの攻撃を受ければ否応《いやおう》もなく日本、ドイツとの戦いに参加できる、といったものである。だからこそ、ルーズベルトは空母をハワイから遠ざけるよう命令していた、というのである。

たしかに日本の外交暗号を解読していたアメリカならば、日本が戦争準備を進めているといった情報を得ていた可能性は高いと思われる。

これに関する筆者の考えはこうである。アメリカが日本の攻撃が迫っていることを把握していた可能性は高いと考える。しかし真珠湾への奇襲攻撃は察知できなかったのではないか？
そう考える理由は二つある。第一に真珠湾奇襲攻撃でハワイのアメリカ軍は大打撃を受けた。その結果、アメリカ国民は一気に「リメンバー・パールハーバー（真珠湾を忘れるな）」を合言葉に日本に対して激しい戦意を燃やして、戦争に臨んでいった。しかしそれはあくまで〝結果論〟である。後世に生きる我々はすべての〝結果〟を知っている。

もし真珠湾奇襲攻撃後、アメリカ国民の怒りが日本ではなく、ルーズベルトに向けられていたら？　それを事前に予測することは誰にもできなかったはずである。

筆者はルーズベルトは極めて聡明な指導者であったと考える。そうでなければ大恐慌で混乱したアメリカ経済を「ニューディール政策」*で立て直し、大統領を4期連続で務め、そして第二次世界大戦を勝利に導くことはできなかったであろう。その聡明なルーズベルトが大統領の椅子を失いかねない、いちかばちかの勝負に出ただろうか？　その可能性は極めて低いと考える。

第二の理由は開戦前、アメリカは日本軍の力を過小評価していたことである。太平洋戦争開戦前、日本は中国との戦争を4年も続けていたが、先はまったく見えていなかった。アメリカ政府およびアメリカ軍は「中国のような弱い国に対して勝利を収めることができない日本軍の能力はたかが知れている。もし日本軍がアメリカ軍を攻撃する時は、まず日本に近いアメリカ領土、すなわちフィリピン、ウェーク島などに対して行われることだろう」と予想していたようである。

アメリカは日本軍が奇襲（先制）攻撃をかけてくることはあるかもしれないと予想していたが、どこに攻撃を仕掛けるのかというところまでは把握できていなかった、というのが真相ではないかと思われる。

◉真珠湾攻撃を知り、チャーチルと蒋介石が祝杯をあげた理由は？

ここで、真珠湾攻撃時の世界情勢と各国の反応を見ておきたい。

前述したように１９４０年（昭和15年）６月にフランスがドイツに事実上、降伏した（このような書き方をすると、プライドの高いフランス人はきっと激怒するだろうが）。この段階でドイツの唯一の敵は、イギリスのみとなった（当時、ソ連もアメリカもドイツとの戦いには参加していなかった）。

この時点でドイツおよびイタリア同盟国はソ連以外のヨーロッパ大陸のほぼ全土を征服していた。まさにナチス・ドイツ帝国の絶頂期である。この絶頂期のドイツにイギリスはたった一国で立ち向かうことになった。ただしイギリスはアメリカから「武器貸与法*」（１９４１年〔昭和16年〕３月11日に制定されたアメリカの法律）により、武器の援助を受けてはいたが。

ドイツはイギリスへの上陸作戦を計画したが、それに先立って制空権を確保するべく、イギリス空軍との戦いを開始する。いわゆる「バトル・オブ・ブリテン*」である。この戦いをイギリスはしぶとく、かつ辛抱強く戦った。当時就任したばかりのイギリス首相・ウィンストン・チャーチル*の指導の下、イギリス国民は文字どおり「一致団結」して、このドイツ空軍の攻撃（ロンドン他イギリス主要都市への爆撃を含む）を耐え抜いたのである。

結局、１９４１年（昭和16年）５月にドイツは「あしか作戦*」（イギリス上陸作戦）を放棄した。そして翌６月22日に「独ソ不可侵条約*」を破って、ソ連への侵攻を開始した（独ソ戦）。

開戦当初、ドイツ軍は「破竹の勢い」でソ連軍を撃破し、ソ連領土奥深くまで進撃していった。そして同年11月にソ連の首都・モスクワの手前にまで達していた。もはやモスクワの陥落も時間の問題かと思われたが、ドイツ軍はすでに消耗しきっていた。兵士、燃料、食糧、武器、弾薬、すべてが不足していた（よく「ドイツ軍はかつてロシアに侵攻したナポレオン率いるフランス軍と同じように、ロシアの〝冬将軍〟〔ロシアの冬の厳しい気象〕に負けてモスクワ攻略に失敗した」と言われているが、これは事実ではない）。

翌12月、シベリア方面から送られてきた援軍を得たソ連軍は、モスクワ近郊で反撃に転じた。結果、不敗を誇ったドイツ軍が、陸上での戦いで初めて退却することを余儀なくされたのである。しかし、それでもドイツ軍は強力であり、かつソ連にとって〝脅威〟であり続けた。真珠湾攻撃が行われた頃の東部戦線（ドイツとソ連が戦った戦線の名称）は、ソ連軍はかろうじてドイツ軍のモスクワ侵攻を防ぐことに成功したが、戦いはまだまだ予断を許さないという状況であった。

なお、独ソ戦開戦翌月の１９４１年（昭和16年）７月、日本の関東軍は「関東軍特種演習（関特演）*」という名目で約74万人の兵力をソ連満州国境に集結させたが、その実態はドイツ軍に呼応してシベリアからソ連に侵攻するための準備行動であった。しかし南部仏印進駐でアメリカ、イギリスとの関係が悪化したため、日本軍のこの計画は中止された。

1章で述べたように日本とソ連はこのわずか3カ月前の１９４１年（昭和16年）４月に、互いの領土に攻め込まないことを定めた「日ソ中立条約*」を結んでいたが、日本はこの条約を破ってソ連に攻め込もうとしていたのである（39ページ参照）。

ちなみにこのソ連侵攻計画を主張したのは、日ソ中立条約を結んだ松岡洋右《ようすけ》外務大臣であった。松岡は「日ソ中立条約」を結んだ際、「日独伊三国同盟と日ソ中立条約を日独伊ソ四国同盟に発展させて、アメリカとイギリスに対抗しよう」と主張していた。そのわずか３カ月後に「ドイツとともにソ連に攻め込もう」と主張した松岡の節操のなさには、ただあきれ果てる他ない。

一方ドイツ軍の本土上陸をかろうじて防いだイギリスも、引き続きドイツ軍相手に苦戦していた。ドイツ軍は「Uボート*」（有名な潜水艦）でイギリスの商船を次々と撃沈し、イギリスの海上補給路を締め上げていた。また中東ではドイツの誇る名将「砂漠の狐*」ことエルウィン・ロンメル*将軍率いるドイツ・アフリカ軍団が、北アフリカ戦線でイギリス軍を次々と撃破していた。

中国もまた日本相手に苦戦していた。中国共産党軍は巧みな「ゲリラ戦術」で日本軍を悩ましたが、主力の国民党軍は軍内部の腐敗が激しく、兵士の士気も高くなかった。中国軍は日本軍に完敗することはなかったが、完勝することもできなかった。

イギリスもソ連も中国もアメリカの「参戦」を「干天《かんてん》の慈雨《じう》（日照り続きのときに降る、恵みの雨のこと）」のように熱望していた。１９４１年（昭和16年）12月８日、彼らが待ち望んだ「雨」がついに降った。アメリカの参戦である。

真珠湾攻撃の翌日、アメリカ時間１９４１年（昭和16年）12月８日、アメリカ合衆国大統領フランクリン・ルーズベルト*は下院議会で演説した。「１９４１年12月７日、この日は恥辱《ちじょく》の日として記憶されることでしょう。アメリカは突如、日本帝国陸海軍の意図的かつ計画的な攻撃を受けました。（中略）今後、どれだけの時間がこの侵略に打ち勝つためにかかろうとも、正義の力によってアメリカは完全なる勝利に向けて戦い抜くことでしょう」。この演説の後、日本への宣戦布告が下院反対票1、上院反対票ゼロの圧倒的多数で可決された。

イギリス首相ウィンストン・チャーチル*はバッキンガムシャーの田舎の公邸チェカーズ（チャーチルは週末をこの公邸で過ごしていた）で、真珠湾攻撃のニュースをＢＢＣのラジオで聞いた。チャーチルは、すぐさまルーズベルトに電話を入れた（現代でこそ、国際電話による国家間の首脳会談は当たり前になっているが、当時は首脳同士が気軽に国際電話でコミュニケーションを取ることなど、めったになかった。チャーチルとルーズベルトとのこの電話会談は、太平洋戦争開戦前から米英の関係がいかに緊密であったかを物語る証拠であると言えるだろう）。

チャーチルはルーズベルトに聞いた。「大統領閣下、日本は本当に真珠湾を攻撃したのですか？」ルーズベルトは答えた。「本当です。これで我々は運命を共にすることになりました」。チャーチルは言った。「これで事態はすべて単純になりますね」。この夜、チャーチルは幸福な気分に包まれたまま、ぐっすり眠りについたという。

戦後、チャーチルは回顧録でこの時の心境を次のように述べている。「イギリスおよびイギリス連邦は生き残るだろう。ヒトラーとムッソリーニの運命は決まった。日本人は粉々に打ち砕かれることであろう」。しかしチャーチルのそのような楽観的な見通しが早すぎたことを、彼は間もなく思い知らされることになる。

中国国民党政府主席の蔣介石*はルーズベルトに電報を打った。「全世界が最悪の災厄《さいやく》から解放される時まで、ともに戦い抜きましょう」。国民党政府の首都・重慶では政府の役人たちがまるで大勝利を祝うかのように祝辞を交わした。

一方、同盟国ドイツの反応はどのようなものだったのだろうか？　たしかにドイツは日本と日独伊三国同盟を結んでいた。しかしこの同盟は「日本が他国から攻撃を受けた場合、ドイツ、イタリアはその国に宣戦布告する」と規定されており、今回のように日本が自らアメリカ・イギリスに攻撃を仕掛けた場合、ドイツ、イタリアには日本の側に立ってアメリカに宣戦布告する義務はなかった。

しかしヒトラーは部下たちの反対を押し切って、アメリカとの開戦を決定した。「すでにイギリス、ソ連と戦ってきたドイツが日本と共にアメリカと戦争を開始する。これによりこの戦いは、世界規模の大戦争になる」。このような見通しは、何事も壮大なことが大好きなヒトラーにとって麻薬のような甘美な魅力を持っていたであろう。

そして日本である。12月8日、大本営は次のように発表した。「大本営発表。帝国陸海軍は本8日未明、西太平洋において米英軍と戦闘状態に入れり」。

当初、日本国民はこの発表を聞いて戸惑った。ただでさえ中国との泥沼のような戦争が続いているのに、そのうえアメリカ、イギリスまで敵に回して勝てるのだろうか？　と。

しかしそのような不安は、すぐに吹き飛んだ。真珠湾のアメリカ太平洋艦隊壊滅の報道を聞いたからである。国民は狂喜乱舞《きょうきらんぶ》し、たちまち興奮に包まれていった。新聞各社も次のような論調で報道した。「中国問題で石油禁輸など、さまざまな手で日本をいじめてきた米英に対して、我々日本人は今まで、我慢に我慢を重ねてきた。その非道な米英についに〝正義の鉄槌《てっつい》〟を下す時が来たのである。これは不正義の米英中に対する、正義の国である我が日本の〝聖戦〟である。正義の戦いである以上、そして世界で最も神聖な国、〝神国〟である日本は、必ずやこの戦争に勝利するであろう」。

多くの人々が、皇居前広場に赴《おもむ》いた。そこで人々は皇居に向かって深々と一礼し、また両手を合わせ拝んだ。

なお、日本はこの戦争を「*大東《だいとう》亜《あ》戦争《せんそう》」と呼んだ（「大東亜」とは東アジアの意。「太平洋戦争」という名称は戦後使われるようになった）。そしてこの戦争の目的を、「*大東亜共栄圏」の建設とした。大東亜共栄圏とは、欧米列強の植民地支配から東アジア諸国を解放し、共に協力し、繁栄することを目指すという構想である。

余談だが太平洋戦争中、日本では英語は「敵性語（敵国の言語）」として原則、使用が禁止された。英語の歌を歌ったり、レコードを聴くことや映画を上映することが禁止された。スポーツではラグビーは「闘球」、ゴルフは「芝球」、スキーは「雪滑《ゆきすべり》」、スケートは「氷滑《こおりすべり》」と呼ばれた。野球ではストライクは「よし」、ボールは「だめ」、セーフは「安全」、アウトは「ひけ」に変わった。飲み物や食べ物ではサイダーは「噴出水《ふんしゅつすい》」、コロッケは「油揚げ肉饅頭《にくまんじゅう》」、カレーライスは「辛味入汁掛飯《からみいりしるかけめし》」と呼ばれた。ここまでくるともはや「滑稽《こっけい》」と言うしかない。

香港攻略 1941・12

準備を整えていた日本軍は、わずか20日余りで香港を攻略する

1941年（昭和16年）12月8日、支那派遣軍に属する第23軍（軍とは複数の師団や旅団で編成された陸軍部隊の単位のこと。なお、1章、「二・二六事件」でも触れたように、師団の兵士数は1万2000〜2万人。旅団の兵士数は6000〜1万人程度である）は国境を越え、イギリス領香港への侵攻を開始した。ちなみに第23軍の参謀長は栗林忠道《ただみち》少将であった。1945年（昭和20年）の硫黄島の戦＊いで日本軍を指揮した軍人である。

これを迎え撃ったイギリス軍は、モルトビー少将＊指揮下のイギリス、カナダ、インド人から成る混成部隊、約1万2000人であった。

香港は中国本土である九龍《クーロン》半島と香港島で構成されている。イギリス軍は九龍半島と中国本土との国

境線近くに「*ジン・ドリンカーズ・ライン」という防衛線を敷いた。

当初、日本軍はジン・ドリンカーズ・ライン突破には1週間はかかると見込んでいた。しかし防衛線の守りの薄い地点を発見し、そこを突破した。その結果、イギリス軍は香港島へと退却した。ジン・ドリンカーズ・ラインはわずか1日で陥落したのである。

12月13日、日本軍の軍使が香港島に渡り降伏勧告文を手渡した。しかし香港総督（香港を統治する最高責任者）のヤングはこれを拒否した。

12月18日、激しい砲爆撃の後、日本軍は香港島北東部への上陸を開始した。同島北東部の高地を巡り両軍の間で激戦が行われたが、わずか1日で同高地は日本軍に占領された。イギリス軍は次第に追い詰められていった。

しかしこのような劣勢にもかかわらず、イギリス軍はなおも勇敢に戦った。「*プレイボーイ兵」というニックネームをつけられた香港在住のイギリス系、ポルトガル系、中国系およびその他ユーラシア系民間人で構成された「義勇軍」約１８００人は、日本軍に対して頑強に戦った。また香港在住の英仏実業家約70人で編成された老兵義勇部隊「*ヒューズ隊」も健闘した。

しかしこれら義勇兵の勇戦もむなしく、イギリス軍はじりじりと後退していった。ついに東南端のスタンレー半島まで追い詰められたイギリス軍に対し、日本軍は激しい砲爆撃を加えた。この戦いの間、「やがて蒋介石が援軍を送ってくる」という噂がしばしばイギリス軍兵士たちの間でささやかれた。しかし中国軍が姿を現すことはなかった。

12月25日、力尽きたイギリス軍は降伏した。降伏調印式はペニンシュラホテルで行われた。

実は太平洋戦争はここから始まる。兵力の2倍の英軍が敗れた理由は？

前述したように真珠湾攻撃のニュースを聞いた夜、イギリス首相チャーチルは幸福な気分に包まれたままぐっすりと眠りについたと言われる。しかし太平洋戦争開戦後、彼がアジア戦線から受ける報告は失望の連続、いや、悪夢の連続といってもよいものであった。香港陥落はその単なる序章にすぎなかったのである。

実は太平洋戦争で初めて戦闘が始まったのはハワイ・真珠湾ではなく、イギリス領マレー半島であった。山下奉文《ともゆき》*中将率いる第25軍（3個師団・約3万6000人）がマレーとの国境近くのタイ領（当時タイは中立国であった）のシンゴラ、バタニ、そしてイギリス領マレーのコタバルに上陸を開始した。コタバルに日本軍が上陸を開始したのは真珠湾攻撃開始の約1時間20分前のことであった。なお、第25軍には辻正信*が参謀として参加していた。山下は辻を嫌っていたが、彼の作戦立案能力はかっていた。

対するイギリス軍はアーサー・パーシバル*中将率いるイギリス、オーストラリア、インド、マレー人部隊から成る兵力約8万6000人であった。前述したように太平洋戦争開戦時、イギリスはドイツとの戦争（ヨーロッパ戦線、北アフリカ戦線）で手一杯の状態であった。その苦しい中、各戦線から引き抜いて送られてきたのが、この8万6000人の兵力であった。

彼らは数でこそ日本軍の2倍以上と勝っていたが、混成部隊の悲しさで統制が取れず、またその大半は戦闘経験がほとんどなかった。さらに熱帯ジャングルでの戦闘の訓練も受けておらず、熱帯用の装備

マレーの戦い位置図

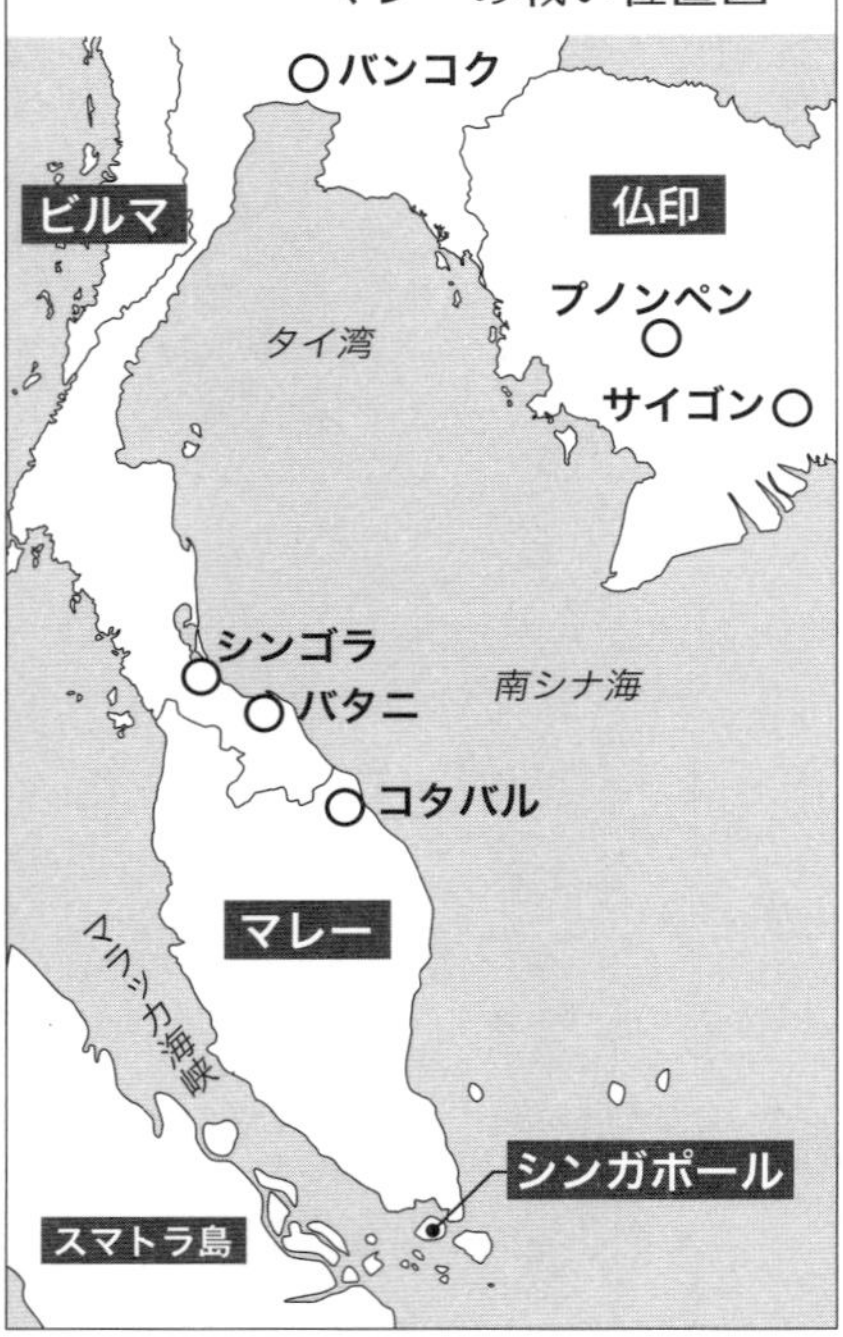

も身につけていなかった。

　これに対して日本軍は兵数でこそ劣っていたが、第25軍を構成していた3個師団（第5師団、第18師団、近衛師団）は、いずれも百戦錬磨《ひゃくせんれんま》の精鋭部隊であった。また、いたずらに多数の兵士でマレー作戦を行うと、武器、弾薬、食糧、燃料の不足に陥ってしまうことを懸念した山下が、敢《あ》えて〝少数精鋭〟で攻略作戦を実施しようとしたということも理由であると言われている。

　タイ南部およびマレー北部に上陸した日本軍の最終目的はイギリスのアジア支配の拠点、そして「東洋のジブラルタル（ジブラルタルはスペイン半島南部にあるイギリスの軍事拠点。攻めることが困難で、なかなか陥落しない〝難攻不落《なんこうふらく》の要塞《ようさい》〟として有名）」と呼ばれたシンガポール攻略であった。

　太平洋戦争開戦前にイギリスは*「マタドール作戦」というプランを持っていた。これは日本軍がマレー半島に攻め込む前に、逆にイギリス軍がタイ南部の日本軍上陸予定地点を占領、日本軍の出鼻をくじくという作戦であった。

　しかしこの作戦案はロンドンの司令部に却下された。「最初の一発は日本軍から攻撃させなければならない」というのがその理由であった。結局、イギリス軍は何もできないまま、太平洋戦争を迎えたのであった。

話を上陸作戦に戻そう。タイ南部への日本軍の上陸は比較的、スムーズに実施された。しかしイギリス領マレーのコタバルへの上陸作戦は激戦となった。コタバルにはインド人部隊を中心とする守備隊が鉄条網と水路に守られたトーチカ（鉄筋コンクリートでできた防御陣地のこと）にこもり、砂浜に降り立った日本兵に激しい銃撃を浴びせた。またイギリス空軍機も日本軍の上陸用舟艇に爆撃を加え、多数を沈めた。

日本軍は多数の死傷者を出しながらも、果敢に敵陣地に突進した。その結果、12月8日には敵陣地とコタバル飛行場の占領に成功した。

一方、空の戦いでイギリス空軍はすでに真珠湾奇襲攻撃なみの大打撃を受けていた。開戦当時、イギリス軍はマレー・シンガポールに約２５０機の航空機を配置していた。しかし日本軍航空機部隊の攻撃により、空中戦で撃墜されたり、地上で破壊されていった。その結果、イギリス空軍は開戦１日目の12月８日には50機に、翌９日には10機にまで打ち減らされてしまったのだ。

なぜイギリス空軍は日本軍にここまで徹底的に打ち負かされてしまったのだろうか？　大きな理由の一つが配備されていたイギリス軍の主力戦闘機が、旧式のアメリカ製戦闘機「バッファロー」であったことだ。

当時、イギリス本土には「バトル・オブ・ブリテン」で活躍した「スピットファイヤー」や「ハリケーン」といった新型戦闘機が配備されていた。しかし、イギリス軍首脳部は「マレー・シンガポール防衛にはバッファローで十分である」と判断していた。その根底にあったのは日本軍航空機に対する極度の〝過小評価〟であった。

太平洋戦争開戦前、欧米の航空雑誌は「日本の航空機の性能は〝二流〟である。しかも日本人は皆、近眼で視力が悪いため、優秀なパイロットが育たない」と酷評していた。その評価を欧米の軍人たちもそのまま受入れていたのである。

しかし太平洋戦争開戦前、中国にいたアメリカ、イギリス軍の軍人たちは、日本の航空機の性能の高さに驚愕《きょうがく》していた。とくに「ゼロ戦*」の性能を彼らは高く評価し、詳細な報告を本国に送っていた。しかしそれらの報告はすべて無視されてしまったのである。

日露戦争が始まる前後、多くのロシア軍士官と兵士たちは「東洋の黄色い猿（日本人のこと）に何ができる」と日本軍を見くびっていた。その後間もなく彼らは日本軍との陸と海での戦いで連敗し、日本人の実力を思い知らされることになった。それから40年近くが経った今、イギリス人とアメリカ人はまさに太平洋とアジアで、かつてのロシア人と同じ思いを味合わされようとしていたのである。

マレー沖海戦　1941・12

海戦においてこれからは航空機が主役になることを暗示した戦い

太平洋戦争開戦前にイギリスは本国艦隊から「虎の子」の戦艦「プリンス・オブ・ウェールズ*」と「レパルス*」をシンガポールに差し向けていた。とくにプリンス・オブ・ウェールズはイギリスが誇る新鋭戦艦であった。

プリンス・オブ・ウェールズは戦艦フッドとともに、1941年（昭和16年）5月、ドイツ新鋭戦艦

「*ビスマルク」と交戦した。フッドはビスマルクの一斉射撃で弾薬庫に直撃を受けて轟沈《ごうちん》、プリンス・オブ・ウェールズも艦橋に被弾した後、退却した（その後、ビスマルクはイギリス艦隊に包囲され、大西洋上で撃沈された）。

　また同戦艦は1941年（昭和16年）8月、アメリカ・ニューファンドランド島沖でのルーズベルト、チャーチルの会談場として使用された（この時に戦後の世界構想を定めた「*大西洋憲章」が締結された）。戦艦ビスマルクに苦戦したものの、それでもプリンス・オブ・ウェールズはイギリスが誇る新鋭戦艦であった。

　1941年（昭和16年）12月8日夕刻、小柄なことから「親指トム」のニックネームを持つサー・*トム・フィリップスイギリス東洋艦隊司令長官（中将）は、プリンス・オブ・ウェールズ、レパルスそして駆逐艦4隻からなる「Z部隊」を率いてシンガポールを出撃した。目指すはシンゴラ、パタニ、コタバルに上陸した日本軍輸送船団およびその護衛艦隊である。

当初、フィリップス提督（艦隊の指揮官の称号）はイギリス空軍の援護を求めた。しかし前述したようにイギリス空軍部隊は壊滅しつつあり、「護衛機は出せない」と回答があった。やむを得ず護衛機なしで進むことになったが、この艦隊を日本軍潜水艦が発見し、南部仏印（ヴェトナム）に駐留していた海軍航空機部隊（中型爆撃機が中心）を直ちに発進させた。12月10日、同部隊はイギリス東洋艦隊への攻撃を開始した。これが「*マレー沖海戦」である。

　イギリス艦隊は巧みな操船で日本軍の魚雷をかわした。しかしやがて魚雷は次々と命中し、プリンス・オブ・ウェールズとレパルスはついに撃沈された。プリンス・オブ・ウェールズで指揮を取っていたフィリップス提督とリーチ艦長は部下たちの退艦要請を断り、彼らに「グッバイ」と言い残し、艦と運命を共にした。

なお、この戦いで日本軍はイギリス駆逐艦が両戦艦の生存者を救出するのを一切、妨害しなかった。両戦艦が沈んだ翌日、１機の日本軍機が沈没地点の上空に飛来し、日英両軍の戦死者への哀悼の意を表して花束を投下した。

プリンス・オブ・ウェールズ、レパルス撃沈の報告を受けたチャーチルは「自分の生涯で、これほど衝撃を受けたことはなかった」と回顧録で述べている。

このマレー沖海戦は世界の戦史上、画期的なものとなった。タラントや真珠湾で停泊している軍艦を航空機が攻撃、撃沈させる事例は存在した。しかしマレー沖海戦では航行している軍艦を攻撃、撃沈することに初めて成功したのである。

真珠湾攻撃、そしてマレー沖海戦によって、これからの海戦は戦艦中心から航空機（空母）中心へと変わったことが証明された。にもかかわらず、日本海軍の首脳部は相変わらず「戦艦中心主義」に固執*していた。事実、真珠湾攻撃、マレー沖海戦のわずか数日後の１９４１年（昭和16年）12月16日、戦艦大和が完成し、連合艦隊旗艦となった。

その反面、空母と航空機の大量生産をただちに開始し、戦艦中心の艦隊編成から空母中心の艦隊編成へとドラスティックに転換したのがアメリカ海軍であった。アメリカ海軍は真珠湾とマレー沖海戦の教訓をいち早く取り入れた。艦隊の中心を空母とし、それまでの主役だった戦艦や巡洋艦、駆逐艦といった艦船には空母を護衛するという役割を与えた。この構想にもとづいて編成されたのが*「アメリカ機動部隊」である。日本はこのアメリカ機動部隊に太平洋戦争後半、さんざん苦しめられることになる。

マレー地上戦　1941・12

防御線まで構築していたのに、なぜイギリス軍は負け続けたのか

話をマレーの地上戦に戻そう。タイ南部とマレー北部への上陸作戦に成功した日本軍は、マレー半島南部への進撃を開始した。イギリス軍はマレー・タイ国境近くに構築した「ジットラ・ライン*」という防御線で、3カ月間は日本軍を食い止めようと考えていた。しかし、この防衛線は半分も完成していなかった。結局、日本軍の猛攻を受け、ジットラ・ラインは12月12日に突破された。3カ月間、日本軍を食い止めるはずであった防御線は、わずか1日で突破されてしまったのである。

その後、日本軍はイギリス軍を各地で次々と撃破し、破竹の勢いで進撃を続けた。なぜ日本軍は快進撃を行うことができたのであろうか？　それは次のような理由からである。

1、日本軍は「サソリ戦法*」と呼ばれる戦術を使った。これはまずイギリス軍の正面を〝囮部隊〟で攻撃し、その後、別働隊が船でイギリス軍の背後に上陸、攻撃するという戦術であった。この戦術により、イギリス軍はしばしば混乱し、後退していったのである。

2、日本軍は戦車部隊をマレー・シンガポール戦線に投入した。日本軍の戦車は軽戦車であったが、イギリス軍兵士に与えた衝撃は大きかった。なぜならイギリス軍はマレー・シンガポール戦線に1両の戦車も配備していなかったからである。イギリス軍首脳部は「マレー半島の地形は戦車には適していない」と判断したのがその理由であった。日本軍への過小評価同様、根拠、検証のない単なる思い込

みは、しばしば致命的な失敗、敗北をもたらすと言えるだろう。

3、マレー半島には多数の川が流れ、多くの橋がかかっていた。当然、退却するイギリス軍はこれらの橋を爆破した。しかし、日本軍の工兵隊は驚くべき速さで橋を修理していった。特筆すべきは工兵隊の隊員自らが「柱」となって、臨時の橋を架けたことである。工兵隊の兵士たちが川の中に首まで浸かりながら、その肩に板を乗せた臨時の橋を作り、その上を兵士たちが渡っていったのである。

4、日本軍には戦車以外にもう一つ「秘密兵器」があった。それは「自転車」である。日本軍は歩兵用に約1万台以上の自転車を用意した。これによってイギリス軍の予想をはるかに上回るスピードで進撃することができた。しかし熱帯のマレー半島で自転車のタイヤは次々とパンクしていった。最初は整備兵が修理したが、やがて続出するパンクに対応できなくなったため、タイヤを外して鉄製の車輪で走るようになった。これが思わぬ効果を生んだ。舗装道路を鉄製車輪で「ガラガラ」と大きな音を出して走る自転車の大群を、イギリス軍は戦車・車両の大部隊と勘違いして、戦う前に退却していったのである。日本軍はこの自転車部隊を「銀輪部隊*」と呼んだ。

イギリス軍の一部（オーストラリア部隊など）は勇戦し、局地的には日本軍の進撃を食い止めることに成功したが、全体としては後退に後退を重ねていった。１９４２年（昭和17年）1月末、ついにパーシバルは全軍にシンガポール島への退却を命じた。イギリス軍各部隊はマレー半島とシンガポールを隔てる〝ジョホール水道〟に架かる道路橋を渡って、シンガポールに退却した。最後に道路橋を渡ったのはスコットランドの「アーガイル大隊」であった。彼らはバグパイプを演奏しながら、整然と橋を渡った。アーガイル大隊の退却が完了した後、道路橋は爆破された。

イギリス軍のシンガポール退却後、日本軍は対岸のジョホールバルに到着、シンガポール攻略の準備を開始した。

シンガポール陥落 1942・2

なんとイギリス人捕虜13万人!! 綱渡りのシンガポール攻略作戦

◉砲弾が尽きかけた日本軍にイギリス軍が降伏の使者を送ってきた

前述したように、シンガポールは「東洋のジブラルタル」と呼ばれる要塞島と言われていた。では、どのような要塞が日本軍を待ち構えていたのであろうか?

実はシンガポール要塞など初めから存在していなかった。正確に言うと、要塞と呼べるものは確かにあった。しかしそれはシンガポール海峡、すなわち、海からやって来る敵艦隊を迎え撃つための大砲、砲台であった。そのためマレー半島を南下してジョホールバル水道、すなわち、シンガポールの背後から攻撃してくる敵に対する防御設備は一切なかったのである。つまり日本軍を迎え撃つという意味での、「シンガポール要塞」は存在しなかった。このことを知ったチャーチルは再び衝撃を受けた。

全軍をシンガポールに退却させたパーシバルは、上陸する日本軍を水際(海岸線)で迎え撃つことにした。問題はシンガポールのどこに上陸するかであった。パーシバルは日本軍はシンガポールの北東岸に上陸すると予想した。たしかに北西岸の方がジョホールとの距離が近い。しかし、北西岸にはマングローブ林と湿地帯があり、上陸には不向きであると判断した(80ページ図参照)。

一方、山下はジョホール王の宮殿の塔に上り、自らシンガポールのイギリス軍の配置の偵察を行った。これに気づいたあるオーストラリア兵が上官に塔への攻撃許可を求めたところ、その上官は「ジョホール王の機嫌を損ねるようなことはするな」と言って却下した。

日本軍はシンガポール北西岸への上陸を決定した。上陸に先立ち、陽動作戦を行った。毎晩、ライトを点けた大量の空荷のトラックがジョホール海岸を西から東へと移動していった。これらのトラックはライトを消して西海岸に戻った後、再びライトを点けて東海岸に移動し、一晩中、これを繰り返したのである。上陸地点を北東岸だと思わせるためである。イギリス軍はこの陽動作戦にまんまと引っかかった。パーシバルはイギリス軍の主力を北東岸に配置するよう命令した。その一方、北西岸には弱体化したオーストラリア部隊が配置された。

日本軍のマレー・シンガポール攻略作戦中、同地に暮らすマレー人、インド人の中には日本軍に協力する者もいた。彼らはイギリスの植民地支配に反感を持っていたからである。また日本軍に捕えられた捕虜にはインド人兵士も多数含まれていた。インドもまた、イギリスの植民地支配に苦しんでいたのである。「我々インド人兵士はいつもイギリス兵の〝弾よけ〟として、消耗品のように使われてきた。もうこれ以上、イギリス人の道具として使われるのはまっぴらだ」。そういった感情がインド人兵士たちの間で広まっていった。

この当時、インド本国ではガンジー、ネルー、そしてインド国外では〝武闘派〟のチャンドラ・ボース*が口々にインド独立を主張していた。日本軍は彼らインド兵らを味方にすることを考えた。日本軍の情報将校はインド人捕虜の一人、モハン・シン*大尉に目をつけた。彼は熱烈な民族主義者だった。日本軍将校はシンに言った。「日本軍と協力して、インド独立のための軍隊を作らないか。インド人捕虜を組織して共にイギリスを叩こう」。シンは「インド国民軍」のリーダーとなることに同意し、インド人捕虜たちに入隊を呼びかけた。その結果、多くのインド人捕虜がシンの説得に応じて、武器を取って日本軍とともに戦うことを誓った（インド国民軍発足当初は、モハン・シンが司令官を務めたが、後にチャンドラ・ボースが司令官になった）。

一方、シンガポールではそれとは逆の動きがあった。イギリス軍のダリー大佐の呼びかけで、シンガポール在住の華僑《かきょう》（海外に移住した中国人）による義勇軍が編成されたのである。この義勇軍は指揮官のダリー大佐の名前をもじって「ダル・フォース*」と呼ばれた。その兵力は約４０００人であった。マレー人、インド人にとって日本軍は「解放軍」に見えた。しかし華僑にとっては、祖国中国を侵略する「敵」であった。彼らは軍事訓練と武器の供給を受け、シンガポール北西岸に配備された。

１９４２年（昭和17年）２月７日、日本軍近衛師団の一部がシンガポール北東岸に上陸を開始した。イギリス軍の注意を引きつける、「陽動作戦」である。

翌２月８日、第５、第18師団を中心とする日本軍主力部隊が北西岸に上陸を開始した（ちなみに第18師団長は牟田口中将であった）。弱りきったオーストラリア部隊の防衛線は、わずか１日で突破されてしまった。だが戦意旺盛《おうせい》な「ダル・フォース」は善戦し、彼らの一部は文字どおり「最後の一兵まで」戦った。

日本軍の上陸を許したイギリス軍は、シンガポール中部にあるブキテマ高地に後退、防衛ラインを敷いた。２月10日、日本軍はブキテマ高地への総攻撃を開始した。オーストラリア部隊を中心とした守備隊は勇敢に戦い、激戦が繰り広げられた。しかし結局、翌11日、ブキテマ高地は日本軍の手に落ちた。追い詰められたイギリス軍はシンガポール市街の外縁部《がいえんぶ》に最後の防衛線を敷いた。

シンガポール攻略作戦詳細図

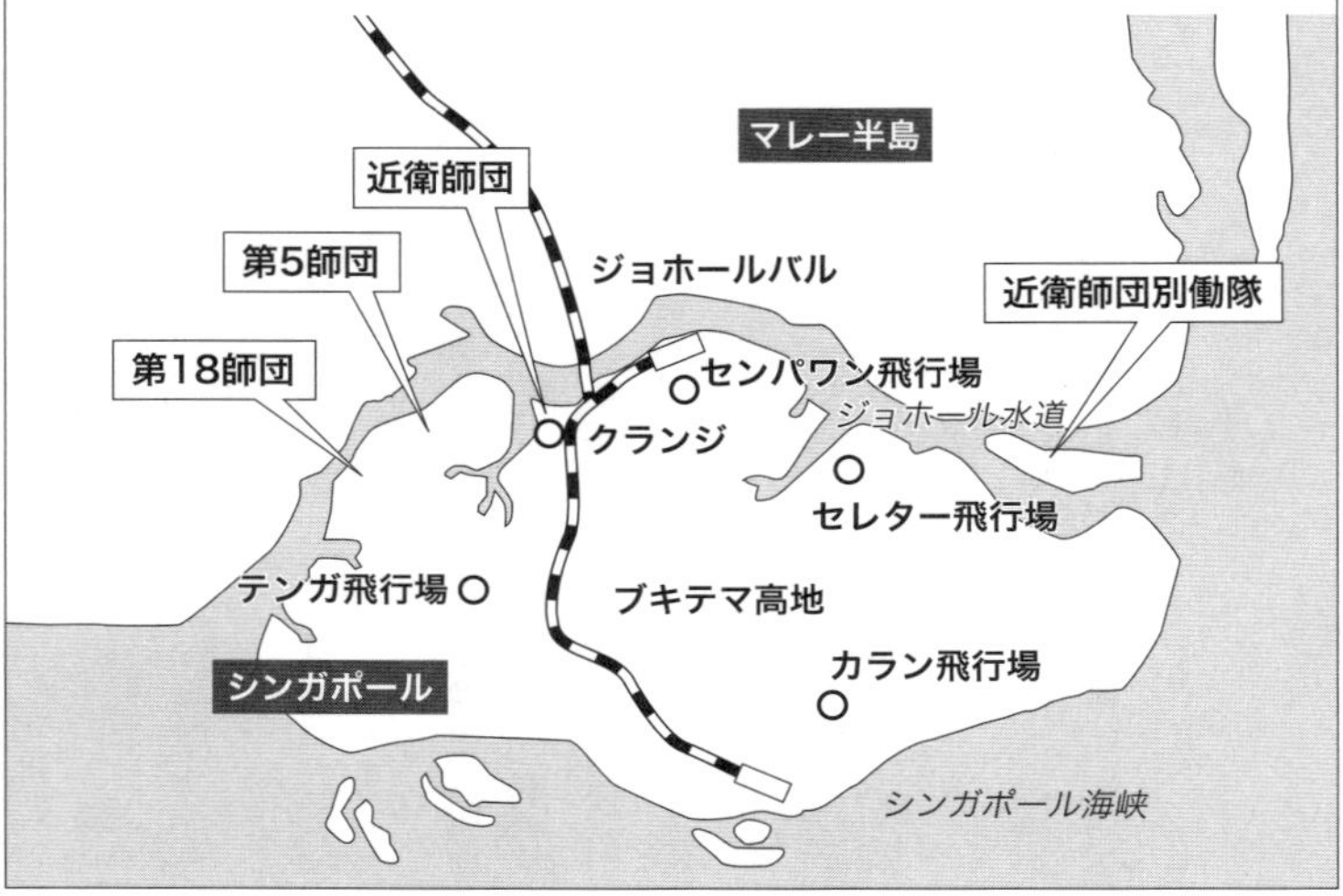

2月10日、パーシバルはチャーチルから訓令電報を受け取った。次のような内容であった。「この段階において、部隊の温存や市民の安全を考慮する必要はない。いかなる犠牲を払おうとも最後まで戦え。大英帝国と陸軍の名誉がこの戦いにかかっている」。まるで太平洋戦争後半の日本軍の玉砕命令（全滅命令）を聞くようである。

日本軍を目の前にしてシンガポール市民は現実から目を背《そむ》けようとした。ラッフルズホテルのダンスホールでは、人々が深夜までダンスに興じていた。映画館はまだ営業を続けていた。ホテルのバーラウンジでは現実を忘れるかのように、人々が酒と会話に夢中になっていた。その一方、多くの市民や兵士たちが船に乗って、シンガポールからの脱出を試みていた。しかし船に乗ることができたのは白人だけであった。

シンガポール市街を包囲した日本軍は砲撃を開始した。しかしここで深刻な問題が発生する。砲弾が尽きかけたのである。前述したように武器、弾薬などの不足を避けるため、山下は第25軍を「少数精鋭」で編成した。にもかかわらず、ここに来て恐れていた砲弾不足という事態に直面することになったのである。

「どうするか?」。山下も参謀たちも次の一手を思いあぐねていた。その時、事態が急転した。突如、イギリス軍の軍使が白旗を掲げてきたのである。軍使は言った。「我々には降伏する用意がある」。日本軍も限界に達していたが、イギリス軍もまた限界に達していたのである。日本軍がブキテマ高地を占領した際、貯水池とシンガポール市街をつなぐ水道橋を破壊した。それによってシンガポール市街はたちまち深刻な水不足に陥っていた。水不足はイギリス軍兵士、そしてシンガポール市民の士気を急激に落としていった。その結果、パーシバルは降伏を決意したのである。

2月15日夕刻、ブキテマ近くのフォード自動車工場で日英の降伏交渉が行われた。山下とパーシバル、日英両軍の幕僚《ばくりょう》(参謀などの指揮官を補佐する軍人のこと)、そして日本の新聞記者、カメラマン、映画撮影班など同席のもと、交渉は開始された。

山下は単刀直入に「降伏するのか?」と聞いた。それに対してパーシバルは「シンガポール市街の治安維持のため、イギリス兵約1500人を残したい」など、降伏条件の細目についてのみ話した。これを聞いた山下はパーシバルの意図を疑った。「実はパーシバルは日本軍の弾薬不足を知っているのではないか? だから細目の交渉などを行うことで、時間稼ぎを図ろうとしているのではないか?」。

山下は通訳を介して聞いた。「そんなことより、あなたは降伏に同意するのですか?」。なおも回答を渋るパーシバルに対して山下はテーブルを叩き、「降伏しないのなら、今夜ただちに攻撃を再開するが、それでいいか?」と聞いた。パーシバルは「いや、我々はこれ以上の戦闘は望まない」と言った。

山下は再び聞いた。「では降伏するのか? イエスかノーか?」。パーシバルは答えた。「イエス」。こうしてシンガポールの戦いは終わった。シンガポールは日本のものとなり、「昭南島」と名前を変えた。

この戦いの間、シンガポールに送られた援軍も含めて日本軍に投降したイギリス軍捕虜は、総勢約13万人に上った。日本軍は予想以上の捕虜の多さに驚いた。

シンガポール陥落はイギリス史上、かつてない大敗北であった。また13万人もの捕虜を出したことも前代未聞のことであった。

シンガポール陥落はイギリス史上、かつてない大敗北であった。また13万人もの捕虜を出したことも前代未聞のことであった。１９４３年（昭和18年）２月、ナチス・ドイツ軍約24万人がソ連のスターリングラードでソ連軍に包囲され、降伏した（戦死約15万人、捕虜約９万人）。第二次世界大戦でドイツ軍が蒙《こうむ》った最大の敗北の一つである。シンガポール陥落はイギリスにとっての「スターリングラード」であったと言えるだろう。

イギリス軍捕虜たちはシンガポールの道の両側に並ばされた。その中を山下が乗った自動車が走っていった。捕虜たちは山下の車に敬礼した。後に彼らの多くはタイとビルマ（現在のミャンマー）とを結ぶ「泰緬《たいめん》鉄道」の建設など、過酷な労働に従事させられることになる。

山下はこの後「マレーの虎」*と呼ばれるようになった。しかしシンガポール陥落後、山下は満州への転属を命じられた。事実上の左遷である。これは山下が東条首相から嫌われていたためであると言われている。

日本軍のマニラ占領とアメリカ軍の撤退　１９４２・１

日本軍の侵攻に対し、なぜアメリカ軍は反撃してこなかったのか

◉エリート中のエリートだったマッカーサーの生い立ち

日本軍の香港、マレー、シンガポール侵攻に続いて、フィリピン侵攻について見ていきたい。だがその前に開戦前のフィリピンの状況について、触れておこう。

元々、フィリピンはスペインの植民地であった（フィリピンという国名も、スペインがフィリピンを植民地にした時のスペイン国王、「フェリペ2世」の名前にちなんで名づけられた）。

1898年（明治31年）の米西戦争（アメリカとスペインとの戦争）で敗れたスペインが、フィリピンをアメリカに割譲《かつじょう》した。その後1934年（昭和9年）のアメリカ議会で、10年後、すなわち1944年（昭和19年）にフィリピンを完全独立国とすることが決議された。

独立に向けて、フィリピンは自国軍を組織しなければならなかった。しかし国内には、軍隊のエキスパートがいなかった。そこであるアメリカ軍人に白羽の矢が立った。その軍人こそダグラス・マッカーサー*であった。

マッカーサーは1880年（明治13年）にアーカンソー州に生まれた。1899年（明治32年）にウエストポイント（アメリカ陸軍士官学校）にトップの成績で入学し、トップの成績で卒業した。

第一次世界大戦（1914～18年〔大正3～7年〕）では「レインボー師団」に所属して武勲を重ね、アメリカ軍史上、最年少の少将に昇進した。

第一次世界大戦後の1930年（昭和5年）、アメリカ陸軍最年少（50歳）で、陸軍トップの陸軍参謀長に就任した（階級も中将を飛び越えて、大将に昇進した）。この時、マッカーサーの副官となったのが、ドワイト・D・アイゼンハワー、後に第二次世界大戦時の連合軍ヨーロッパ最高司令官、そして戦後アメリカ合衆国大統領となった人物である（ちなみにアイゼンハワーのウェストポイントでの成績は中の上であった）。

1932年（昭和7年）、世界恐慌の影響で恩給の前払いを求めて首都ワシントンに居座っていた退役軍人たちを、マッカーサーは自ら軍隊を率いて強制排除した（マッカーサーは終生、大の〝共産主義嫌い〟であり、退役軍人たちのデモも共産主義者の陰謀であるとみていた）。

1935年（昭和10年）、マッカーサーは陸軍参謀長を退任した。この時、まだ55歳であったが、アメリカ陸軍トップの座を退任したため、陸軍内に活躍できるポストも場もなかった。そこにフィリピン政府より「フィリピン軍創設のために、フィリピンに来ていただきたい」との誘いが来たのである。実はマッカーサーの父はフィリピンの初代軍政官を務めていた。またマッカーサー自身もウェストポイント卒業後、フィリピンに勤務した経験があった。

1935年（昭和10年）、マッカーサーはアメリカ陸軍を退役してフィリピンに赴いた。そしてフィリピン政府より「フィリピン軍元帥」の称号を授けられた。いうなればアメリカ陸軍を退いて、フィリピン軍に「天下り」したのである。

マッカーサーのフィリピンでの役割は、フィリピン軍の軍事顧問であった。彼はマニラの最高級ホテルであるマニラホテルのスウィートルームに住み、フィリピン政府から巨額の報酬を得ていた。まさに文字どおりの優雅な「天下り生活」であった。

しかし、日本との戦争の危機が高まってきた1941年（昭和16年）、ルーズベルト大統領はマッカーサーをアメリカ陸軍軍人として現役復帰させ、中将の階級を与え、アメリカ極東軍司令官に任命した（彼は太平洋戦争開戦直後の同年12月18日、大将に昇進している）。彼の任務は、フィリピン駐留アメリカ軍およびフィリピン軍を指揮することであった。

そのような状況下で、マッカーサーは太平洋戦争開戦を迎えたのであった。

◉とりあえず撤退し、6カ月後に増援が来るまで耐える

1941年（昭和16年）12月8日、太平洋戦争開戦とともに在フィリピンアメリカ軍で真っ先に動いたのは、空軍であった。アメリカ極東空軍司令官ルイス・ブレアトン少将が、指揮下にある空軍部隊で台湾（当時は日本の植民地）の日本軍空軍基地を攻撃することを提案した。

この提案をマッカーサーは却下した。その日、ブレアトンは何度も攻撃許可を求めたが、ついにマッカーサーから許可は下りなかった。そうこうしているうちに、台湾の基地を発進した日本軍の航空機部隊が飛来し、クラークフィールド基地をはじめ、フィリピン各地のアメリカ空軍基地の航空機を次々と攻撃し、撃破していった。この日の日本軍の攻撃で、アメリカ極東空軍は約半数が撃破されてしまったのである。まさに「第二の真珠湾」であった。

当時、フィリピンには巡洋艦3隻（重巡洋艦1隻、軽巡洋艦2隻）、旧式駆逐艦13隻、潜水艦29隻などで編成された「アメリカアジア艦隊」*が配備されていた。しかし、フィリピンの制空権が失われてしまったため、日本軍機の攻撃を恐れた艦隊司令官のトーマス・C・ハート大将は、艦隊をフィリピンから退去することを決定した（その後、艦隊はボルネオ島、インドネシア、オーストラリア方面に脱出した）。

早くも開戦初頭で空軍および海軍兵力を事実上、失ったマッカーサーは、陸軍（アメリカ・フィリピン連合軍）だけで日本軍を迎え撃たなければならなくなったのである。

一方、日本軍でフィリピン攻略を命ぜられたのは、本間雅晴中将率いる第14軍であった。*

本間は1887年（明治20年）佐渡島で生まれた。陸軍大学校卒業後、イギリス駐在武官など海外経験が豊富で、英語も堪能であった。欧米に関する知識と理解があり、常に微笑みをたたえた知的で温厚な人物であった。身長は180センチと長身であった。

また論理的・合理的な考えの持ち主でもあった。彼については次のようなエピソードがある。1941年（昭和16年）秋、陸軍参謀総長杉山元《はじめ》は山下奉文《ともふみ》中将、今村均《ひとし》中将、そして本間雅晴中将の3名を参謀本部に招いた。そこで杉山は来る太平洋戦争開戦にあたり、呼び出した3人の将軍に東南アジア攻略部隊の指揮官に任命した。

山下は第25軍を率いてマレー・シンガポールを、今村は第16軍を率いてインドネシアを、そして本間は第14軍を率いてフィリピンをそれぞれ攻略せよという任務が与えられた。山下と今村は、杉山から与えられた「辞令」を黙って受けた。しかし本間だけは違っていた。杉山が「参謀本部の予想ではマニラは日本軍上陸後、4～5日で占領できるだろう」と言ったとき、本間は「それはどのような根拠にもとづいて算出されたものですか？　参謀本部は敵情をちゃんと把握したうえで、そのような見解を出しているのですか？」と質問した。軍司令官という重要な役職は、謹《つつし》んで拝命するというのが当時の陸軍の常識であった。ところが、本間は参謀本部の判断に疑問を呈したのである。杉山は「任務を受けたくないのか」と言って怒りをあらわにした。結局、山下と今村がとりなしてその場はなんとか収まった。

話をフィリピンの戦いに戻す。第14軍（兵力約4万人）はフィリピン、ルソン島北部のリンガエン湾と同島南部のラモン湾に上陸し、南北から首都マニラを目指して、進撃を開始した。

形勢不利と見たマッカーサーは、マニラを「オープンシティ（無防備都市）」と宣言し、かねてからの計画どおり、全部隊をバターン半島とコレヒドール島に撤退させたのである。「もぬけの殻」となったマニラに日本軍が入城したのは、1942年（昭和17年）1月2日のことであった。日本軍は敵の抵抗をほとんど受けることなく、マニラを占領した。フィリピン上陸12日目のことであった。

撤退したアメリカ軍の計画は次のようなものであった。アメリカ軍（正確にはアメリカ・フィリピン連合軍であるが）はバターン半島とコレヒドール島に立てこもり、最低でも6カ月間はそこで持ちこたえる。その間または後、ハワイおよびアメリカ本国からやって来る艦隊と増援部隊を待つ、というものであった。

フィリピン・ルソン島地図

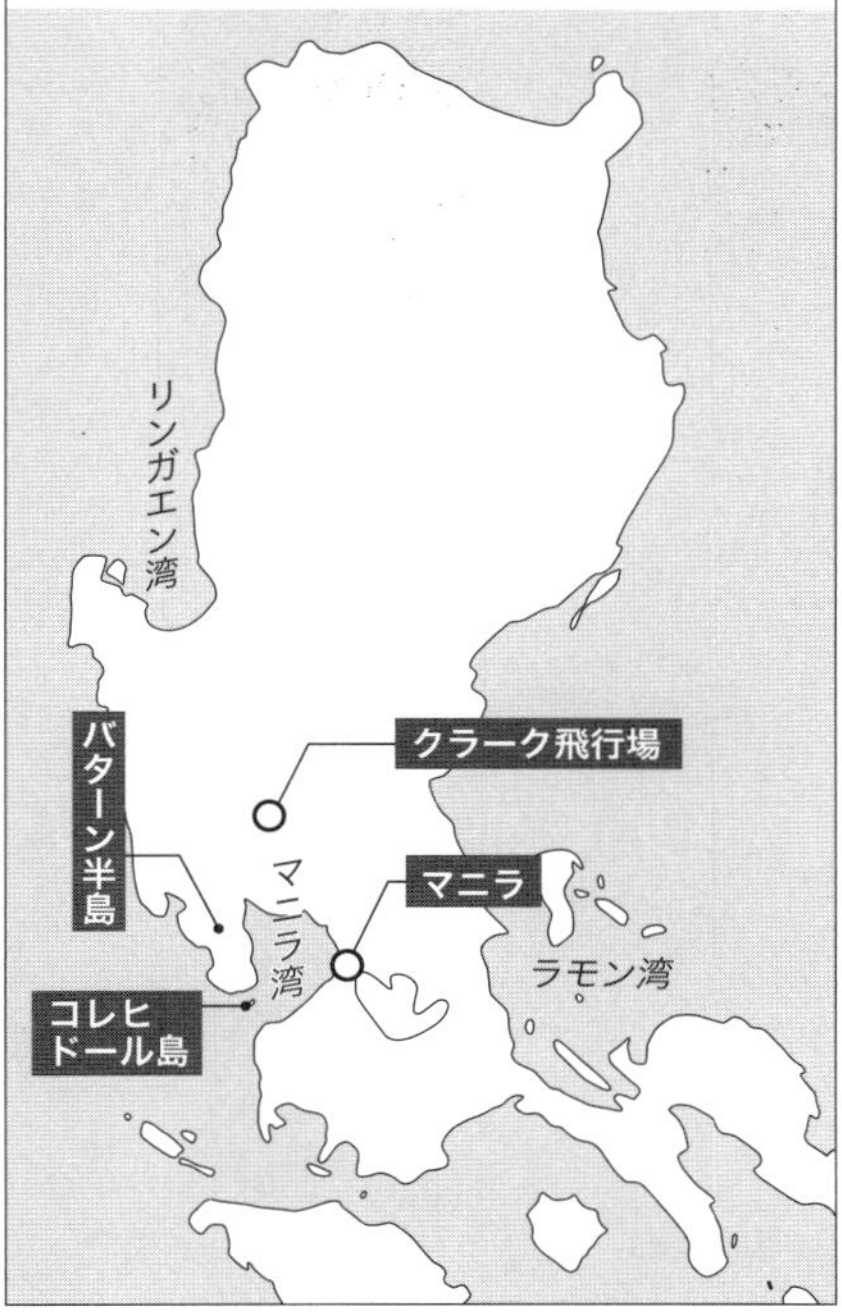

なぜアメリカ軍が立てこもった場所が、バターン半島とコレヒドール島なのか？　それは次のような理由による。コレヒドール島はマニラ湾の入り口に浮かぶ島であり、この島を押さえていれば、マニラへの海上輸送路を絶つことができる。またコレヒドール島の北に位置するバターン半島は、地形が険しいまさに「天然の要害」であり、守るにはうってつけの場所だからであった。

一方、日本軍もアメリカ軍がマニ

ラを捨て、バターン半島とコレヒドール島に立てこもる可能性をある程度は想定していた。というのも米西戦争でアメリカ軍がフィリピンに上陸した際、島を守っていたスペイン軍がバターン半島とコレヒドール島に退却したという事例があったからである。

この件に関しては、開戦前に第14軍と陸軍参謀本部との間で、打ち合わせが行われていた。「第14軍の主目的はマニラ占領であり。もしアメリカ軍がバターン半島とコレヒドール島に立てこもった場合は、バターン半島の入り口に部隊を配置することでアメリカ軍を封じ込めて兵糧攻めにし、アメリカ軍の降伏を促す。その時点で第14軍所属の第48師団は今村中将の第16軍に加わり、インドネシア攻略の任務につく」という方針で、合意されていた…はずであった。

第14軍のマニラ占領後、陸軍参謀本部より次のような命令が来た。「第14軍はバターン半島とコレヒドール島にこもるアメリカ軍を攻撃、これを撃破せよ。なお、現在第1軍に所属している第48師団は当初の計画どおり、フィリピンを引き上げ、第16軍に参加すること」。

本間はじめ、第14軍の主だった指揮官、参謀らにとって、この命令はまさに「寝耳に水」であった。元々、バターン半島とコレヒドール島に立てこもるアメリカ軍を攻撃する必要はない。敵軍を封鎖し「兵糧攻め」にすればよい、という方針のはずであった。それが180度変更され、険しい地形のバターン半島と強固な要塞であるコレヒドール島を攻撃、占領せよ。しかも、精鋭の第48師団を引き抜かれた状態で。

本間は「作戦実行は極めて困難である。攻撃を見合わせて欲しい。もしどうしても攻撃せよというのであれば、せめて第48師団を自分の手元に残して欲しい」と参謀本部に要請した。しかし参謀本部は本間のこの要請をどちらも却下した。

バターン半島の戦い　1942・1〜2

ようやく反撃を開始したアメリカ軍に立ち塞がったものとは？

◉物量豊富なはずのアメリカ軍が食糧不足とマラリアに悩む

結局、本間中将率いる第14軍は主力の第48師団を引き抜かれ、代わりに第65旅団が送られてきた。第65旅団は、元々マニラ防衛の任務を引き受ける部隊の予定であった。同部隊は武器、装備も貧弱で、主に年配の兵士で編成されていた。兵力は約7500人であった。

一方、アメリカ軍も様々な問題をかかえていた。まず食糧である。前述したように、アメリカ軍は6カ月は立てこもる予定であった。しかし肝心の食糧が1カ月分程度しかない。また医薬品も不足していた。

バターン半島に立てこもったのは、アメリカ軍約1万5000人、フィリピン軍約6万5000人の約8万人であった（マレー・シンガポールの戦いと同様、彼らは数の上では日本軍に勝っていたが、アメリカ軍兵士のほとんどは実戦経験がなかった。またフィリピン軍兵士には武器や装備が十分支給されておらず、また大半は軍事訓練すら満足に受けていなかった）。これに加えて避難民約3万人が流れ込んでいた。マッカーサーは、兵士と避難民に与える食糧の量を通常の半分と定めた。その後、戦況の悪化とともに、食糧はみるみる少なくなっていった。兵士と避難民への食糧支給量を減らすよう命じた当のマッカーサーは、コレヒドール島内の安全な地下シェルターにいた。彼をはじめ、コレヒドール島の兵士や民間人には、十分な量の食糧が保障されていた。コレヒドール島は、飢えにあえぐバターン半島とはまったくの別世界だったのである。

そのバターン半島でアメリカ軍の指揮を取ったのは、ウェインライト少将であった。彼は半島北部のナチブ山と東端の街、アブケイを結ぶ「アブケイライン」*という防衛線で、日本軍を迎え撃つことにした。

一方、日本軍は半島の東側に第65旅団、西側に第16師団を配置した。1942年（昭和17年）1月10日、日本軍は攻撃を開始した。東側では激戦が繰り広げられた。とくに第65旅団の武智大佐率いる連隊は、戦闘中ジャングルに迷い込んでしまい、10日間も「行方不明」となってしまった。しかし同旅団は苦戦しつつも、アブケイラインの突破に成功した。一方、西側の第16師団は舟艇を使って海側より敵陣の背後への上陸を数回試みたが、いずれもアメリカ軍の厚い防御と激しい反撃に遭い、失敗に終わった。しかしアブケイラインが突破されたため、ウェインライトは全軍に第二防衛ラインまで後退するよう命じた。この戦闘は2月23日に終わった。

敵の第一防衛ラインの突破には成功したものの、第14軍の戦力も消耗しきっていた。これ以上の攻撃続行は不可能と言ってよく、残された部隊でバターン半島に防衛線を敷くのが精一杯であった。それどころかもしアメリカ軍が反撃してきたら、この薄い防衛線も突破されかねないという状況であった。

しかしアメリカ軍も反撃できる状態ではなかった。前述したように、食糧不足により兵士の大半は飢えに苦しんでいた。食べられるものは何でも食べた。騎兵隊の馬もすべて射殺され、食糧となった。その中にはウェインライトの愛馬「コンラッド」も含まれていた。さらに飢えで弱り切った彼らを、マラリアが襲った。マラリアの治療薬であるキニーネも不足していたのである。

一方、本間も東京の参謀本部に、再三にわたって部隊の増援を要請した。しかしすべて却下された。東条首相も参謀本部も、フィリピンの戦況に関して苛立たしく思っていたからだ。「フィリピン以外のすべての戦線では、日本軍の侵攻作戦がすべて順調に進んでいる。なぜフィリピンだけうまくいっていないのか」。彼らはそう考えていた。それでも結局、参謀本部はフィリピンに増援部隊を送ることにした。

◉アイシャルリターン（私は必ず帰ってくる）

実はルーズベルト大統領とマッカーサーは、戦前から仲が悪かった。性格的にソリが合わなかったと言ったほうが正しいかもしれない。ちなみにマッカーサーの副官であったアイゼンハワーも、最後はマッカーサーとケンカ別れに近い形で副官を辞めたと言われている。マッカーサーは自己顕示欲が異常に強かったので、ルーズベルトに嫌われたり、アイゼンハワーに愛想をつかされたのも無理もないと言えるかもしれない（アイゼンハワーは太平洋戦争開戦の前の年の１９４０年〔昭和15年〕にアメリカに帰国した。その後、陸軍参謀総長のマーシャル大将*によって能力を認められ、連合軍ヨーロッパ方面最高司令官に任命され、ノルマンディー*上陸作戦などを指揮した）。

そんなマッカーサーに対してルーズベルトは、１９４２年（昭和17年）２月末、「フィリピンを脱出して、オーストラリアで連合国軍の指揮を取るように」と命令した。なぜルーズベルトはマッカーサーにフィリピン脱出を命じたのだろうか？

当時、マッカーサーはアメリカでもっとも有名な将軍の一人であった。当初の計画では、アメリカ軍がバターン半島とコレヒドール島に立てこもり、やがてアメリカ艦隊と増援部隊がフィリピンに駆けつけるはずであった。しかし頼みの太平洋艦隊は日本軍の真珠湾攻撃で壊滅してしまった。この時のアメリカには、フィリピンを救うことなど不可能であった。そうかと言って、マッカーサーを日本軍の捕虜にしてしまったら、国内外への影響は大変大きなものがある。そのような事態を避けるため、ルーズベルトはマッカーサーにフィリピン脱出を命じたのである。その他にも、アメリカ軍（とくに陸軍）の優秀な将軍のほとんどがヨーロッパ戦線に充てられていたため、マッカーサーの他に太平洋戦線（陸戦）を指揮できる将軍がいなかったこと、アジア・太平洋に関する知識と経験を持ったマッカーサーは、この地域の指揮官として適任との判断によるものと言われている。

3月10日、マッカーサーはバターン半島防衛司令官のウェインライト少将をコレヒドール島に呼び、ルーズベルトからの命令を伝えた。そしてウェインライトを中将に昇進させると同時に、自分に代わってバターンとコレヒドールの指揮を執るよう命じた。マッカーサーはウェインライトに「私がオーストラリアに着いたら、部隊を引き連れ、できるだけ早くフィリピンに戻ってくる。それまで持ちこたえてくれ」と言った。

翌3月11日、マッカーサーとその家族、幕僚らは4隻の高速魚雷艇に分乗し、コレヒドール島を脱出した。3月13日、一行はミンダナオ島北部に到着した。そして島のパイナップル畑を切り開いて作られた秘密飛行場で待機していたB-17爆撃機2機に後から合流したフィリピン大統領ケソンとともに乗り込み、オーストラリアに脱出した。

マッカーサーはオーストラリアの空軍基地に到着すると、待ち構えていた記者を前に短く演説をした。「アメリカ合衆国大統領の命により、私は日本軍の戦線を突破し、ここオーストラリアにやってきた。私の任務はアメリカ軍を率いて日本軍に反撃を加え、フィリピンを奪回することである。アイシャルリターン（私は必ず帰ってくる）」。

だがバターンとコレヒドールに残された彼の部下たちの命運は、もはや尽きかけようとしていた。

アメリカ軍の降伏とバターン死の行進　1942・4〜5

アメリカ軍は降伏したが、8万人の捕虜に苦慮する

1942年（昭和17年）4月3日、約1万5000人の増援を受けて、総勢約5万人となった第14軍はついに総攻撃を開始した。総攻撃に先立ち、200門の大砲による激しい砲撃と空からの爆撃がアメリカ軍防衛ラインに対して行われた。

砲爆撃の援護を受けつつ、日本軍は攻撃を開始した。攻撃の重点は敵防衛ライン中央付近にあるサマット山である。この山を押さえれば、防衛ラインは崩れると判断したからである。この作戦計画を立てたのが陸軍参謀本部参謀・服部卓二郎*であった。4月5日、日本軍はサマット山を占領した。そのわずか4日後の4月9日、バターン半島のアメリカ軍司令官キング少将が日本軍に降伏した。

日本軍は予想外に早かったアメリカ軍の降伏を喜んだ。しかしその喜びも束の間、ジャングルから続々と投降してくる捕虜の多さに驚いた。

当初、日本軍はバターン半島のアメリカ軍はせいぜい3万人程度と見込んでいた。その前提で捕虜の輸送計画を立てていた。しかし実際は、アメリカ兵、フィリピン兵合わせて8万人近い捕虜が投降してきたのである。しかも彼らの多くは飢えとマラリアで弱り切っていた。

日本軍が捕虜輸送用に用意したトラックは約200台。しかしそのほんどが修理中で使い物にならなかったり、使用可能なものもコレヒドール島攻略準備に使用されてしまっていた。結局、鉄道駅のある

サンフェルナンドという町までの約88キロを、徒歩で歩かせることとなった。

4月とはいえ、フィリピンではすでに猛暑の季節である。炎天下の下、捕虜たちは次々と倒れ、死んでいった。最終的にオドンネルの捕虜収容所にたどり着いたのは、約5万4000人であった。行軍途中、(フィリピン人を中心に)脱走した者もいたので、約7000人から1万人が亡くなった。そのうちアメリカ兵捕虜の犠牲者は約2000人であったと言われている。

アメリカはこれを「バターン死の行進*」と呼び、日本軍の野蛮な捕虜虐待であると主張した。だが前述したように彼ら捕虜の多くは、すでに投降した時点で飢えとマラリアで弱り切っていたという事情を考えると、アメリカの主張はいささか酷なものにも聞こえる。

ただし日本軍の一部の士官や兵士は捕虜に暴行を加えたり、処刑していたこともあったようである。彼らを扇動したのは、マレー・シンガポール戦線から異動した辻正信であったと言われている。


バターン半島陥落後、日本軍は4月14日よりコレヒドール島への砲爆撃を開始した。コレヒドール島には約4000人の兵士と6000人の民間人がいた。この島は多数の大砲と分厚いコンクリートで覆われ、また広大な地下トンネルなどで構成された強固な要塞であった。しかし連日の猛烈な砲爆撃により、多くの大砲は破壊された。4月19日に島の弾薬庫が直撃を受け、大爆発を起こした。

5月5日、日本兵約2000人と戦車から成る部隊がコレヒドール島に上陸作戦を開始した。アメリカ軍の激しい反撃によって、島にたどり着けたのは兵士約600人と数両の戦車だけであった。しかし彼らは猛然と攻撃した。

ついにウェインライトは降伏を決意し、翌5月6日、日本軍に降伏を申し出た。バターン半島で行われた降伏会談で、本間はウェインライトに「バターン・コレヒドールだけではなく、フィリピン全島のアメリカ軍の降伏」を求めた。ウェインライトは当初「自分にそれを命じる権限はない」と主張したが、最終的には日本軍の圧力に屈してこれを認めた。ここにフィリピンでのアメリカ軍の組織的抵抗は終わったのである。

フィリピンの戦いの話を終える前に、その後の本間中将について触れておきたい。

フィリピン占領後、間もなく本間は予備役に編入された。バターン半島およびコレヒドール島攻略に手間取ったことが主な理由であった。しかし前述したように、これは本間の責任ではない。陸軍参謀本部の気まぐれのような作戦変更に翻弄《ほんろう》されたのである。

なお、本間の悲劇はこれだけでは終わらなかった。終戦後、本間は戦争犯罪人（戦犯）として連合国によるマニラの戦犯裁判にかけられた。罪状は「バターン死の行進」の責任者であった。

裁判でアメリカ人で構成された本間の弁護団は「本間中将は部下に〝捕虜の移送については、できるだけ手を尽くすように〟と命じている。しかもアメリカ、フィリピン人捕虜移送が行われていた時、本間中将はコレヒドール島攻略に専念せねばならなかった。よって本間中将は無罪である」と主張したが、結局、陪審員の投票の結果、死刑判決（銃殺刑）が下った。

判決後、本間は妻の富士子に次のような内容の手紙を書いた。「過去二〇年の君との家庭生活は、夢のようであった。良き妻として家庭を切り盛りし、子供たちを育ててくれた君に心から感謝している。私が死んだ後、私の老いた母はおそらく落胆することと思う。母はいささか古風な考えの持ち主であり、いろいろとやりづらいこともあると思う。無理な願いと承知のうえで、君にお願いする。どうか老い先短い母の面倒を見てあげて欲しい。そして富士子、どうか私の分まで長生きして欲しい。」

刑が執行される直前、アメリカ軍の士官が本間に尋ねた。「閣下、最後に言い残されることはありますか?」。本間は皇居のある方向を向いて、叫んだ。「天皇陛下万歳、大日本帝国万歳」。1946年(昭和21年)4月3日のことであった。

インドネシア侵攻 1942・1〜3

日本の戦争目的は南方の資源確保にあったはず。成功したのか

本章の締めくくりとして、本戦争での日本軍の最重要目的、インドネシア攻略について触れたいと思う。実は日本軍のインドネシア攻略は、フィリピン攻略中の1942年(昭和17年)1月末に開始され、フィリピン攻略が終了する前の3月に完了した。

前述したように、当時インドネシアはオランダの植民地であった。しかしオランダ本国は1940年(昭和15年)、ナチス・ドイツとの戦いに敗れ、占領下にあった。オランダ女王とオランダ政府はイギリスに亡命した。よってインドネシア総督(インドネシアを統治する最高責任者)とインドネシアに駐留していたオランダ軍は、この〝亡命政府〟に忠誠を誓っていた。

今村均《ひとし》*中将率いる第16軍の各部隊は、1月末から2月にかけてボルネオ島、スマトラ島、アンボン島、ティモール島などの島々を次々と攻略していった。この一連の戦いで特筆すべきは、日本陸軍空挺部隊(パラシュート部隊)のパレンバン*攻略であった。

パレンバンはスマトラ島にある油田地帯であった。「もし日本軍が陸路、パレンバンを占領しようと

すれば、その前にオランダ軍が油田施設を爆破してしまうかもしれない」。そう考えた日本陸軍は、精鋭の空挺部隊にパレンバンの油田およびその付近にあった敵空軍基地の攻略を命じた。

ちなみにどの国の軍隊でも、空挺部隊は精鋭部隊であることが多い。イギリス軍ではノルマンディー上陸作戦などで活躍した第1空挺師団（通称〝レッドデビルズ〟）が有名である。アメリカ軍では第101空挺師団（スティーブン・スピルバーグとトム・ハンクスが共同制作した『バンド・オブ・ブラザース』はこの部隊の兵士たちの実話を基にした戦争ドラマである）が有名である。またドイツ軍の第1降下猟兵師団は第二次世界大戦後半のイタリア半島での戦いで、険しいイタリアの山岳地帯や修道院などを使用して、優勢な連合国軍をさんざん苦しめ、連合国軍から「緑の悪魔」と呼ばれた。

さてパレンバンへの降下作戦は、1942年（昭和17年）2月14日に実施されることとなった。この時期、シンガポールの陥落が目前に迫っていたのだが、シンガポール陥落の知らせを聞いたオランダ軍が、パレンバンの油田を破壊するのではないかと考えた日本軍が、その前に降下作戦を実施する必要があると判断したのが、このタイミングで作戦が実施された理由であった。

2月14日午前10時頃、久米大佐率いる陸軍降下部隊、第1空挺部隊がパレンバンへの降下作戦を開始した。しかし降下した兵士、武器、弾薬が広範囲にバラバラに着地してしまった。そのため、降下部隊の兵は少人数で手持ちの小火器だけでオランダ軍と戦うこととなった。しかし彼らは勇猛果敢に戦い、この日の夜までにパレンバンの油田と空軍基地の占領に成功した。

なお、これに先立つ1942年（昭和17年）1月11日には、日本海軍降下部隊による、オランダ領セレベス島の都市、メナドへの降下作戦が行われている。後にこの降下作戦を基にした『桃太郎　海の神兵』という、アニメ映画が製作された。桃太郎隊長率いる降下部隊（隊員は犬、猿、キジ、熊）が鬼ヶ島にパラシュートで降下し、鬼たちを退治するというストーリーである。しかし映画が完成し劇場公開されたのは、1945年(昭和20年)4月であった。この頃、すでに日本の主要都市は空襲で焼野原となっていた。しかもこの映画のターゲット層である子供らも、ほとんどが地方に疎開していた。しかし当時大阪大学医学部の学生であった手塚治虫は大阪の劇場でこの映画を観ている。手塚はこの作品に大変感動し、戦後、彼が「鉄腕アトム」や「ジャングル大帝」といったアニメを製作するきっかけとなったと言われている。

日本軍はインドネシアの島々を次々と攻略し、残るはオランダのインドネシア支配の拠点があるジャワ島を残すのみとなった。しかしジャワ島にはオランダ、アメリカ、イギリス、オーストラリアの4カ国連合艦隊が待ち構えていた。日本軍がジャワ島を攻略するためには、この艦隊を叩く必要があった。

スラバヤ沖海戦・バタビア沖海戦 1942・2

開戦後初の軍艦対軍艦の海戦。日本が圧勝した理由は?

●「夜戦」と新型「魚雷」で日本軍大勝利

日本がジャワ島を攻略するために避けて通れない「4カ国連合艦隊」といっても、実際はシンガポール、フィリピンなどから逃げてきた艦船などをかき集めた「寄せ集め集団」というのが実情であった。そのため、各国艦隊間の通信、コミュニケーションも大変な時間と手間がかかった。艦隊は巡洋艦6隻(重巡洋艦2隻、軽巡洋艦4隻)、駆逐艦9隻の計15隻で構成されていた。オランダ海軍のドルマン少将がこの艦隊の指揮をした。

対する日本軍は100隻近い輸送船に分乗した今村中将指揮下の陸軍第16軍と、それを護衛する巡洋艦8隻（重巡洋艦4隻、軽巡洋艦4隻）、駆逐艦22隻の計30隻であった。

1942年（昭和17年）2月27日未明、「日本船団、ジャワ島のスラバヤ沖に接近中」の報告を受けたドルマン少将は、ただちに4カ国連合艦隊を出撃させ、スラバヤ沖に向かった。これを迎え撃ったのは、高木武雄《たけお》少将率いる巡洋艦4隻（重巡洋艦2隻、軽巡洋艦2隻）、駆逐艦13隻、計17隻から成る艦隊であった。両艦隊は同日夕方、スラバヤ沖で戦闘を開始した。この戦いを「スラバヤ沖海戦*」という。

太平洋戦争開戦以来、初の軍艦対軍艦の海戦であった。この海戦でドルマン少将の軽巡洋艦「デ・ロイテル」を含む、オランダ軽巡洋艦2隻と、駆逐艦2隻が撃沈された（うち駆逐艦1隻はオランダ軍が敷設《ふせつ》した機雷で沈没した）。ドルマン少将は戦死した。日本艦隊の撃沈はゼロであった。ちなみにオランダ艦隊旗艦「デ・ロイテル」の艦名は、17世紀に活躍したオランダ海軍の名提督、「デ・ロイテル」に由来している。彼は第1次英蘭戦争でイギリス海軍をさんざんに打ち負かしている。

翌2月28日、生き残った連合国艦隊、巡洋艦4隻（重巡洋艦2隻、軽巡洋艦2隻）、駆逐艦7隻は、それぞれ小グループに分かれてオーストラリアに脱出することとなった。しかしこの動きは日本海軍に察知され、ジャワ島のバタビア沖での戦闘となった。この海戦を「バタビア沖海戦*」という。この海戦で連合国艦隊は巡洋艦4隻と駆逐艦3隻が撃沈された。またオランダ駆逐艦1隻が、日本艦隊に捕獲された。アメリカの駆逐艦4隻だけが、かろうじてオーストラリアに脱出することができた。この海戦でも日本艦隊の損害はなかった。

この「スラバヤ沖海戦」と「バタビア沖海戦」での日本海軍の勝利には前述したように、連合国艦隊が「寄せ集め所帯」であったことの他に、日本海軍の側にも二つ理由を挙げることができる。

一つは日本海軍の練度の高さである。１９２２年（大正12年）のワシントン海軍軍縮条約*で、日本海軍は戦艦の保有比率をアメリカ５、イギリス５に対して、３に抑えられた。また１９３０年（昭和５年）のロンドン海軍軍縮条約*では、補助艦艇（巡洋艦、駆逐艦など）の保有比率をアメリカ10、イギリス10に対して、７弱に抑えられた（日本海軍の中には、これらの条約に不満を持つ軍人が多数いた。このことが太平洋戦争の遠因の一つとなった）。

これを受けて、日本海軍では艦艇数の不利を「猛訓練」で補おうとした。土曜日曜の休日を返上して、訓練に明け暮れようという意気込みを表す「月月火水木金金*」というスローガンが叫ばれるようになった。とくに日本海軍では、夜間の艦隊戦（夜戦）の訓練が強化された。やがて「夜戦」は日本海軍の「お家芸」となった。「スラバヤ沖海戦」「バタビア沖海戦」は、ともに夜間に戦われた。日本軍はこの二つの海戦で、日頃の猛特訓の成果をいかんなく発揮したと言える。

日本海軍が圧勝した二つ目の理由は「魚雷」であった。当時、日本海軍は他国に例のない「酸素魚雷*」という優れた魚雷を開発していた。この酸素魚雷はスピードと航続距離で、当時の他の魚雷よりはるかに優れていた。しかもこの魚雷は酸素を推進剤として使っていたため、航跡がまったく出なかった。そのため、敵の艦艇は魚雷の接近に気づかないまま、次々と撃沈されていった（もっとも「バタビア沖海戦」では、日本海軍の駆逐艦が発射した酸素魚雷が誤って今村中将が乗っていた輸送船を含む輸送船４隻に命中、沈没させてしまい、その結果、今村中将はじめ、乗っていた士官・兵士らは海に投げ出されてしまったのだが）。

「バタビア沖海戦」で撃沈されたイギリス重巡洋艦「エクセター」は１９３９年（昭和14年）12月、

軽巡洋艦「エイジャックス」「アキリーズ」と共に、ドイツ海軍の戦艦「グラーフ・シュペー」と南米のラプラタ沖で戦った*（ラプラタ沖海戦）。戦いは英独ほぼ互角で終わったが、その後、グラーフ・シュペーは中立国ウルグアイの首都モンテビデオに入港した。そして「イギリスの大艦隊がモンテビデオに集結している」というイギリス軍が流したニセ情報を信じた艦長ラングスドルフ大佐の命令で、自沈した（その後、ラングスドルフ大佐は拳銃で自決した）。この海戦後、エクセターの乗組員はロンドンに凱旋《がいせん》し、チャーチル首相やロンドン市民から熱狂的に歓迎された。その約2年後のバタビア沖海戦で、日本は友邦ドイツの「仇」を討ったことになる。

キンメルの後を継いでアメリカ太平洋艦隊司令長官に就任した、チェスター・ニミッツは、後年スラバヤ沖海戦をこう評している。「ＡＢＤＡ部隊（連合国艦隊の略称）は時をかせぐために使用されたが、その犠牲に相当する効果をほとんどあげることができなかった。しかし、逆境にあってこそ、人間の、いな海軍の真価というものは、はじめて明らかにされるものである。米国海軍の歴史において、圧倒的に優勢な日本艦隊と取り組んだアジア艦隊の行為ほど、立派なものはない。」（チェスター・ニミッツ著『ニミッツの太平洋海戦史』）。

スラバヤ沖海戦に関するエピソードをもう一つ紹介したい。海戦終了後、撃沈されたイギリス駆逐艦「エンカウンター」の乗組員他、約４００人のイギリス兵が海面に漂っていた。

付近を航行していた日本海軍駆逐艦「雷《いなずま》」の工藤艦長は、ただちに彼らの救助を命じた。当初、工藤の部下は救助に反対した。雷の乗組員は約２００人であった。「自分たちの倍もの敵兵を乗せてしまったら、艦を乗っ取られてしまう」。彼らはそう主張した。しかし工藤艦長は毅然《きぜん》と命令した。「敵兵を救助せよ」と。約４００人のイギリス兵を救助した後、工藤艦長はイギリス軍士官を集めるよう部下に命じた。工藤艦長は集まったイギリス軍士官らに敬礼し、流暢な英語でこう話しかけた。「諸君らは勇敢に戦った。そして今、諸君らは大日本帝国海軍の名誉あるゲストである」（工藤は戦後、死ぬまでこのエピソードを誰にも語ることはなかった。助けられたイギリス軍士官によって工藤の死後、初めてこの事実が明るみにされた）。

●抵抗らしい抵抗もなくジャワ島攻略*

1942年（昭和17年）3月1日、ついに日本軍第16軍は、ジャワ島に上陸した。ジャワ島を守備していたのはテンプールテン中将率いるオランダ（インドネシア兵を含む）、イギリス、オーストラリア、アメリカ連合国軍約8万人であった。これに対して上陸した日本軍はその半分の約4万人であった。数の上でこそ連合国軍は優勢であったが、弱点もあった。まず連合国艦隊と同様、「寄せ集め所帯」であった。

また連合国軍の約半数を占めるインドネシア兵らは、支配者であるオランダ人に反感を持っていた。ジャワ島のインドネシア人たちもまたオランダに敵意を持っていた。上陸した日本軍にインドネシア人は積極的に協力した。結局、インドネシア人の支持が得られず、統率が取れない寄せ集めの連合国軍は、抵抗らしい抵抗を示すこともなく、降伏を決意した。3月10日、日本軍は首都バンドンに入城した。

戦局の転換点

3章

緒戦に勝利した日本軍は艦艇約350隻、将兵10万人が参加する日本海軍史上最大の作戦（ミッドウェー・アリューシャン作戦）を山本長官が立案。だが、現場指揮官のミスで大敗。続くガダルカナルでも敗北し勢いはアメリカに移る。

ガダルカナル島の攻防
――ガダルカナル島上陸後、休憩するアメリカ海兵隊の兵士。

1942年（昭和17年）	1月	日本軍、イギリス領ビルマに侵攻
1942年（昭和17年）	3月	日本軍、ビルマ首都ラングーン占領
1942年（昭和17年）	4月	セイロン沖海戦
1942年（昭和17年）	4月	アメリカ軍、日本本土初空襲
1942年（昭和17年）	5月	日本軍、イギリス領ビルマ占領
1942年（昭和17年）	5月	珊瑚海海戦
1942年（昭和17年）	6月	ミッドウェー海戦
1942年（昭和17年）	8月	アメリカ軍、ガダルカナル島に上陸
1942年（昭和17年）	8月	第1次、第2次ソロモン海戦
1942年（昭和17年）	8月	一木部隊、ガダルカナルのアメリカ軍陣地を攻撃（イル川の戦い）
1942年（昭和17年）	9月	川口部隊、ガダルカナルのアメリカ軍陣地を攻撃
1942年（昭和17年）	10月	日本軍第2師団、ガダルカナルのアメリカ軍陣地を攻撃
1942年（昭和17年）	10月	サボ島沖海戦、南太平洋海戦
1942年（昭和17年）	11月	第3次ソロモン海戦
1942年（昭和17年）	12月	日本、御前会議でガダルカナル島からの撤退を決定
1943年（昭和18年）	2月	日本軍、ガダルカナル島より撤退
1943年（昭和18年）	2月	ドイツ軍第6軍、スターリングラードでソ連軍に降伏

ビルマ制圧 1942・5

蔣介石への援助を絶つため、日本軍はビルマ侵攻を実施する

◉イギリス、中国、アメリカ、インドvs日本の戦い

太平洋戦争開戦前から、イギリス領ビルマ（現ミャンマー）には中国軍を援助するための補給ルートがあった。このルートはビルマから中国雲南省の恵通橋まで通っており、イギリスとアメリカはこのルートを通じて、武器、弾薬、食糧などを中国軍に送っていた。このルートは「ビルマルート*」、または「援蔣ルート*（蔣介石を援助するルートという意味）」と呼ばれていた。

1937年（昭和12年）から続いている日中戦争（支那事変）で、中国軍が頑強な抵抗を続けているのは、このビルマルートによる援助のせいではないかと太平洋戦争開戦前から日本軍は考えていた。そこで、マレー・シンガポール攻略作戦完了予定の1942年（昭和17年）4月以降に、ビルマに侵攻する計画を立てた。しかし攻略が予想以上に早く進んだことから、ビルマ攻略作戦を繰り上げて実施することを決定した。

1942年（昭和17年）1月22日、タイに駐留していた飯田中将率いる第15軍（第33師団、第55師団を中心とする約2万人）は、タイ・ビルマ国境を越えてビルマへの侵攻を開始した。なお、この侵攻作戦には、日本の援助によってタイで設立された「ビルマ独立義勇軍*」も参加した。リーダーはビルマ独立運動家のアウンサン*であった。現在、ミャンマーの民主化運動のリーダー、そして政治家として活躍

ビルマ全図

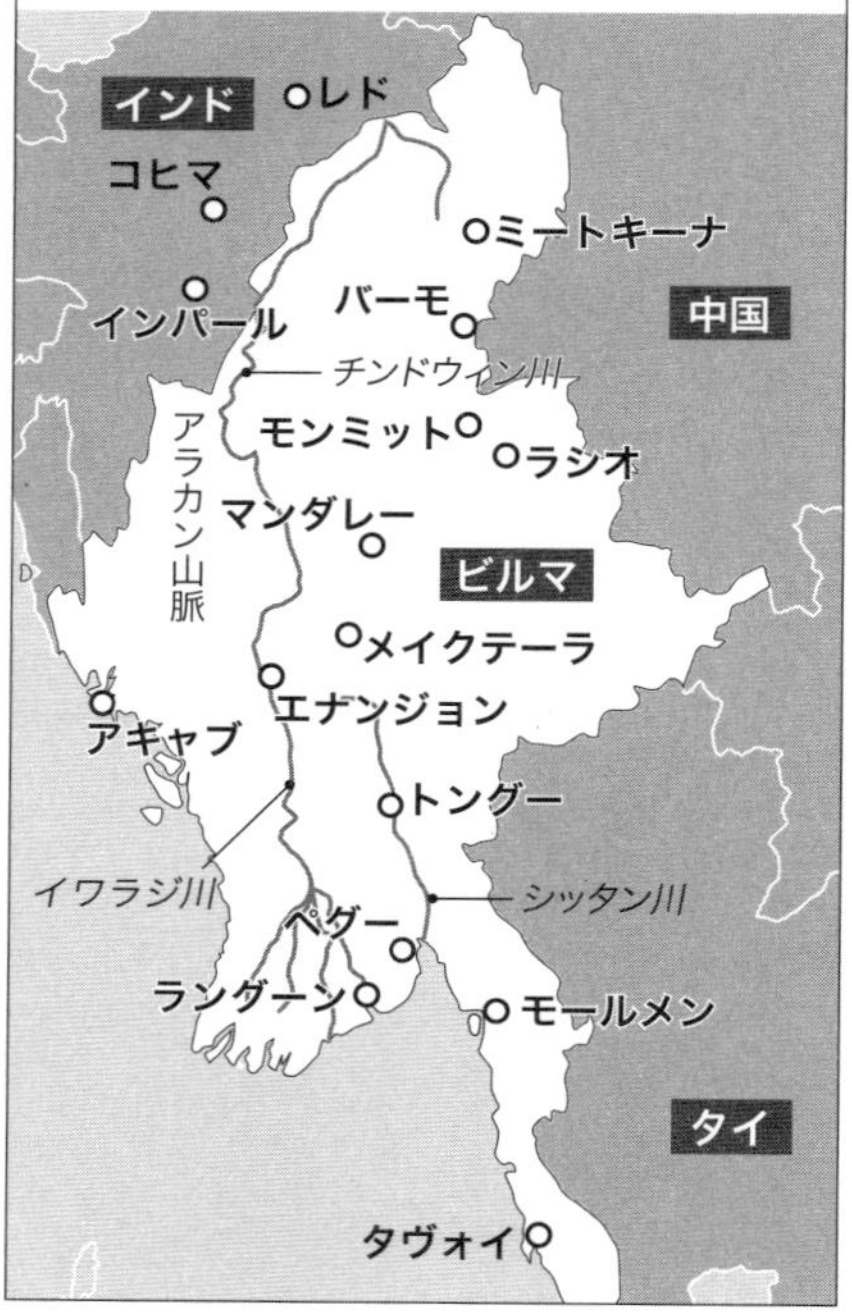

しているアウンサンスーチーはアウンサンの長女である。

日本軍はビルマ南部の主要都市であるモールメン（現モーラミャイン）を目指した。ここでイギリス軍（第17インド師団および第1、第2ビルマ歩兵旅団）との戦闘となった。結局、イギリス軍は大量の武器と補給物資を残したまま退却した。日本軍は1月31日にモールメンを占領した。

その後、日本軍は首都ラングーン（現ヤンゴン）の東方約100キロに位置するシッタン（シットウン）川の近くまで前進した。この報告を聞いたイギリス軍司令部は、日本軍に渡られる前にシッタン川にかかる橋を第17インド師団が通過する前に爆破してしまった。このため、第17インド師団の兵士らは泳いでシッタン川を渡らねばならなかった。その際に兵士らは武器や装備のほとんどを捨ててしまった。2月22日、日本軍はシッタン川東岸に到達した。

「日本軍ビルマ侵攻」の報を受けた蒋介石は、約10万人の中国軍をイギリス軍援護のため、ビルマに送り込んだ。1章で触れたように日本軍の香港攻略の際、蒋介石は1兵の援軍も送らなかった。しかし今回、支援を送ったのは「ビルマを失えば、ビルマルートが絶たれてしまう」という危惧《きぐ》が、中国軍派遣を決断させたのだろう。

シッタン川に到達した日本軍第15軍は、ここで部隊を二つに分けた。第33師団を北上させて、南下してくる中国軍の牽制に当たらせた。第55師団はシッタン川を渡り、首都ラングーンを目指した。

一方、イギリス軍司令官ウェーベル大将は、この時点では、あくまでラングーンを守り抜くつもりでいた。彼は中東戦線から援軍として送られてきた第7イギリス機甲旅団と第63インド歩兵旅団をラングーン北東の都市、ペグー（現バゴー）に向かわせた。シッタン川を渡った日本軍の第55師団はペグーでイギリス軍と交戦した。激戦が繰り広げられたが、日本軍は得意の奇襲攻撃と夜襲により、3月7日、ついにペグーを占領した。同じ日、ウェーベル大将はラングーン放棄を決定した。ラングーン撤退にあたってウェーベルは「焦土《しょうど》作戦」を命じた。「焦土作戦」とは軍事施設、民間施設、武器、弾薬、食糧、車両などを敵が利用できないよう、徹底的に破壊する作戦のことである。イギリス軍は、ラングーンの港湾施設を破壊し、製油所を爆破した。イギリス軍の撤退後、ラングーンの各所から炎と黒い煙が立ち上った。翌3月8日、ビルマ中部から南下してきた日本軍第33師団とビルマ独立義勇軍は、ラングーンに入城した。ラングーン市民は歓呼の声で彼らを迎えた。

ラングーンから撤退したイギリス軍は南下してきた中国軍と共に、ビルマ中部の都市マンダレーを中心に日本軍の進撃を食い止めようとした。イギリス軍の主力は第1ビルマ師団、第17インド師団、そして第7イギリス機甲旅団であった。イギリス軍は武器、弾薬、食糧を十分備えていた。

一方、日本軍もビルマ中部への侵攻準備を着々と進めていた。シンガポール戦線などで活躍した第18および第56師団が、第15軍に援軍として加わった。さらにイギリス軍から捕獲した、大量のトラックや車両を使って北上を開始した。このため日本軍は、イギリス軍、中国軍の予想をはるかに上回るスピードで進撃したのである。

一方日本軍を迎え撃つ連合国軍は、優勢な日本軍航空部隊による空からの攻撃に悩まされた。また道路にあふれる難民（主にインド人）のため、部隊の移動が大幅に遅れた。さらにビルマ兵らは続々と所属部隊から脱走していった。結局、3方向からマンダレーに向けて侵攻してくる日本軍に包囲されることを恐れた連合国軍は、マンダレーを捨てビルマ北部に退却した。その際にイギリス軍はビルマで唯一石油が産出されるナンジョン油田地帯の施設を徹底的に破壊した。

次にビルマ北部も持ちこたえられないと判断した連合国軍はインドへの退却を開始した。インドとの国境地帯に横たわるチンドウィン川と、険しいアラカン山脈をイギリス軍と中国軍の一部は多数の死者や落伍者を出しながら苦難の退却を続けた。2年後、日本軍は同じ経験をすることになる。なお、この退却中にインドに脱出した中国軍の指揮を、アメリカ陸軍のスティルウェル中将*が引き継いだ。スティルウェルは中国での勤務経験が長い軍人であり、中国語が流暢《りゅうちょう》なことでも有名であった。彼はインド退却後、指揮下の中国人部隊にアメリカ軍の武器を与え、アメリカ式の軍事訓練を受けさせた。いつの日か日本軍に反撃するために。

一方、中国軍の約半数は雲南省へと退却していった。それを日本軍が追撃した。結局、中国軍はビルマとの国境にかかっている恵通橋を全軍が渡り切った後、爆破した。こうしてビルマルートは遮断されたのである。これ以後、中国軍はインド北部の空港からヒマラヤ山脈を越えて飛んでくるアメリカ・イギリスの輸送機による、わずかな補給物資だけに頼らざるをえなくなる。

1942年（昭和17年）5月末、日本軍はビルマ全土を制圧した。

◉南雲機動部隊がイギリス東洋艦隊を撃破したセイロン沖海戦

シンガポールを根拠地にしていたイギリス東洋艦隊*はシンガポール陥落後、根拠地をセイロン島（現在のスリランカ）に移していた。マレー沖海戦で戦死したトム・フィリップス中将に替わり、艦隊司令官にはジェームズ・サマヴィル中将が就任していた。サマヴィルは「空母アークロイヤル」、巡洋戦艦「レナウン」などを中心とするH部隊（根拠地はジブラルタル）を率いて、1941年（昭和16年）5月のドイツ戦艦ビスマルクの追撃戦をはじめ、北大西洋、地中海の数々の戦いで武勲を重ねてきた提督であった。

しかし、彼が東洋艦隊司令官に着任した時、手元には足の遅い旧式戦艦4隻と空母2隻を中心とした弱体な戦力しかなかった。そのイギリス東洋艦隊に日本軍は〝最強の艦隊〟をぶつけてきた。真珠湾攻撃で活躍した「南雲機動部隊*」である。

1942年（昭和17年）4月5日、インド洋に到達した南雲機動部隊はセイロン島のコロンボ港を空襲した。しかしすでに、サマヴィルは東洋艦隊の主力をモルディブ諸島に移動させていた（コロンボ港に停泊していた巡洋艦1隻と駆逐艦1隻が撃沈させられた）。しかしセイロン島近海にはまだ、重巡洋艦「コーンウォール」と「ドーセットシャー」が航行していた。両艦を発見した日本軍航空機部隊はこれを攻撃、わずか20分で2隻とも撃沈させてしまった。さらに4月9日、インド洋上を航行していた軽空母「ハーミーズ」とオーストラリア駆逐艦「ヴァンパイア」も撃沈させた。この海戦を「セイロン沖海戦*」という。

このセイロン沖海戦の後、イギリス東洋艦隊はアフリカ大陸東岸のマダガスカル島に根拠地を移した。

東郷平八郎を尊敬していたニミッツがキンメル大将の後任として就任する

ニミッツ太平洋艦隊司令就任 1941・12

アメリカ太平洋艦隊司令長官のキンメル大将の後任として、チェスター・ニミッツ大将*がハワイに到着したのは1941年（昭和16年）12月25日のことであった。

ニミッツは1885年（明治18年）にテキサス州フレデリックスバーグに生まれた。先祖はドイツ人であり、19世紀中頃にアメリカに移住した。家が貧しかったため、大学には行かず、無料で学べるアナポリス（海軍士官学校）に進学した。アナポリス卒業後、間もなく戦艦「オハイオ」に乗り組んだ。1905年（明治38年）、オハイオが東京湾に入港した際、艦上で催されたパーティーで東郷平八郎*（同じ年に行われた日本海海戦でロシアのバルチック艦隊を打ち破った連合艦隊司令長官）と短時間だが、会話をしている。また1934年（昭和9年）には、東郷平八郎の国葬にも参列している（ニミッツは終生、東郷を尊敬していた）。ニミッツは温厚で冷静、そして謙虚な性格であったといわれている。

◉海軍のミニッツと陸軍のマッカーサの役割分担

アナポリスの卒業年次や成績等から判断すれば、太平洋艦隊司令長官にふさわしい海軍軍人は何人もいた。しかし、ニミッツの指揮官としての能力を高く買っていたルーズベルト大統領の指示によって、彼は太平洋艦隊司令長官に任命されたのである（この人事に伴い、階級も少将から一気に大将に昇進した）。

ハワイ着任後、ニミッツは被害状況を視察した。そして被害が思っていたよりも「軽い」ものであることに気づいた。たしかに多数の軍艦と航空機が破壊された。しかし軍艦の修理・整備施設は無傷のまま。さらに艦隊の燃料油、４５０万バレルを貯蔵していたタンクも攻撃を受けていなかった。後年、ニミッツはこう述べている。「もし燃料タンクが完全に破壊されていたら、わが太平洋艦隊は数年間は動くことができなかっただろう」。

12月31日、ニミッツの太平洋艦隊司令長官就任式が行われた。式は極めて簡素なものだった。しかも戦艦でも空母でもなく、潜水艦で行われた。

ニミッツは海軍作戦部長のキング大将より「ハワイ、ミッドウエーとアメリカ西海岸との連絡路およびアメリカとオーストラリア・ニュージーランド（豪州）との連絡路を確保せよ」との任務を受けていた。要するに、これ以上の日本軍の進撃を阻止せよということである。ニミッツは壊滅した太平洋艦隊の再建、そして士官や兵士らの落ち込んだ士気の向上とともに、キングからの任務の遂行に取りかかった。

ニミッツの就任後、太平洋戦線でのアメリカ軍の指揮系統について陸海軍の間で、激しい論争が繰り広げられた。当初、ルーズベルト大統領はオーストラリアで米豪軍の指揮を執っていたマッカーサー大将を、太平洋方面の最高司令官に任命しようと考えた。これに海軍は激しく反対した。「太平洋の主戦場は海である。よって太平洋方面の最高司令官は海軍軍人でなければならない」。結局、折衷案が取られた。ニミッツ大将は太平洋方面最高司令官に、マッカーサー大将は南西太平洋方面総司令官に任命された。ちなみにミニッツとマッカーサーは〝犬猿の仲〟であった。なお、ニミッツの指揮下に南太平洋方面司令官という役職が設けられ、ゴームレー中将が任命された。後に彼が担当する海域で〝ガダルカ*

ナルの戦い〃が行われ、ゴームレー*はその総指揮を執ることになる。

太平洋戦争開戦後（すなわち、アメリカの第二次世界大戦参戦後）、ルーズベルト大統領は「ヨーロッパ戦線重視」の方針を決定した。これは「アメリカを含む連合国にとって、ナチス・ドイツが最大の脅威である」という判断にもとづいた決定であった。要するに「ヨーロッパ戦線とナチス・ドイツ打倒が第一であり、アジア・太平洋戦線と日本は〃二の次〃」ということである。この結果、アメリカの人員、物資、武器の割り当てにはヨーロッパに優先権が与えられ、太平洋戦線には限られた量しか回されなかった。そのため、ただでさえ仲の悪いニミッツとマッカーサーは、補給物資やトラック、ジープの配分などを巡って激しく争うこととなった。

●日本では今後の戦争計画について陸海軍が対立

太平洋戦争開戦からわずか半年足らずで、日本軍は東南アジアのほぼ全域を支配下に置いた。この予想以上の大戦果に日本中が沸き立った。東京では「戦勝祝賀大会」が催され、ある海軍の高級軍人は「次の戦勝祝賀大会開催地はロンドンとニューヨークだ」などと述べていた。

太平洋戦争開戦前に立案された日本の戦争計画はここまでであった。1章でも触れたように、東南アジアを占領した後についての具体的な計画は誰も持っていなかったのである。「このタイミングで連合国と和平交渉を始めよう」という声も少数ながら存在した。しかし、緒戦の大勝利に酔いしれていたこの時期に、和平を真剣に考える日本人はほとんどおらず、またそんな意見に誰も耳を傾けようとはしなかった。

このような状況を踏まえて、陸海軍はそれぞれ今後の戦争計画を作成した。陸軍の計画は占領した地

日本軍の最大範図（1942.6）

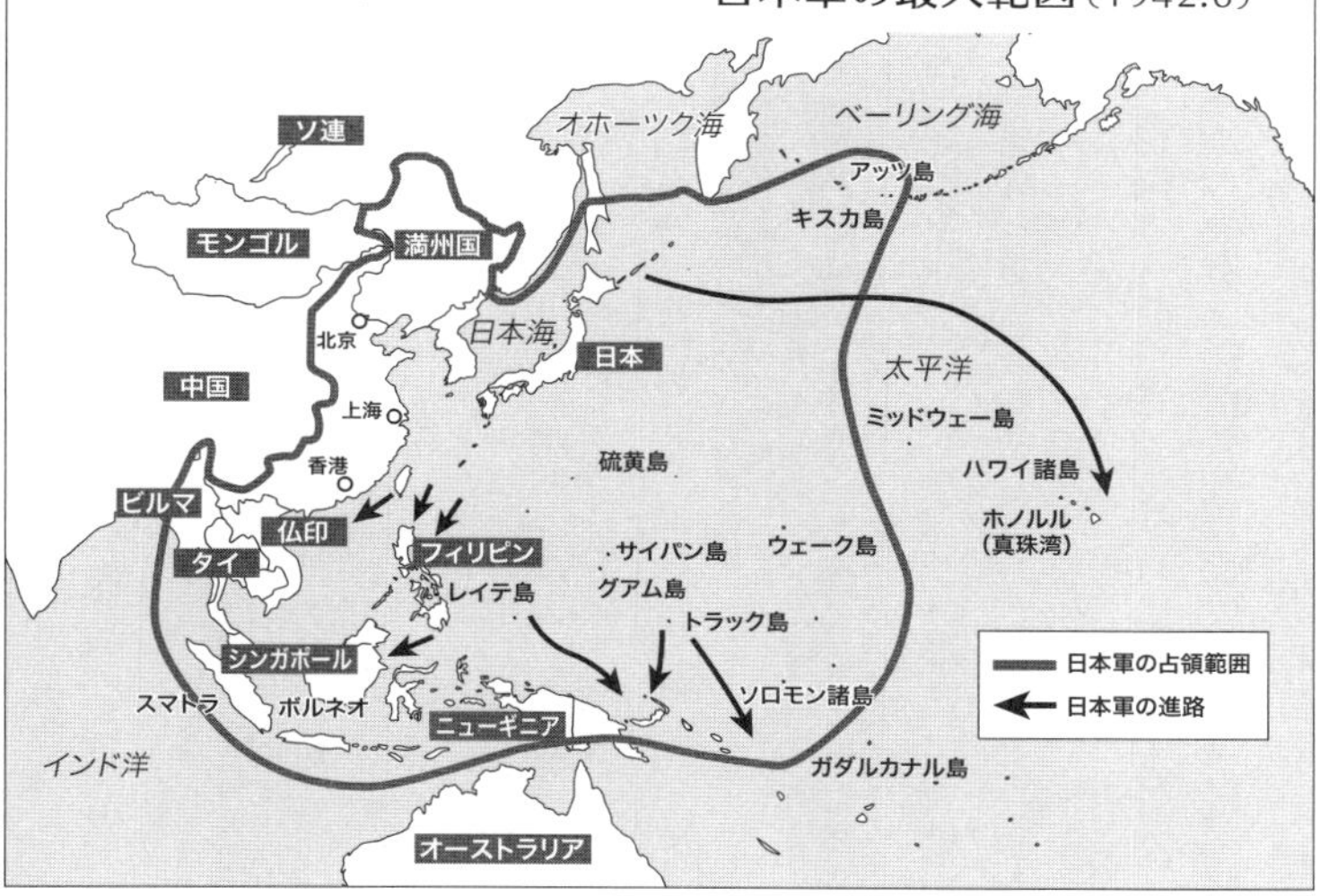

域の守りに徹し、戦力と国力の増強を図り、連合国との持久戦が行える体制作りを目指すといったものであった。

これに対し海軍が作成した計画は、はるかに野心的なものであった。海軍が提出した計画には「インド洋を制圧し、北アフリカ戦線から南下する（であろう）ドイツ軍と合流しよう」「オーストラリアに上陸、占領しよう。陸軍5個師団もあれば十分だろう」「ミッドウェー、ハワイを占領しよう」などといったものであった。さすがに海軍軍令部でもこれらの計画は「無謀すぎる」として却下した。それに代って（海軍としては）より〝保守的〟な作戦が立案された。それはオーストラリア北東のソロモン諸島、フィジー、サモア、ニューギニアの攻略であった。

陸海軍とも連合国軍（とくにアメリカ軍）の反攻は、1943年（昭和18年）以降であろうと分析していた。アメリカはオーストラリアと共同しながら南および中部太平洋方面より進撃してくるだろうと海軍は予想した。それを事前にくじくためにソロモン諸島、フィジー、サモア、ニューギニアを占領し、アメリカとオーストラリアの連絡路・補給路を断とうというのがこの作戦計画の目的であった（この計画は「*米豪遮断計画」と呼ばれた）。

しかしこの作戦計画に反対した海軍軍人がいた。連合艦隊司令長官山本五十六である。彼はこう考えた。「日本にとっての最大の脅威は、真珠湾攻撃で撃ち漏らした米空母である。よってこれらの空母の補足、撃沈を最優先とするべきである」。山本は敵空母を叩く作戦計画を海軍軍令部に提出したが、却下された。ところがその後まもなく、山本の懸念は現実のものとなった。それは日本人の誰もが想像しなかった方向からやって来て、誰もが想像しなかった場所と形で起った。アメリカ軍爆撃機による日本本土空襲である。

日本本土初空襲　1942・4

戦勝ムードに酔う日本人の士気を挫くためB-25による本土初空襲が実施

太平洋戦争開戦以来、アメリカ軍は日本軍相手に敗北を重ねていた。そこでルーズベルト大統領は日本に一矢報いることができ、かつ日本人の士気をくじき、アメリカ人の士気を高める効果的な作戦の立案を海軍に命じた。その命令を受け、海軍作戦参謀のフランシス・ロー大佐が突飛な作戦を提案した。「爆撃機を空母から発信させて、日本本土を空襲する」というものであった。

早速この提案は採用され、爆撃機の選定が始まった。その結果、アメリカ陸軍の中型爆撃機「B-25ミッチェル」が選ばれた。ただちにB-25、16機と選りすぐりの搭乗員たちで構成された爆撃隊が編成された。隊長には冒険飛行家としても有名なジミー・ドーリットル中佐が選ばれた。*
ドーリットル隊は1942年（昭和17年）3月よりフロリダ州エグリン基地で、空母からの離陸訓練を行った。4月1日、ドーリットル隊のB-25、16機はサンフランシスコに停泊していた空母「ホーネット」に積み込まれ、翌2日に護衛の巡洋艦、駆逐艦と共に、サンフランシスコを出港した。4月8日、ホーネットを中心とする艦隊は北太平洋上で、ウィリアム・ハルゼー中将指揮下の空母「エンタープライズ」を中心とする艦隊と合流、一路日本を目指した。ハルゼーは「雄牛（ブル）」というあだ名を持つ、猛将である。

ロー大佐の計画ではドーリットル隊は4月18日の夕方、日本の東方海上約500マイルの地点から発進する。そうすれば日本上空に達するのは、日本軍に発見されにくい夜間になる。またB-25は空母から飛び立つことはできるが、着艦することはできない。そこでドーリットル隊発進後、アメリカ艦隊はただちに反転、ハワイに引き返す。一方、ドーリットル隊は中国に飛び、中国軍の勢力圏内にある飛行場に着陸する。日本本土から中国軍基地までの距離は約1500マイル。B-25の航続距離は約2000マイルだから、計算上ではうまくいくはずであった。

しかしここで思わぬ誤算が起きた。4月18日朝、アメリカ艦隊は日本の哨戒船《しょうかいせん》（漁船を改造したもの。乗組員の大半は民間人であった）に発見されてしまったのである。ハルゼーはただちに哨戒艇を攻撃、撃沈するよう命じた。哨戒艇は間もなく撃沈された（生き残った乗組員らは、アメリカ軍の捕虜になった）。しかしこの哨戒艇は撃沈される前に無線で「敵空母艦隊発見」と東京に報告した。

「敵の哨戒艇に発見された以上、もう一刻の猶予も許されない」。ハルゼーはそう考えた。しかし今、ドーリットル隊を発進させれば、日本本土上空に達するのは昼間になってしまう。しかも艦隊の現在位置は日本本土東方海上、約670マイルである。ここから発進したら、中国軍の基地まで燃料が持たない可能性があった。しかしハルゼーは決断した。「ドーリットル隊、直ちに発進せよ」。

命令を受け、ドーリットルが乗ったB-25が最初にホーネットから飛び立った。その後、残りのB-25が次々と発進していった。その一部始終を有名な西部劇映画監督のジョン・フォードと彼のスタッフがカメラで撮影していた。

一方、日本では「敵空母艦隊発見」の報が、東京の大本営にたしかに届いていた。しかし大本営は「アメリカ軍空母から飛び立つのは航続距離の短い小型の航空機であろう」と判断した。そしてそれら航空機が空母を飛び立って日本に向かうのは、アメリカ艦隊がもっと日本本土に接近した時、つまり明日4月19日であろうと判断した。そのため、ドーリットル隊が発進した4月18日に日本軍は何の警戒態勢も取らなかったのである。

ドーリットル機は東京を目指した。その途中、1機の日本機とすれ違っている。その日本機には東条[*]英機首相が乗っていた。東条はこの日、水戸の飛行学校視察のため、飛行機で移動するところであった。ドーリットル機も東条が乗っていた機も、互いに発砲することもなく、そのまますれ違った。

ドーリットル隊は東京、川崎、横須賀、名古屋、四日市、神戸、和歌山などを爆撃した。ちなみに東京に投下された爆弾の1つには、5個の勲章がくくりつけられていた。これは戦前、アメリカ人に対して送られた日本の勲章であった。東京空襲に際して、勲章の持ち主から「日本に返してもらいたい」との依頼を受けてのことであった。

空襲を終えた後、ドーリットル隊は中国大陸を目指した。しかし16機のうち1機はソ連のウラジオストックに着陸し、残り15機はいずれも日本軍占領下の中国上空で燃料が尽きたため不時着したか、乗員がパラシュートで脱出した。この時、3人が死亡した。また8人が日本軍に捕えられている。ドーリットルを含む残りの64人は、それぞれ様々なルートをたどって中国軍の勢力圏にたどり着いた。彼らは帰国後、アメリカ市民から熱烈な歓迎を受けた。

一方、捕虜となったアメリカ兵8人のうち、3人が処刑された。1機のB-25が機銃掃射を行い、小学生を含む民間人を殺傷したことが処刑理由であった。

翌4月19日、大本営は「敵爆撃機9機を撃墜、わが損害軽微」と発表した。しかし日本軍は1機も撃墜していなかった。「大本営発表」の始まりである。またこの空襲による被害は死傷者約600人、損害を受けた家屋は約400戸であった。

この日本本土空襲は、フィリピンのバターン半島陥落のニュースで意気消沈していたアメリカ国民の士気を一気に高めた。報道記者らの「爆撃機はどこから飛び立ったのか?」という質問に対して、ルーズベルトは「シャングリラ(ジェームズ・ヒルトンの小説『失われた地平線』に出てくる理想郷)からだ」と答えた。

日本陸海軍の首脳部はこの空襲に衝撃を受けた。海軍では山本五十六が再度、アメリカ空母を叩く作戦案を海軍軍令部に提出した。敵空母の脅威を認めざるをえなくなった軍令部は、ついに山本の作戦案を承認した。

しかしその前に連合艦隊はアメリカ機動部隊とニューギニア島の沖合で、一戦交えなければならなかった。その戦いを「*珊瑚《さんご》海海戦」といった。

史上初の空母対空母の海戦。航空機による戦いの結果は？

この頃、日本軍はニューギニアの攻略を進めていた。ニューギニアはオーストラリアの北にある島で、中央部を険しい山脈が東西に走っている。日本軍はこの島の西部と北東部を占領した。そして島の南東部にある連合国軍の拠点、ポートモレスビーを攻略する作戦を立てた。島の中央部は険しい山々が連なっているため、日本軍は兵士を輸送船に乗せて、海路からポートモレスビー攻略を目指すことにした。その輸送船団を空母「瑞鶴《ずいかく》」「翔鶴《しょうかく》」と軽空母「祥鳳《しょうほう》」を中心とする日本艦隊が護衛した（132ページ地図参照）。

この日本軍の動きを、アメリカ軍は暗号解読によって事前にキャッチした。当時、アメリカ太平洋艦隊には「エンタープライズ」「ホーネット」「レキシントン」「ヨークタウン」の4隻の空母があった。しかしこの時、「エンタープライズ」と「ホーネット」はドーリットル隊の日本本土空襲作戦に参加していたため、「レキシントン」と「ヨークタウン」を中心とする機動部隊がニューギニアに派遣されることになった。指揮官はフランク・フレッチャー少将であった。この戦いはニューギニア島沖合の珊瑚海で行われたことから、「珊瑚海海戦*」と呼ばれている。

「珊瑚海海戦」は1942年（昭和17年）5月8日に行われた。この海戦は史上初の「空母対空母」の海戦であった。また航空機中心で戦われた史上初の海戦であり、両軍とも最後まで互いの艦船を直接見ることなく戦われた海戦であった。

この戦いでアメリカ海軍はレキシントンおよび駆逐艦1隻、油槽船1隻が沈没。ヨークタウンも大破した。一方日本海軍も祥鳳が沈没、翔鶴は大破した。また瑞鶴も損害を受け、すぐには次の戦闘に参加できない状態であった。

この海戦を指揮していた日本海軍の井上成美中将は全艦隊の引き上げを命じた。そして*ポートモレスビー上陸作戦を無期延期とした。これ以後、日本軍は険しい山脈を越えてポートモレスビー攻略を目指すという「過酷」な作戦に切替えていくことになった。

この珊瑚海海戦は艦船の被害から見れば、日米双方ほぼ「引き分け」であったと言えるだろう。しかし日本軍のポートモレスビー上陸が中止となったという点から見ると、アメリカ軍の勝利と言えるかもしれない。

ミッドウェー・アリューシャン作戦

日本海軍史上最大の作戦だったが、アメリカ軍は事前にキャッチしていた？

*山本五十六長官のアメリカ太平洋艦隊撃滅の作戦構想は、次のようなものであった（次ページ地図参照）。まずアリューシャン列島（北太平洋上に連なるアラスカ州の島々）のアッツ島とキスカ島を攻略して、アメリカ艦隊の注意を同海域にそらす。その後、*南雲機動部隊がハワイ西方にあるミッドウェー島に攻撃をかけた後、陸軍部隊が島に上陸する。日本軍のミッドウェー島攻撃と上陸の報を聞いたアメリカ艦隊は、慌ててミッドウェー島の援護に向かうだろう。そこを南雲機動部隊の航空機部隊が待ち伏せして、これを叩く。これが山本と参謀らが立てた作戦であった。

ミッドウェー作戦での5艦隊の展開図

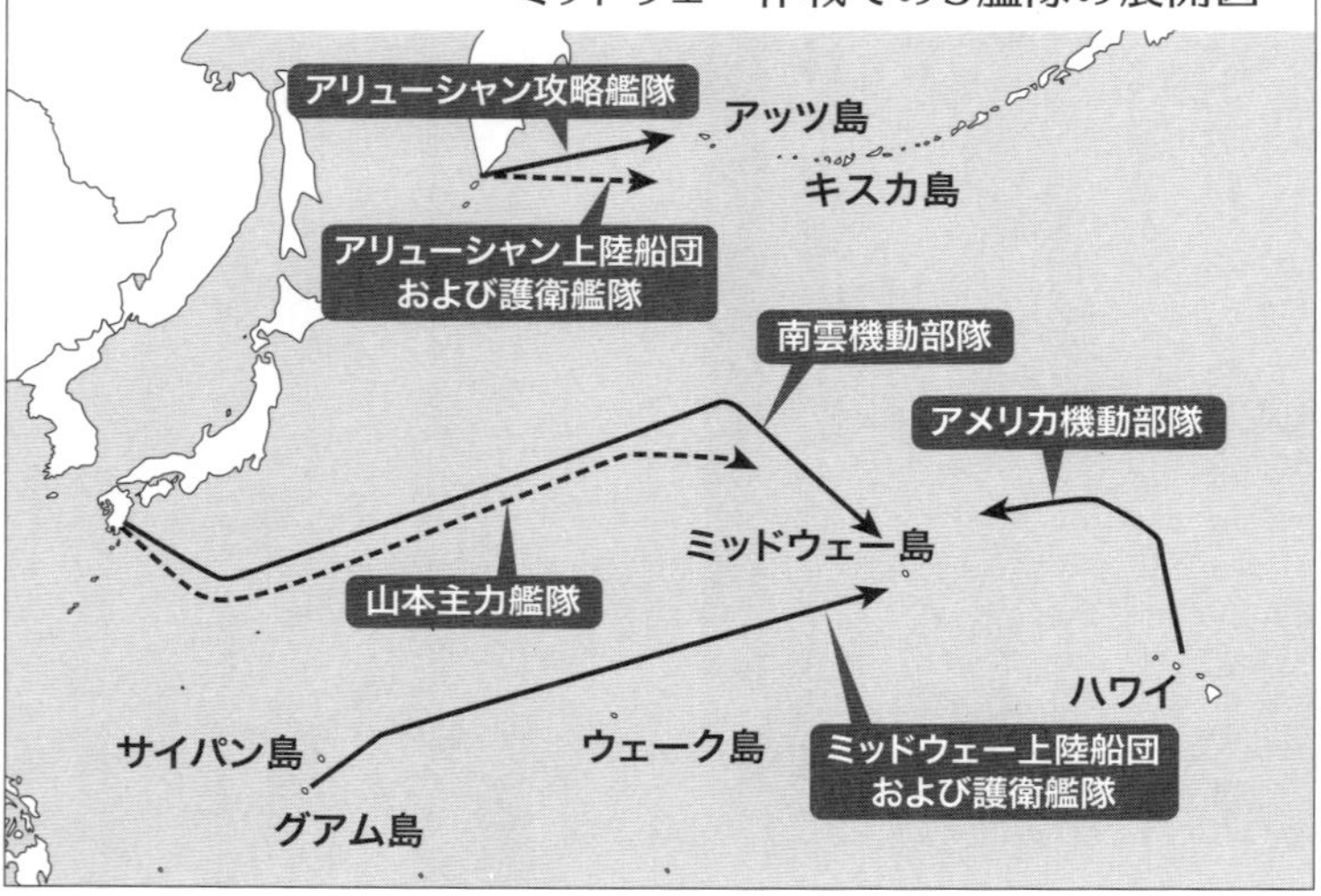

今回の*ミッドウェー作戦の主役である南雲機動部隊の指揮官および兵らは、まさに得意の絶頂にあった。真珠湾攻撃でアメリカ太平洋艦隊の空母以外の主要艦艇と多数の航空機を撃沈、撃破した。そしてオーストラリア北部の都市、ダーウィンを爆撃し、インド洋ではイギリス東洋艦隊を撃退した。まさに「南雲機動部隊の前に敵なし」といった心境であったろう。珊瑚海海戦で同機動部隊の2隻の空母「瑞《ずい》鶴《かく》」「翔鶴《しょうかく》」が損害を受けたため、今回のミッドウェー作戦は真珠湾攻撃時より2隻少ない「赤城」「加賀」「蒼龍《そうりゅう》」「飛龍《ひりゅう》」の空母4隻が主体となるが、それでも彼らの多くは今回の作戦も、日本軍の大勝利で終わるに違いないと確信していた。その自信の強さのせいか、南雲機動部隊の士官たちは公の場で堂々とミッドウェー作戦について語り合っていた。

しかしこの作戦には問題点もいくつかあった。まず作戦命令書によると、本作戦の目的はミッドウェー島攻略と敵機動部隊の撃滅が併記されている。しかし、もしミッドウェー島攻略中に敵機動部隊が現れたらどうするのか？　また本作戦では艦艇約３５０隻、将兵約10万人が参加するという、まさに日本海軍史上最大の作戦となる。しかしこれだけの大兵力が５つの艦隊（南雲機動部隊、ミッドウェー上陸船団および護衛艦隊、アリューシャン攻略艦隊、アリューシャン上陸船団および護衛艦隊、山本が直接率いる戦艦を中心とした主力艦隊）に分かれて広大な太平洋に展開する作戦は、各艦隊が緊密な連携を取ることができて、はじめて成功することが可能となる。しかし各艦隊がこんなに離れた位置にいて、連携を取ることなどできるのだろうか？　とくに山本の主力艦隊は南雲機動部隊の後方３００マイルの位置にいる。これだけ両艦隊が離れていると、もし南雲機動部隊に何かあってもすぐに援護にたどり着くことができない（全速力で航行したとしても、主力艦隊が南雲機動部隊と合流するまで10時間近くかかった）。

結局、これらの問題点の答えが見出されないまま、作戦は開始された。１９４２年（昭和17年）５月末、各艦隊は予定どおり日本各地の港から出撃していった。

なお、本作戦に先立ち、１９４２年（昭和17年）４月末から１週間をかけて、連合艦隊旗艦「大和」で作戦の図上演習（シミュレーション）が行われた。この図上演習において、南雲機動部隊がミッドウェー島攻略中にアメリカ機動部隊が現れ、同機動部隊から出撃した攻撃機により爆弾９発が命中し、空母「赤城」が沈没するという判定が出た。これに対して連合艦隊参謀長*宇垣《うがき》纏《まとめ》中将は「９発命中は多すぎる」として、３発に修正、赤城を復活させた。このように図上演習で出た作戦の問題点も、連合艦隊首脳部による「自軍に都合のいい〝修正〟」によって無視されたのである。

一方、日本連合艦隊の来襲を迎え撃つアメリカ軍はどう対処したのだろうか？　この当時、アメリカ軍は日本軍の暗号を解読していた（ただし部分的）。ハワイにある暗号解読チームは、日本軍の暗号電文のやり取りから、近いうちに日本軍が太平洋で大規模な軍事作戦を行う予定があるということまではつかんだ。しかしその作戦がどこで行われるかまではわからない。さらに暗号解読を進めてみたが、日本軍の作戦目標は「ＡＦ」であるということまでしかわからなかった。アメリカ軍情報参謀ロシュフォート中佐は「ＡＦ」とは、ミッドウェー島ではないかと推測した。そこで彼は一計を案じた。ミッドウェー島より電報で（暗号電報ではない）「ミッドウェー島には飲料水が不足している」とハワイに向けて打たせたのである。すると暗号解読チームが、次のような日本軍の暗号電文をキャッチした。「ＡＦで飲料水が不足している」。ついにアメリカ軍は日本軍の目標を突き止めた。

　しかし、目標がわかったと言っても、日本軍の戦力は圧倒的にアメリカ軍を上回っていた。当時、アメリカ太平洋艦隊が保有していた戦艦はゼロ、使用できる空母は東京空襲に参加した「エンタープライズ」「ホーネット」の2隻だけであった。たしかにアメリカ軍は日本軍のミッドウェー作戦を知った。しかし、たとえれば、「嵐が間もなくミッドウェー島にやって来る」ということを予知したという程度のことであった。そんなアメリカ軍に朗報が届いた。珊瑚海海戦で大破し、修理に最低3カ月かかると思われた空母「ヨークタウン」が、突貫工事でわずか2日で修理を終えたのである。これで使用可能な空母は3隻となった。

　しかしここでまた悪いニュースがニミッツのもとに届いた。アメリカ機動部隊指揮官のハルゼー中将が皮膚病にかかり、入院したのである。そこでニミッツは、機動部隊の指揮を*フレッチャー少将と*レイモンド・スプルーアンス少将に命じた。とくにスプルーアンスはハルゼーの入院を受け、急きょ、指揮官に任命された。実はスプルーアンスを推薦したのは、他ならぬハルゼーであった。かつてスプルーアンスはハルゼーの部下として駆逐艦の艦長を務めていたことがあり、スプルーアンスの指揮官としての優れた能力を見出していた（前述したようにハルゼーは猛将タイプであるが、スプルーアンスは沈着冷静な智将タイプであった。それにもかかわらず、いや、それ故かもしれないが、二人は大変〝ウマが合った〟）。年次やキャリアから言えば、スプルーアンスの抜擢は異例のことであった。しかしニミッツはハルゼーの推薦を受入れ、スプルーアンスを機動部隊指揮官に任命した。この選択が、ミッドウェー海戦でアメリカ海軍に幸運をもたらすことになる。

１９４２年（昭和17年）５月末、スプルーアンス率いる空母「エンタープライズ」「ホーネット」を中心とする第16機動部隊と、フレッチャー率いる空母「ヨークタウン」を中心とする第17機動部隊はハワイを出港し、ミッドウェー島北東近海で日本艦隊の到着を待った。

アメリカ軍はまた航空機約１００機をミッドウェー島に送った。この措置によってミッドウェー島は、アメリカ海軍の「第４の空母（不沈空母）」となった。この第４の空母は、ミッドウェー海戦において重要な役割を果たすことになる。

ミッドウェー海戦　１９４２・６

日本が空母4隻、航空機320機を失うという大敗を喫した原因は？

１９４２年（昭和17年）６月４日早朝、南雲機動部隊はミッドウェー近海に到着した。そして午前４時30分、爆弾を積んだ第１次攻撃隊を発進させた。各空母の格納庫には敵機動部隊への攻撃に備えて魚雷を搭載した第２次攻撃隊が待機していた。第１次攻撃隊の攻撃目標はミッドウェー島にあるアメリカ軍の航空機、滑走路、石油タンクなどの軍事施設であった。

攻撃隊発進と同時に南雲は偵察機を発進させ、敵機動部隊の索敵を命じた。しかし南雲も参謀たちも、「アメリカ機動部隊はミッドウェー島付近にはいないだろう」と思い込んでいた。したがって偵察にはあまり注意も力も払わなかった（南雲機動部隊はわずか7機の偵察機を発進させたのに対して、ミッドウェー島からはその3倍の22機の偵察機が発進していた。しかもアメリカ軍の偵察機の方がはるかに航続距離が長かったので、より遠くまで偵察することができた）。

一方、ミッドウェー島のアメリカ軍はレーダーで日本軍攻撃隊の接近を探知すると、ただちにすべての戦闘機、雷撃機《らいげきき》（魚雷による攻撃に特化した飛行機）、爆撃機を離陸させた。日本軍の攻撃を避けるための「空中退避」であった。一方で、すでに基地から発進していたアメリカ軍偵察機が、早くも南雲機動部隊を発見した。ただちに空中退避していたミッドウェーの航空機部隊は、南雲機動部隊に向かい、攻撃を開始した。しかし一発の爆弾も魚雷も当たらなかった。それどころか多数のアメリカ軍機が、日本軍の迎撃戦闘機に撃墜されてしまった。しかしかれらの執拗《しつよう》な攻撃は、決して無駄ではなかった。

その頃、日本軍のほうではミッドウェー島を攻撃している第1攻撃隊の隊長から、次のような報告と進言が届いた。「ミッドウェー島の設備にある程度のダメージを与えたが、まだ十分とは言えない。ただちに第2次攻撃隊をミッドウェー島に向けて欲しい」。しかしそのためには第2次攻撃隊が搭載している魚雷を外して、爆弾に積み替えなければならない（魚雷は艦船を攻撃する兵器であり、地上施設を攻撃することはできない）。

南雲以下、機動部隊の参謀たちは「敵機動部隊は近くにいない」という思い込みに加え、ミッドウェー島から発進したアメリカ航空機部隊の執拗な攻撃を受けたばかりということもあり、「ミッドウェー攻撃に集中するべきである」という決断を下した。ただちに各空母に対して、第2次攻撃隊の魚雷から爆弾への積み替え作業が命じられた。

アメリカ軍偵察機の「敵機動部隊発見」の報は、アメリカ機動部隊にも届いていた。しかし、スプルーアンスは「攻撃隊発進」命令をすぐには出さなかった。スプルーアンスは「日本軍の第1次ミッドウエー攻撃隊が空母に帰還（着艦）する時が、攻撃の最大のチャンスである」と判断し、その絶妙のタイミングに合うよう攻撃隊を発進させることにした。もしこの時、「雄牛（ブル）」のあだ名を持つハルゼー中将がアメリカ機動部隊の指揮を執っていたら、南雲機動部隊発見の報告を受けた直後に、ただちに攻撃隊を発進させていたであろう。沈着、冷静なスプルーアンスだからこそできた決断であったと言える。6月4日午前9時、スプルーアンスは攻撃隊を全機発進させた。しかも空中に飛び立った攻撃部隊（雷撃機隊、急降下爆撃機隊）ごとに、そろった部隊から攻撃に向かうよう命じた。この決断もアメリカ軍に幸運をもたらすことになった。

午前8時30分頃ようやく日本軍偵察機がアメリカ機動部隊を発見した。その報告を受けた南雲は爆弾に積替えている最中の第2次攻撃隊に、再び魚雷を積込むよう命令した。そこに第1次攻撃隊が帰ってきた。もし第2次攻撃隊への魚雷積込み作業を優先してしまうと、第1次攻撃隊の空母への収容が遅れてしまう。そうなると燃料が尽きかけていた第1次攻撃隊は海に不時着しなければならない。空母「蒼龍」「飛龍」を指揮する山口少将は南雲提督に対し、「第2次攻撃隊を即時発進させ、敵機動部隊攻撃に向かわせる」ことを進言した。しかし南雲は第1次攻撃隊を収容し、その後、第1次、第2次攻撃隊に魚雷を積込み、全攻撃機で敵機動部隊を攻撃することを決定した。

この決定を受け、各空母で第1次攻撃隊の収容と魚雷への積込み作業が行われている最中に、アメリカ攻撃隊が上空に飛来してきたのである。

最初に飛来してきたのは雷撃隊であった。雷撃隊は低空で南雲機動部隊に接近し、空母に向けて次々に魚雷を発射した。しかし巧みな操艦で4隻の空母は敵の全魚雷をかわした。しかも護衛のゼロ戦隊が雷撃機を次々と撃墜していった。午前10時20分、全攻撃機の魚雷積込み作業を完了した攻撃機隊に発進命令が下された。その時、雷撃隊に続いてアメリカ急降下爆撃隊が上空に到着した。しかも日本軍にとってタイミングの悪いことに、護衛していたゼロ戦隊は雷撃隊迎撃のため、低空を飛んでいた。そのため、急降下爆撃隊が飛んできた上空は「がら空き」であった。急降下爆撃隊はただちに降下をはじめ、日本空母めがけて次々と爆弾を投下した。4隻の日本空母の甲板には魚雷を搭載した攻撃機が所狭しと並んでいた。午前10時24分、最初の爆弾が命中した。

その後、アメリカ急降下爆撃隊が投下した爆弾は次々と命中。また甲板に並んでいた攻撃機は次々と誘爆を起こした。急降下爆撃隊の攻撃開始からわずか20分後、「赤城」「加賀」「蒼龍」は炎に包まれ航行不能に陥った。旗艦赤城に乗艦していた南雲は軽巡洋艦「長良」に移動した。唯一、攻撃を免れたのは「飛龍」だけであった。指揮官の山口少将はただちに攻撃隊を発進させた。飛龍攻撃隊は空母「ヨークタウン」を発見、これを攻撃した。ヨークタウンは3発の爆弾を受けた。攻撃隊は「ヨークタウン撃沈」と報告したが、ヨークタウンは沈没していなかった。

実はアメリカ軍の空母は、日本の空母よりはるかに優れた防御力を持つ構造になっていた。しかも敵に攻撃され、ダメージを受けた時に、そのダメージを修理し被害を最小限にとどめる役目を持つ「ダメージコントロール」*というチームがアメリカ海軍には配置されていた。これらの理由により、アメリカ空母のダメージ復旧能力は極めて高かった。これに対して日本の空母は「攻撃第一主義」(裏を返せば〝防御軽視〟ということ)という方針のため、防御力は極めて弱かった(ミッドウェー海戦で3隻の日本空母がわずか20分の攻撃で航行不能に陥ったのは、そのいい例と言えるだろう)。ましてや「ダメージコントロール」などという概念など、存在すらしなかった(ちなみに、現在の海上自衛隊の各護衛艦には「ダメージコントロールチーム(班)」が配置されている)。

補給を終え再び発進した飛龍攻撃隊は再び(復旧した)ヨークタウンを発見した。同攻撃隊はこれを別のアメリカ空母と判断し、攻撃を開始した。ヨークタウンは再び魚雷3発を受けた。飛龍攻撃隊は同空母を撃沈したと判断して引き返していった(しかしヨークタウンは再び復旧した)。午後5時30分、飛龍が3回目の攻撃隊発進を行おうとした時、アメリカの急降下爆撃隊が飛来して来た。飛龍はたちまち爆弾4発を受け、艦全体が炎に包まれた。山口少将は乗組員全員に退艦を命じた。そして自身は加来艦長と運命を共にした。山口は加来に言った。「月がきれいだなあ。沈むまで一緒に眺めるとしようか」。一方、ヨークタウンは度重なる日本軍の攻撃を受けたものの、それでも半身不随《はんしんふずい》の状態で浮かんでいたが、2日後の6月6日、日本軍潜水艦の魚雷攻撃を受け、ついに沈没した。

日本軍は空母4隻すべてを失った。多数の優秀なパイロットと乗組員と共に。空母4隻撃沈の報告を受けた山本の主力艦隊(旗艦は戦艦「大和」)の指揮官、参謀らは、大変なショックを受けた。多くは「このまま主力艦隊をミッドウェーに突っ込ませ〝夜襲〟で敵機動部隊を攻撃しましょう」と主張した。しかし山本は全艦隊に「引き上げ」を命じた。

大本営はこの大敗北をひた隠しにし、ミッドウェー海戦で「敵空母2ないし3隻を撃沈、我が方の損害、空母1隻沈没」と嘘の発表を行った。

たしかにアメリカ軍は「運が良かった」と言える部分もあったと言える。しかし、それだけではない。ミッドウェー島や機動部隊から発進した攻撃隊の勇敢な戦いぶり。スプルーアンスがニミッツから事前に受けた「空母への攻撃だけに集中せよ」という指令を忠実に守ったこと。何よりもスプルーアンスがベストのタイミングで攻撃機を出撃させた〝決断力〟こそが、アメリカに勝利をもたらしたと言えるだろう。

これに対して日本軍は「ミッドウェー近海にアメリカ機動部隊はいない」という思い込みを持って戦いに臨んだ。さらにアメリカ機動部隊発見の報告を受けても、第1次攻撃隊の収容と魚雷への積替えなどで時間を浪費し、その結果、空母部隊の全滅を招いてしまったのである。第1次攻撃隊を収容した後、第2次攻撃隊に爆弾を積んだ状態でアメリカ機動部隊を攻撃させるという手もあったはずである（練度の高い日本軍パイロットであれば、爆弾でも十分、アメリカ機動部隊に損害を与える可能性は高かったと思われる）。

また南雲機動部隊に、ミッドウェー島の攻撃とアメリカ機動部隊への攻撃という「二重目的」が設定されたことによって、戦況判断に迷いを生じさせたことも、日本軍敗北の大きな原因の一つであると言えるだろう。山本は南雲や機動部隊の参謀たちに「ミッドウェーはあくまでアメリカ機動部隊をおびき寄せる〝餌《えさ》〟であって、この作戦の最重要目標はアメリカ空母の撃沈である」ということを作戦前にははっきりと伝えるべきであった。明らかにコミュニケーション不足であったと言えるだろう。これに対してスプルーアンスは航海中の空母の飛行甲板上で、参謀らと常に議論や対話を行い、目標や現状認識などの〝すり合わせ〟に努めていた。

歴史に「もし」はないとよく言われるが、それでも「もし日本機動部隊の指揮を山口少将が執っていたら」と思わずにいられない。山口は真珠湾攻撃の際も、第3次攻撃に積極的であった。またミッドウェー海戦時も、アメリカ機動部隊発見の報告を受けるや、航空部隊の即時発進を南雲に進言している。

南雲より山口の方が戦況判断や決断力に優れていると言えるだろう。しかし南雲は海軍兵学校36期、山口は40期卒である。年次と学校での成績で人事のほぼすべてが決まる日本軍において、山口の機動部隊指揮官の可能性は〝ゼロ〟であっただろう。年次にこだわらず、スプルーアンスのように能力のある軍人を抜擢する〝柔軟な〟人事システムを持つアメリカ軍とは対照的である（ちなみに、太平洋艦隊司令長官のニミッツは、海軍士官学校でハルゼーの1年後輩である）。

ミッドウェー海戦で日本は空母4隻と航空機約320機を失った。物的な損害もさることながら、多数の熟練パイロットを失ったことも大きな痛手であった。さらに意外と知られていないが、日本海軍はミッドウェー海戦で、大きなダメージを受けていた。平時において消費する石油の〝1年分以上〟を消費してしまったのである。前述したようにミッドウェー・アリューシャン作戦で、日本海軍は5つの艦隊（総数約350隻）を太平洋に展開させた。しかも各艦隊はそれぞれ〝複雑な〟航路を取りつつ、広大な西太平洋上で作戦行動を取った。この一連の作戦行動によって日本海軍は、貴重な石油を浪費してしまったのである。このことは、その後の連合艦隊の作戦行動にボディブローのようにじわじわと影響を及ぼしていく。一方日本軍は6月7日、アッツ島、キスカ島を占領した。これがこの作戦での日本軍唯一の勝利となった。

アメリカ軍の反攻 1942・8

アメリカ軍は反攻の拠点になぜガダルカナルを選んだのか

ミッドウェー海戦で勝利を収めたアメリカ軍は、勢いに乗って日本軍への反攻作戦を開始することを決定した。当初、アメリカ軍は反攻作戦の開始時期を1943年（昭和18年）以降と計画していたが、これを約半年早めることとした。ターゲットは〝ガダルカナル島*〟である。

前述したように日本海軍軍令部は、ソロモン諸島、フィジー、サモア、ニューギニア島を占領し、アメリカとオーストラリアの連絡路・補給路を断つという、いわゆる「米豪遮断作戦」を立案していた。その作戦の一環として、ソロモン諸島南端に位置するガダルカナル島に飛行場の建設を進めていた。アメリカ軍は米豪の連絡路を確保するため、そして「米豪遮断作戦」を阻止するため、反撃の第一歩をガダルカナルから踏み出すことにしたのである（132ページ地図参照）。

とは言っても当時、アメリカ軍の戦力は劣勢であった。ミッドウェー海戦で勝利を収めはしたものの、海軍兵力に関して言えば、日本海軍は空母6隻、戦艦12隻を保有していたのに対して、アメリカ海軍（太平洋艦隊）は空母4隻、戦艦に関しては0隻であった。

また使用可能な陸上兵力は海兵隊1個師団だけであった。よってガダルカナルへの反攻作戦は、限定的反攻（アメリカ軍はこれを〝防御的反攻〟と呼んだ）と言えるものであった。

ちなみに南西太平洋方面軍司令官のマッカーサーは、ガダルカナルを飛び越して、日本軍の南太平洋最大の軍事拠点であるラバウル*（ソロモン諸島北端とニューギニアの中間に位置する、ニューブリテン島にある）の攻略を主張していた。彼は「自分に海兵隊1個師団と空母を含む機動部隊を与えてくれれば、ラバウルを攻め落としてみせる」と言った。しかしこの作戦はあまりにも無謀、かつ冒険的と判断され、却下された。

1942年（昭和17年）8月7日、連合国軍護衛艦隊の援護のもと、バンデクリフト少将率いるアメリカ海兵第1師団、約1万9000人がガダルカナルに上陸した。太平洋戦争開戦前、日本人と日本兵をあざけり、過小評価太していた連合国の市民や兵士らは、開戦後の約半年間にアジア・太平洋各地で連合国軍を次々と撃破した日本軍の強さをまざまざと見せつけられた。そのため日本兵への見方を一転させていた。日本兵を「世界一タフで無敵な戦士」と見なすようになっていたのである。ガダルカナルに上陸したアメリカ海兵隊の兵士らもそのように考えていた（しかも猛訓練を受けていたとはいえ、アメリカ海兵第1師団はまだ戦闘未経験の部隊であった）。ところが彼らの予想に反し、島に上陸した第1海兵師団に対して、日本軍はまったく攻撃してこなかった。アメリカ軍は警戒しながら日本軍が建設した飛行場に近づいた。すると飛行場には誰もおらず、まさに〝もぬけの殻〟となっていた。アメリカ軍はほぼ無血で飛行場を占領したのである。

実はアメリカ軍が上陸した時、ガダルカナルにいた日本軍は約2000人の設営隊員（正規の軍人ではない）と約230人の海軍陸戦隊だけであった。また飛行場に航空機部隊は配備されていなかった（日本海軍航空機部隊は、8月21日に到着する予定であった）。2万人近いアメリカ軍の上陸を受け、日本軍はジャングルへと逃げ込まざるを得なかったのである。アメリカ軍は占領した飛行場をミッドウェー海戦で戦死した航空機部隊隊長にちなんで、〝ヘンダーソン飛行場〟と名づけた。

ガダルカナル・陸の戦い　1942・8～10

不敗だった日本陸軍が3度攻撃を仕掛けても奪還できず

日本海軍は、陸軍には内密でガダルカナル島に飛行場を建設していた（これも海軍と陸軍の〝セクト主義〟〝縦割り〟の典型的な例と言えるだろう）。しかし、ひとたびアメリカ地上部隊にガダルカナルの

ガダルカナル島の周辺図

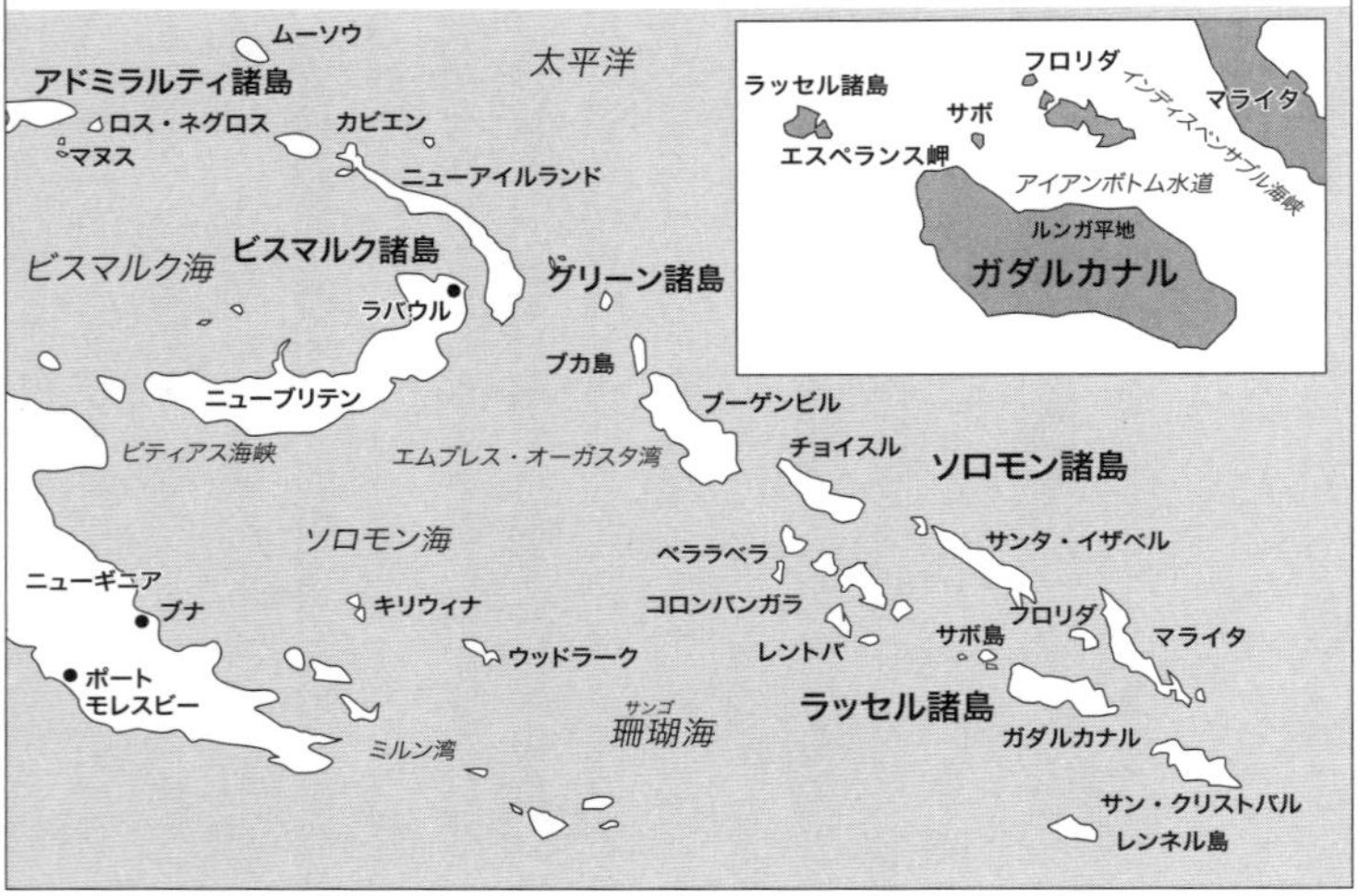

飛行場を占領されたからには、海軍は陸軍に部隊派遣と飛行場奪回を要請しなければならなかった。だが海軍は、ガダルカナルに上陸したアメリカ軍の兵力を過小評価していた。日本軍は連合国軍の反攻が始まるのは１９４３年（昭和18年）以降と予想していた。そのため、ガダルカナルに上陸したアメリカ軍は〝強行偵察〟（敵の反撃を受けることを覚悟のうえで行う偵察行動のこと）の一環であり、兵力はせいぜい〝２０００人程度〟と見なしていた。陸軍も海軍のこの〝見込み〟に同意した。そこでミッドウェー島上陸用に考えていた一木大佐率いる約９００人の部隊を派遣することを決定した（一木大佐は１９３７年（昭和12年）の盧溝橋《ろこうきょう》事件で中国軍と衝突した現地部隊の指揮官であった）。

　前述したように太平洋戦争開戦後、連合国の兵士や市民らが日本兵を「世界一タフで無敵な戦士」と見なすようになっていたのに対して、日本の市民や兵士らはアメリカ、イギリスをはじめとする連合国の兵士を「物質文明に毒された、軟弱でいくじなしな連中」と見下し、侮《あなど》るようになっていた。

一木大佐率いる日本陸軍部隊は8月19日にガダルカナルに上陸した。対するアメリカ軍は島北部にある飛行場を中心に、強固な防御陣地を構築していた。8月21日夜、一木部隊はアメリカ軍陣地東側のイル川を渡って攻撃を開始した。しかし対岸のアメリカ軍陣地から小銃、機関銃、大砲の弾や砲弾が雨あられのようにあびせられてきた。アメリカ軍陣地には鉄条網が何重にも張り巡らされていたため、部隊はイル川に釘づけにされた。さらに夜が明けるとヘンダーソン飛行場から飛び立った米軍機からの攻撃も受けるようになった。さらに戦車を伴うアメリカ軍の別働隊がイル川を渡って側面を攻撃した。この戦いで一木部隊約900人のうち約800人が戦死し、一木大佐は拳銃で自分の頭を打ち抜いて自決した。生き残った日本兵約100人はジャングルの中へ逃げ延びた。

もともとガダルカナルを含むソロモン諸島とニューギニアは、百武《ひゃくたけ》中将指揮下の陸軍第17軍の担当地域であった。しかも第17軍はニューギニアの攻略に主軸を置いており、ソロモン諸島にはほとんど注意を払っていなかった。海軍の要請で一木隊をガダルカナルに派遣したが、約900人の小部隊とはいえ、イル川の戦いは太平洋戦争開戦以来、不敗・無敵を誇っていた日本陸軍にとって初めての敗北であった。「陸軍のメンツにかけてこの不名誉を挽回しなければならない」。そう考えた陸軍は、新たに川口少将率いる約5000人の部隊をガダルカナルに送った。8月末から9月初旬に上陸した川口部隊は、ヘンダーソン飛行場の南側の丘を攻撃することにした。

道なき密林を苦心して進んだ川口部隊は、ようやくヘンダーソン飛行場南側に到着した。攻撃を開始したのは9月13日夜。しかしここで問題が発生した。敵陣地への攻撃に際して、川口少将指揮下の各部隊の連絡・連携がうまく取れなかったのである。その結果、各部隊の攻撃はバラバラのタイミングで行われた。さらに一部の部隊は、攻撃にすら参加しなかった（連絡・連携の不備からできなかったと言うべきかもしれないが）。

このような不利な状況にありながら、川口部隊の兵士は勇猛果敢にアメリカ軍陣地に突撃していった。しかし銃の先に剣をつけた「銃剣」だけでは、アメリカ軍の重厚な防御陣地を突破することはできない。機関銃、大砲、戦車などの機械化装備の前に、日本軍兵士は次々となぎ倒されていった。まさに3年前の〝ノモンハン事件〟の再来である。結局、この2度目の攻撃も失敗に終わった。日米両軍が死闘を行ったこの丘は〝血染めの丘〟と呼ばれるようになった。

2度の攻撃失敗を受け、日本陸軍参謀本部もさすがに事態を重要視するようになった。そこで丸山中将率いる第2師団を中心とする約2万人が、ガダルカナルに送られた。部隊の総指揮は第17軍司令官百武中将自らが執った。10月初旬、日本軍部隊はガダルカナルへの上陸を完了した。

陸軍部隊の攻撃を援護すべく、海軍は10月中旬に戦艦や重巡洋艦によるヘンダーソン飛行場への砲撃を実施した。その結果、同飛行場に配備されていた約90機の航空機のうち、約半数が破壊した。しかし陸軍部隊の展開や攻撃準備が予定より大幅に遅れたため、海軍の砲撃がアメリカ軍基地に与えたダメージを活かすことができなかった。

10月下旬、日本陸軍による第3次攻撃が実施された。日本軍は第2次攻撃と同じ飛行場南側の丘に主力を投入することにした。しかし第2次攻撃と同様、部隊間の連絡・連携がうまく取れず、その結果、またしても各部隊がばらばらに戦うこととなった。そして再びアメリカ軍の防御陣地と機械化装備の前に、日本軍兵士はなぎ倒されていった。

このようにガダルカナルでの陸の戦いにおいて、日本軍は3回大規模な攻撃を行い、3回とも失敗に終わった。ただし、アメリカ軍の方もすべてが順調であったわけではない。たとえば、アメリカ第1海兵隊師団を乗せた輸送船団がニュージーランドのウェリントン港を出港した際、港湾労働者のストが発生したため、海兵隊の兵士自らが武器、弾薬、食糧その他物資を輸送船への積み込まなければならなかった。また日本軍が陸揚げした15センチ榴弾砲《りゅうだんほう》という大型の大砲6門による砲撃によって、アメリカ軍陣地や滑走路は多大な損害を受け、一時はアメリカ軍兵士の士気もかなり落ち込んだ（アメリカ兵はこの日本軍の大型砲を〝ピストル・ピート〟と呼んだ）。しかしアメリカ兵はこれらの苦境を乗り越え、日本軍の攻撃をはね返したのである。

ガダルカナル・海の戦い（第1～第3次ソロモン海戦） 1942・8～11

陸軍を援助するため海軍は3次にわたり出撃するも石油不足で撤退

陸軍が3次にわたる攻撃を行う一方で、海軍も呼応して行動を開始していた。8月上旬、「アメリカ軍、ガダルカナル上陸」の報を受け、日本海軍は直ちに行動した。三川中将率いる第8艦隊（重巡洋艦6隻、軽巡洋艦2隻、駆逐艦1隻）をガダルカナルに向かわせたのである。

一方、ガダルカナル近海には輸送船団を護衛すべく、フレッチャー少将率いるアメリカ機動部隊（空母「サラトガ」「エンタープライズ」「ワスプ」を中心とする）と、クラッチレー少将（イギリス）率いる巡洋艦と駆逐艦で編成された艦隊が展開していた。しかし日本の機動部隊の攻撃を恐れたフレッチャーは、早々と指揮下の機動部隊を撤退させていた。そのため、三川率いる日本艦隊がガダルカナル近海に到着した時、付近にはクラッチレーの艦隊しかいなかった。

8月9日未明、三川艦隊はクラッチレー艦隊に夜襲をかけた。夜襲は成功し、クラッチレー艦隊の重巡洋艦4隻撃沈、重巡洋艦1隻、駆逐艦2隻を大破させた。三川艦隊の損害は重巡洋艦1隻撃沈のみであった（この海戦を「*第1次ソロモン海戦」という）。クラッチレー艦隊を撃破したものの、三川艦隊はガダルカナル沖に停泊していた約30隻の連合国軍輸送船団にはまったく手をつけず、そのまま退却した。三川中将は「ガダルカナル近海にはアメリカの空母がいる。夜が明ければ空母の航空機部隊の攻撃を受ける可能性がある」と判断し、退却を決めた（前述したようにこの時、アメリカの空母はいなかった）。クラッチレー艦隊の敗北を受け、連合国軍輸送船団は物資の陸揚げの途中で島から引き揚げてしまった（陸揚げできた物資は約半分であった）。そのため、アメリカ兵たちの食糧は1日2食とされた。しかもその食糧の中には日本軍が飛行場の倉庫に残した〝米〟も含まれていた。

8月下旬、日本海軍は空母「翔鶴《しょうかく》」「瑞鶴《ずいかく》」を中心とする機動部隊（近藤中将指揮）をガダルカナル近海に向かわせた。この機動部隊の前方に、軽空母「龍驤《りゅうじょう》」を中心とする小艦隊が配置された。これを迎え撃ったのは、フレッチャー少将率いる機動部隊（空母「サラトガ」「エンタープライズ」を中心とする）であった。龍驤を発見したフレッチャー機動部隊はただちに航空機部隊を出撃させ、龍驤を撃沈した。一方フレッチャー機動部隊を発見した日本機動部隊（本隊）は、航空機部隊を発進させ、エンタープライズの飛行甲板に3発の爆弾を命中させた。しかしエンタープライズは応急修理を行い、わずか1時間後には航空機を収容できるまで回復した。この戦いを「*第2次ソロモン海戦」という。なお、9月初旬に空母「ワスプ」が日本の潜水艦の攻撃を受け、撃沈されている。

10月に入ると日本海軍は陸軍を援護するため、夜間に艦隊をガダルカナルに接近させて、アメリカ軍の飛行場や陣地を砲撃するという作戦を取り始めた。その第一段として巡洋艦3隻、駆逐艦2隻がガダルカナルに送られた。しかしこの艦隊は10月11日に、ノーマン・スコット少将率いる巡洋艦4隻、駆逐艦5隻からなる艦隊に発見された。アメリカ艦隊はただちに砲撃を開始し、日本艦隊の巡洋艦1隻と駆逐艦1隻を撃沈した。この戦いを「サボ島沖海戦*」という。

この頃、消極的なゴームレー中将に替わって、皮膚病が完治したハルゼーが南太平洋方面司令官に任命された。

10月23日、キンケイド少将率いる空母「エンタープライズ」「ホーネット」を中心とするアメリカ艦隊と、南雲中将率いる正規空母「翔鶴」「瑞鶴」、軽空母「瑞鳳《ずいほう》」と、角田覚治《かくたかくじ》少将率いる軽空母「隼《じゅん》鷹《よう》」を中心とする日本艦隊が激突した。この戦いを「南太平洋海戦*」という。この海戦でアメリカ艦隊が出した損害は「ホーネット」撃沈、「エンタープライズ」大破であった。対する日本艦隊は「翔鶴」と「瑞鶴」が損害を受けたが、沈没した艦艇はなかった。

11月中旬、日本海軍は、ガダルカナルのアメリカ軍飛行場を夜間砲撃するため、戦艦「比叡《ひえい》」「霧島《きりしま》」、巡洋艦1隻、駆逐艦14隻から成る艦隊を出撃させた。キャラガン少将率いる巡洋艦5隻、駆逐艦8隻から成る艦隊がこれを迎え撃った。11月12日から13日にかけて行われたこの海戦で「比叡」が撃沈された。しかしアメリカ艦隊が払った代償も大きかった。駆逐艦4隻と軽巡洋艦「ジュノー」と「アトランタ（旗艦）」が撃沈された（キャラガン少将と次席指揮官のノーマン・スコット少将もともに戦死）。

「比叡」を失ったものの、日本艦隊はアメリカ軍飛行場への砲撃をあきらめなかった。それを察知したハルゼーは、ウィルス・A・リー少将に新型戦艦「ワシントン」「サウス・ダコタ」と駆逐艦4隻から成る艦隊をガダルカナル近海に派遣した。このアメリカ艦隊と日本艦隊との海戦は11月14日から15日にかけて行われた。この海戦でアメリカ艦隊は駆逐艦2隻が撃沈され、同じく駆逐艦2隻が航行不能に陥った。「サウス・ダコタ」も損害を受け、戦場から離脱した。日本艦隊は残り1隻となった「ワシントン」を集中攻撃した。これに対してリー少将は冷静にレーダー射撃による反撃を命じた（この頃、アメリカ海軍の艦艇はレーダーを装備するようになっていた。一方、日本海軍でレーダーを装備していた軍艦はわずかしかなく、しかもその性能はアメリカのものと比べるとかなり劣っていた）。正確なレーダー射撃によって、「ワシントン」は「霧島」と駆逐艦1隻を撃沈した。日本艦隊はガダルカナルへの砲撃を断念し、戦場からの撤退を始めた。この11月12日から15日にかけて行われた一連の戦いを総称して「第3次ソロモン海戦*」という（この海戦後、ハルゼーは中将から大将に昇進した）。

11月30日、田中頼三少将率いる駆逐艦8隻が、ねずみ輸送（後述）の一環として、ガダルカナル沿岸に接近し、食糧を詰めたドラム缶の陸揚げ作業を行っていた際、カールトン・H・ライト少将率いるアメリカ艦隊（重巡洋艦4隻、軽巡洋艦1隻、駆逐艦6隻）の奇襲攻撃を受けた。田中少将は直ちに作業を中止して敵艦隊を迎え撃つことを決断し、「揚陸止め、全軍突入せよ」の命令を下した。日本艦隊は猛然とアメリカ艦隊に突進し、多数の魚雷を各個に発射した。その結果、アメリカ艦隊は重巡洋艦1隻撃沈、重巡洋艦3隻大破という壊滅的打撃を受けた。日本艦隊の損害は駆逐艦1隻沈没のみであった。ミッドウェー海戦がスプルーアンス少将の的確かつ果敢な決断によってアメリカ機動部隊の勝利で終わったように、この「ルンガ沖海戦*」は田中少将の素早い状況判断と決断力によって、日本艦隊は勝利を得ることができたと言えよう。

ガダルカナルを巡る一連の海の戦いで、日米両海軍とも、戦艦、空母を含む多数の艦艇を失った。両海軍の戦いぶりは、まるで互いの身体がボロボロになるまで徹底的に殴り合う、ヘビー級ボクサーの壮絶な試合のようであった。事実、このガダルカナルの沖合には多数の艦船が沈んでいることから、この海域は後に〝アイアンボトム（鉄底海峡）〟と呼ばれるようになった。

しかし日本艦隊のガダルカナル近海への出撃は、1942年（昭和17年）11月を最後に一切行われなくなった（後述する〝ねずみ輸送〟を除く）。この頃、日本海軍の石油不足が深刻化したのである。前述したように連合艦隊はミッドウエー・アリューシャン作戦で、平時で消費する1年分以上の石油を消費してしまった。そのことがガダルカナルの戦いでの連合艦隊の行動に、重大な影響をもたらしたのである。結局、ガダルカナル近海の制海権をめぐる日米海軍の戦いは、石油不足による日本海軍の「途中退場」で終わったのである。

◉ガダルカナル・空の戦い

一方、空の戦いにおいて日本軍航空機部隊はラバウルの基地からガダルカナルへの攻撃を行った。しかし二つの思わぬ〝強敵〟が行く手に立ちふさがった。

一つはオーストラリア軍の〝コースト・ウォッチャー〟（沿岸監視員）である。彼らは軍に雇われた民間人であるが、ソロモン諸島やニューギニア各地に配置された。そしてラバウルから発進してガダルカナルに向かう日本の航空機部隊を発見すると、ただちに無線でアメリカ軍に連絡した。その結果、ヘンダーソン飛行場やガダルカナル近海のアメリカ空母の航空機部隊は、日本の航空機部隊をガダルカナル上空で〝待ち伏せ〟することができたのである。

もう一つの強敵はラバウルとガダルカナルとの〝距離〟であった。日本軍の誇る〝ゼロ戦〟は、当時としては驚異的な長さの航続距離（約2200キロ）を持っていた。しかしラバウルとガダルカナルとは片道1000キロ以上もある。往復距離が2000キロ以上あるため、さすがのゼロ戦もガダルカナル上空では、せいぜい15分程度しかいることができなかった（ちなみに1940年〔昭和15年〕の〝バトル・オブ・ブリテン〟で爆撃機の護衛で飛んだドイツのメッサーシュミット戦闘機も、ロンドン上空に15分程度しかいることができなかった）。このガダルカナルの空の戦いで、日本軍は約1000機の航空機と多数の熟練パイロットを失った。〝コースト・ウォッチャー〟と〝距離〟、この二つの壁に阻まれた日本軍は、ガダルカナルの制空権をついに確保することができなかったのである。

戦闘による死者よりも飢えとマラリアによる死者が上回った悲劇

制海権と制空権を取れなかったため、日本軍はガダルカナルへの武器、弾薬、食糧の輸送問題に悩まされ続けた。当初日本軍は輸送船による補給を試みた。しかしこれら輸送船はアメリカ航空機部隊や潜水艦の恰好の〝標的〟となり、次々と沈められていった。そこで日本海軍は〝足の速い（高速の）〟駆逐艦や潜水艦による物資の輸送に切り替えた。駆逐艦や潜水艦はアメリカ航空機部隊が飛行できない夜間に島にこっそりと近づいて、物資を上陸させた（日本軍はこれを〝ねずみ輸送〟*、アメリカ軍は〝トウキョウ・エキスプレス（東京急行）〟*と呼んだ）。

しかし駆逐艦や潜水艦で運べる物資の量などたかが知れている。ガダルカナルにいる3万人以上の日本兵が必要とする食糧を輸送することなど、不可能であった。その結果、日本兵は深刻な飢餓に襲われることとなった。日本兵は飢えとマラリア（熱帯地方特有の感染症、熱病）で、次々と死んでいった。間もなく飢えとマラリアによる死者が、戦闘による死者の数を上回るようになった。日本軍の敵はアメリカ軍から飢えとマラリアなどの病気へと変わっていった。当時、ガダルカナルの日本軍で〝よく当たる〟と言われた死亡判断があった。

立ち上がれる者・・・・・・あと30日生存
起き上がれる者・・・・・・あと20日生存
寝たまま小便をする者・・・あと3日生存
しゃべらなくなった者・・・あと2日生存
まばたきしなくなった者・・あと1日生存

日本兵はガダルカナル島を「ガ島」と呼んでいた。しかし彼らにとって「ガ島」は今や〝飢えの島〟、「餓島」と化してしまったのである。

ちなみにマラリアについては、すでに戦前に「キニーネ」*という薬が開発されていた。しかし日本はキニーネのほとんどを海外からの輸入に頼っていた。開戦後キニーネの輸入が一切途絶えてしまった日本は、国内での生産を試みたが、わずかな量しか生産できなかった。キニーネは貴重品となり、戦場で投与されたのは将軍などの高級軍人だけに限られた。その結果、マラリアにかかった多くの日本兵は太平洋の島々や、インド、ビルマなどの戦場でばたばたと死んでいった。マラリアは戦死と飢えに次ぐ、太平洋戦争での日本兵の死亡の主な原因の一つとなった。

太平洋戦争は太平洋や東南アジアといった熱帯地方での戦いになること、そして熱帯にはマラリアなどの風土病があることを、日本軍の首脳部は開戦前から知っていたはずである。仮に知らなかったとしても、開戦後、マラリアによって多数の病死者が出ているという報告は戦場から上がっていたはずである。それにもかかわらず、彼らは何の対策（キニーネの生産に力を入れるなど）も取ろうとしなかった。

「戦争である以上、死傷者が出るのは当然だ」という声もあるだろう。しかしだからこそ「いかに死傷者数を最少限に抑えて勝利を収めるか？」ということに、指揮官は最大の努力を払うべきである。どう見ても日本軍の首脳部がそのことに努力したとは言い難い。

彼らはゼロ戦や戦艦大和といった新兵器の開発には熱心であったが、兵士らの命をどう守っていくかという点については、ほとんど注意を払おうとしなかった。ここでも「攻撃重視、人命軽視」という日本軍の傾向がうかがわれる。

ところでガダルカナルは、日本軍にとってこれだけ多数の人的・物的損害を出すのに値する戦略的価値を持った島だったのだろうか？

日本海軍にとってガダルカナルは、米豪遮断作戦の一環として建設した飛行場を奪回するという意味を持っていた。しかしガダルカナルの飛行場をアメリカ軍に奪取されたのならば、ソロモン諸島の他の島に別の飛行場を建設するという選択肢もあったはずである。つまり日本海軍にとっては必ずしも〝必要不可欠な島〟とは言えなかった。

ガダルカナルが日本海軍にとって必要不可欠でないのであれば、日本陸軍にとってはなおさらである。元々海軍の要請で派兵したものだが、度重なる敗北ですっかり〝熱く〟なってしまい、ついに3万人以上もの大兵力を派兵し、それでもアメリカ軍に勝つことができなかった。しかも残された日本軍兵士は事実上、補給を断たれた島で飢えとマラリアで衰弱しきってしまい、このままでは全滅を待つだけの状態となっていた。

しかしこの期に及んでも、陸海軍どちらもガダルカナルからの「撤退」を口にしようとしなかった。陸軍としては派兵を要請した海軍から撤退を提案して欲しかった。一方海軍は陸軍に派兵を要請しておきながら、今更、撤退を口にすることを躊躇《ちゅうちょ》していた。結局、陸海軍どちらも自分たちのメンツやプライドにこだわり、結論を先延ばしにしたのである。戦場で失われていく兵士の命を〝二の次にして〟。

ガダルカナル撤退　１９４３・２

島への固執から優秀なパイロットを数多く失い、大量の物質を消耗した

１９４２年（昭和17年）12月31日、ついに御前会議でガダルカナルからの撤退が決定された。撤退作戦は１９４３年（昭和18年）２月初旬、駆逐艦20隻を動員して３回に分けて実施された。この時、アメリカ第１海兵師団は休養と補給のため、すでにオーストラリア、ニュージーランドに移動していた。代わってアメリカ第２海兵師団、アメリカル師団、第25陸軍師団を中心とする約５万人が展開していた。しかしなぜかこの大部隊は日本軍の撤退作戦に気づかなかった。その結果、生き残った日本兵約１万人はアメリカ軍の攻撃を受けることなく、撤退を完了した。日本陸軍がガダルカナルで唯一、成功した作戦であったと言えるだろう。

日本陸軍の戦死者は約１万２０００人、病傷死および行方不明者約８０００人（餓死者と少数の捕虜を含む）であった。一方、アメリカ海兵隊・陸軍の戦死者は約１０００人であった。

大本営は「ガダルカナル島に作戦中の部隊は優勢な敵軍を同島の一角に追い詰め、その目的を達したので他（の戦線）に〝転進〟した」と発表した。

ガダルカナルの戦いでの日本軍が犯した主な失策としては次の4点が挙げられる。

1、陸海軍の連携の悪さ、さらには陸軍部隊間の連携の悪さ

2、陸軍のガダルカナルへの戦力の逐次投入《ちくじとうにゅう》

3、日本艦隊がガダルカナル近海に貼りつかなかったこと（もし日本海軍がアメリカ海軍のように、戦艦、空母を含む大規模な艦隊をガダルカナル近海に常に貼りつけていれば、日本の輸送船団はより多くの人員、武器、食糧を陸揚げすることができたであろう）

4、戦略的に必要不可欠とは言い難いガダルカナルに日本軍が固執《こしつ》したこと（ガダルカナルから速やかに部隊を引き上げた後、ソロモン諸島中部あたりの他の島に飛行場と堅固な防衛陣地を築いてアメリカ軍を迎え撃ち、有利な条件で戦うという手もあったはずである）

よく「太平洋戦争において、日本はアメリカをはじめとする連合国の圧倒的物量の前に敗れた」と言われることがある。もしそうであるならば、物量において劣る日本は、なぜ戦略的価値が高いとは言えないガダルカナルに半年もの間、多数の兵士、艦船、航空機と大量の資源、物資を注ぎ込んで消耗させるという〝まずい戦《いくさ》〟をしたのであろうか？「太平洋戦争の戦況全体を見渡して、限られた資源、物資を最大限有効活用すべく、どの戦線（戦場）にどれだけの兵力、物資を投入すべきか？」といったように大局的にものを見て、判断することができた指導者が日本にいなかったことが悔やまれる。

なお、日本軍がガダルカナルから撤退した頃、ヨーロッパ戦線（東部戦線）において、ドイツ軍第6軍がスターリングラードでソ連軍に包囲され、降伏した（戦死約15万人、捕虜約9万人）。常勝を誇っていたドイツ軍にとって、初めての大敗北であった。

前述したようにミッドウェー海戦以後も艦艇数では日本海軍は依然、アメリカ海軍を上回っていた。しかし真珠湾攻撃以来、得意の絶頂にあった日本海軍の士気はミッドウェー海戦後、一気に落ち込んだ。一方開戦以来、連戦連勝を続け米英軍を「弱い」と完全になめきっていた日本陸軍にとって、ガダルカナルは〝衝撃〟であった。

またミッドウェー海戦とガダルカナルの戦いで、日本軍は多数の熟練パイロットを失った。この後、日本軍の熟練パイロット不足は増々深刻化していくことになる。さらに日本軍はガダルカナルの戦いで多数の兵と艦船を失い、大量の物資と石油を消耗した。これらの事実はその後の戦局に重大な影響を及ぼしていくことになる。

＊　　　＊

ミッドウェーとガダルカナル以降、日本軍の進撃は完全に止まった。そしてこれ以後、日本軍は終戦まで連合国軍に対してほとんど勝利することなく、敗北と後退を重ねていくことになる。その意味でこの二つの戦いは、太平洋戦争における「転換点」となったのである。

連合国軍の反撃

4章

態勢を整えたアメリカは日本が守りを固めた地域は素通りし、反撃のスピードを上げる。直接、戦闘に携わる部分だけでなく、社会全体の不備が日本を追い込んでいく。

アメリカ機動部隊の出撃
——アメリカ第3艦隊を率いるハルゼー（右）と打合せをする38任務部隊の指揮を執るマケイン。

1942年（昭和17年）3月　日本軍、ラエ、サラモアを占領（ニューギニア北東部）
1942年（昭和17年）11月　日本陸軍、第18軍を創設（ニューギニア戦線）
1943年（昭和18年）1月　日本軍ブナ（ニューギニア）守備隊全滅
1943年（昭和18年）2月　ダンピールの悲劇（ビスマルク海海戦）
1943年（昭和18年）4月　日本軍、い号作戦発動
1943年（昭和18年）4月　山本五十六連合艦隊司令長官戦死
1943年（昭和18年）4月　古賀峯一連合艦隊司令長官就任
1943年（昭和18年）5月　アッツ島日本軍玉砕（全滅）
1943年（昭和18年）6月　アメリカ軍、ソロモン諸島レンドバ島上陸
1943年（昭和18年）6月　アメリカ軍、ナッソー湾（ニューギニア）上陸
1943年（昭和18年）7月　キスカ島日本軍撤退
1943年（昭和18年）7月　アメリカ軍、ソロモン諸島ニュージョージア島上陸
1943年（昭和18年）7月　アメリカ軍、ソロモン諸島ベララベラ島上陸
1943年（昭和18年）9月　日本軍、ラエ（ニューギニア）撤退
1943年（昭和18年）9月　イタリア降伏
1943年（昭和18年）9月　オーストラリア軍、フィンシュハーフェン（ニューギニア）に上陸
1943年（昭和18年）9月　日本、御前会議で「絶対国防圏」構想を決定
1943年（昭和18年）10月　アメリカ軍、ソロモン諸島モノ島上陸
1943年（昭和18年）10月　日本軍、ろ号作戦発動

1943年（昭和18年）	10月	学徒出陣
1943年（昭和18年）	11月	大東亜会議開催
1943年（昭和18年）	11月	アメリカ軍、ソロモン諸島ブーゲンビル島上陸
1943年（昭和18年）	11月	アメリカ軍、タラワ島上陸
1943年（昭和18年）	12月	アメリカ軍、ニューブリテン島上陸
1943年（昭和18年）	12月	日本軍、フィンシュハーフェン（ニューギニア）撤退
1944年（昭和19年）	1月	アメリカ軍、クェゼリン環礁上陸
1944年（昭和19年）	1月	アメリカ軍、グンビ岬（ニューギニア）上陸
1944年（昭和19年）	2月	アメリカ軍、トラック島を空襲
1944年（昭和19年）	3月	古賀峯一連合艦隊司令長官殉職
1944年（昭和19年）	4月	アメリカ軍、ホーランジア、アイタペ（ニューギニア）上陸
1944年（昭和19年）	5月	アメリカ軍、ビアク島（ニューギニア）上陸
1944年（昭和19年）	7月	ドリニュモール川（ニューギニア）の戦い（～8月）
1945年（昭和20年）	8月	日本陸軍第18軍、オーストラリア軍に降伏（ニューギニア）

南太平洋での劣勢を挽回するため、山本長官が立案した作戦とは?

ガダルカナルの戦いの後、劣勢を挽回すべく、日本海軍は「い号作戦」*を発動した。これは南太平洋（ソロモン諸島、ニューギニア方面）の連合国軍に対する、海軍航空機部隊による反撃作戦である。作戦には基地航空機部隊約190機が動員されたが、それだけでは足りないため、空母から艦載機（空母に搭載されている航空機）約160機がかり出され、計約350機が準備された。この作戦は山本五十六連合艦隊司令長官自らが、ラバウルで指揮を執った。

作戦は1943年（昭和18年）4月7日から15日にかけて実施された。日本海軍航空機部隊は、ソロモン諸島とニューギニアの連合国軍に攻撃をかけた。攻撃に参加したパイロットの報告によると、戦果は敵艦船および輸送船約30隻撃沈、敵航空機約130機撃墜または破壊という、華々しいものであった。しかし実際は、駆逐艦1隻、コルベット（駆逐艦より小型の軍艦）1隻、油槽船1隻、輸送船2隻撃沈、航空機25機撃墜のみであった。一方日本軍が受けた損害は、航空機約60機であった。開戦当初に比べると、日本軍の損害は大きくなっている。それはなぜか?

◉ゼロ戦とヘルキャット

日本軍航空機の損害が増えた理由の一つは、前章で述べたように、ミッドウェー海戦とガダルカナルの戦いで多数の熟練パイロットが失われたことだ。

失われた熟練パイロットの穴埋めとして、経験の浅い〝新米パイロット〟が多数、戦場に送り込まれた。しかし、未熟さゆえ、彼らの多くは着任後、間もなく撃墜されていった。そのため、減少した熟練パイロットの出撃回数を増やすことで穴埋めを図ったが、当然、熟練パイロットの疲労は増加していくことになる。疲労が蓄積された熟練パイロットは、さらに撃墜されていった。結果、熟練パイロットの出撃回数がさらに増やされ、彼らの損失率も増加するという「悪循環」が続いていったのである。

日本軍航空機の損害が増えたもう一つの理由は、この頃からアメリカ軍に新型航空機が配備され始めたことである。アメリカ軍はコルセア、P－38ライトニング、P－40Fなどの新型機を次々と投入してきた。特筆すべきは、グラマンF6F、通称〝ヘルキャット〟*であろう。

ヘルキャットについて述べる前に、まずゼロ戦の性能について触れておきたい。ゼロ戦（零戦）は通称であり、正式名称は〝零式艦上戦闘機〟*である。太平洋戦争開戦時の日本の工業力と技術力では、航空機エンジンの製造に限界があった。馬力の高い高出力エンジンが製造できなかったのである。当時の日本では、1000馬力弱の航空エンジンが精一杯であった。その制限下で、日本は高性能の戦闘機の製造を目指した。高出力のエンジンが製造できない以上、取り得る選択肢は一つ。機体の重量を軽くすることであった。日本の設計技師らはそれこそ「ビス一本」に至るまで、機体の徹底的な軽量化を図った。その結果生まれたのが〝ゼロ戦〟であった。

徹底的な軽量化によって、ゼロ戦は当時の世界のあらゆる航空機をはるかに上回る、スピード、航続距離、運動性を勝ち得た。しかし徹底した軽量化の結果、ゼロ戦にはパイロットを守る防御板などの装備が一切なかった。それでも開戦初頭はその抜群の〝運動性〟で敵機の攻撃をかわすことで〝無敵〟の名声を欲しいままにしたのである。

一方、アメリカが開発したヘルキャットは、ゼロ戦とはまったく反対の思想にもとづいて設計された。ヘルキャットには〝徹底的〟な防御が施《ほどこ》された。コクピット（操縦席）後方には防御板が張られ、防弾ガラスが装備された。燃料タンクは防弾ゴムで保護された。その結果、機体の重量は重くなったが、アメリカはその優れた工業力と技術力で、２０００馬力の高出力エンジンを製造することができたのである。その大馬力エンジンで、ゼロ戦に匹敵する運動性を確保した。ヘルキャットが太平洋戦線に投入されるようになり、ゼロ戦とドッグファイト（空中戦）を繰り広げるようになると、ゼロ戦がヘルキャットに機銃の弾を何百発打ち込んでもヘルキャットの機体からは火が吹かなかった。一方、防御装備をまったく持たないゼロ戦は、ヘルキャットの銃撃を受けると、たちまち火を吹いた。

後にゼロ戦をはじめ、航空機の損害率の高さを重大視した日本海軍では、「航空機の防御力を強めるべきではないか」という議論が行われたことがあった。しかし、海軍軍令部参謀を務めていた源田実大佐が、「防御力うんぬんなどという議論をすること自体、軟弱である。戦いの勝敗を決めるのは、旺盛な攻撃精神である」と一喝《いっかつ》したため、結局この議論は立ち消えになってしまった。

パイロットの育成には、約2年の年月と多額の費用を要すると言われている。アメリカはこの事実を冷静に受入れ、パイロットの生存率を高めることに最大限配慮した。それにくらべ日本は、「攻撃精神」という〝精神論〟を重視し、パイロットの生存率を高めるという、現実的、理性的な判断を疎《おろそ》かにしたのである（太平洋戦争の後半以降、日本海軍もようやく防御力が高く、高出力エンジンを搭載した〝紫電改〟という戦闘機を開発したが、実戦に投入されたのは戦争末期の１９４５年〔昭和20年〕３月であり、生産数もわずか４００機程度であったため、戦局を変えることはできなかった）。

結局、太平洋戦争末期の日本軍航空機部隊は、学徒兵など未熟なパイロットがほとんどを占めるようになり、彼らの大半は戦果をあげることなく、アメリカ軍機によって次々と撃墜されるようになっていった。そこでそのような未熟なパイロットでも戦果があげられる戦法として考案されたのが、「神風特別攻撃隊」、いわゆる「特攻隊」であった。

戦闘機の防御力強化の必要性を認めようとしないことや、特攻隊戦法など、ここでも日本軍の首脳部には、「攻撃重視、人命軽視」という傾向があったと言わざるを得ない。

山元五十六の戦死　1943・4

長官の襲撃は後継者が誰になるかも検討のうえ実行された!!

話を1943年（昭和18年）の南太平洋の戦いに戻そう。い号作戦終了後、山本五十六長官は将兵の士気を高めるため、ソロモン諸島中部のブーゲンビル島とショートランド島の基地を訪問することにした（161ページ地図参照）。

山本の前線視察に関する日本軍の暗号を、アメリカ軍は解読していた。それを受け、ハワイのアメリカ太平洋艦隊司令部で会議が開かれた。太平洋艦隊司令長官ニミッツは、部下に聞いた。「山本を殺した場合、その後任に、彼より優れた指揮官が就任する可能性はあるか?」。部下は「彼に代わり得るのは山口多聞《たもん》少将ですが、すでにミッドウェー海戦で戦死しているので、その可能性は低いと思われます」。ニミッツは南太平洋方面司令官のハルゼーに、山本の襲撃計画の立案を命じた。ハルゼーはガダルカナルの航空機部隊司令官のマーク・ミッチャー少将に、計画の実行を命じた。

4月18日、一式陸上攻撃機（中型爆撃機）2機とゼロ戦6機から成る山本の視察団は、ラバウル基地を出発し、一路、ブーゲンビル島に向った。ブーゲンビル島上空に到達した視察団は、待ち伏せていたアメリカ軍のP-38戦闘機16機の攻撃を受けた。結局、一式陸上攻撃機2機が撃墜され、その1機に乗っていた山本は戦死した。享年59であった（ちなみに一式陸上攻撃機は、敵機の弾が当たるとすぐに火を吹くことから〝一式ライター〟と呼ばれていた）。撃墜されたもう1機には、連合艦隊参謀長の宇垣《うがき》纏《まとめ》中将が乗っていたが、機は海上に不時着した（宇垣は負傷し、後に救助された）。

日本に暗号解読の事実を気づかれることを恐れたアメリカ軍は、山本の戦死を発表しなかった（アメリカ軍は「4月18日、ブーゲンビル島上空で一式陸上攻撃機2機を撃墜した」とだけ発表した）。

山本の戦死は、5月20日に日本国民に公表され、6月5日、国葬が行われた。山本の戦死は日本国民に衝撃を与えた。真珠湾攻撃を指揮し、成功させた山本は、開戦初頭の日本軍の勝利の象徴であった。ガダルカナルの戦い以降、戦局が思わしくないことに薄々気づいていた国民は少なくなかった。それでも「山本連合艦隊司令長官ある限り、日本が負けることはない」と信じていた。その山本が戦死したのである。国民は今後の戦争の成り行きに次第に不安を感じるようになっていった。

山本の後任として、横須賀鎮守府《ちんじゅふ》司令長官（鎮守府とは日本国内の主要な軍港に置かれた、海軍の根拠地のこと）の*古賀峯一《こがみねいち》大将が連合艦隊司令長官に任命された。

アッツ島玉砕　1943・5

守備隊約2600人が全滅。初めて「玉砕」という言葉が使われた戦闘

山本の戦死が公表された直後、今度は*アッツ島守備隊全滅の報が入ってきた。前述したように、19

42年（昭和17年）6月、日本軍はミッドウェー作戦の陽動作戦として、アリューシャン列島のアッツ島とキスカ島を占領した。日本海軍がミッドウェー海戦で敗れた後、アッツ、キスカ島の戦略的意味はなくなり、大本営でも両島からの撤退が検討された。しかし、結論は先延しされ、「とりあえず」という形で守備隊が置かれたままにされたのである。

一方、アメリカにとってもアッツ、キスカ島奪回の戦略的意味はほとんどなかった。アリューシャン列島がある北太平洋は、夏は濃霧が立ちこめ、冬は暴風雪が荒れ狂う。したがって両島からの日本軍のアメリカ本土（アラスカ）攻撃、侵攻の可能性はほとんどなかった。反対にアメリカ軍が両島を奪回したとしても、そこから日本本土（北海道、北方4島など）への攻撃、侵攻もまず不可能であった。しかし、アラスカのアメリカ軍司令官、ジョン・デウィット中将の両島奪回の熱心な要望と、両島がれっきとしたアメリカ領土であることから、ついにアッツ・キスカの奪回作戦が決定された。

奪回の第1目標に選ばれたのは、アッツ島であった。当時、日本軍はキスカ島に約6000人、アッツ島に約2600人の守備隊を配置していたが、これをアメリカ軍は把握していた。そこでまず、守備兵の少ないアッツ島を奪回することにしたのである。1943年（昭和18年）5月12日、キンケイド少将指揮の下、護衛艦隊に守られたアメリカ陸軍第7師団約1万1000人はアッツ島への上陸を開始した。

一方、山崎大佐率いる日本陸軍守備隊は、準備不足の状態でアメリカ軍を迎え撃たなければならなかった。というのも、同島の飛行場建設に資材と労力の大半を費やさなければならなかったからである。しかし、アメリカ軍が上陸した時、アッツ島には1機の航空機も配備されていなかった。結局、日本軍守備隊は、十分な防御陣地を構築することもできないまま、アメリカ軍の上陸を迎えたのである。

そのような不利な状況の下、日本軍は勇猛果敢に戦った。数のうえでは圧倒的に不利であるはずの日本軍の勇敢な戦いぶりを前にしたアメリカ軍上陸部隊の指揮官は、援軍の要請をしたほどである（なお、この指揮官は、キンケイド少将によって、即日、解任された）。

大本営では、アッツ島に艦隊と救援部隊を送ることが検討された（当然、アッツ島の守備隊も、やがて援軍が駆けつけてくることを信じて敵と戦っていた）。しかし、ガダルカナルの〝消耗戦〟と同様のことが繰り返されることを恐れ、結局、援軍派遣は見送られた。

5月29日、生き残った日本兵約150人は、山崎大佐指揮の下、最後の突撃を行い、山崎大佐以下、大半が戦死した。捕虜になったのは、わずか30人足らずであった。

なぜ日本兵の大半は降伏を拒み、死を選んだのだろうか？　これは、太平洋戦争開戦前の1941年（昭和16年）1月に、当時陸軍大臣であった東条英機が全陸軍に通達した、『*戦陣訓《せんじんくん》』という訓示が深く関係している。

『戦陣訓』には陸軍兵士としての心構えや行動規範が記されている。その中に有名な「生きて虜囚《りょしゅう》の辱めを受けず」という一節がある。これは「もし戦いに敗れて、敵の捕虜になるくらいだったら、潔《いさぎよ》く死ぬべきである」という意味である。アッツ島守備隊はこの戦陣訓を守って、初めて全滅したケースであった。

大本営はアッツ島守備隊全滅を「*玉砕《ぎょくさい》」と発表した。「玉砕」とは「玉が砕けるように美しく砕け散った」という意味である。以後、この玉砕の報が、アジア・太平洋の各戦線から伝えられることになる。なお、作家の島崎藤村は、校閲《こうえつ》という形でこの戦陣訓の作成に関わっている。

キスカ島撤退　1943・7

実行不能と言われた撤退作戦を、司令官の機転で成功させる!!

アッツ島を奪回したアメリカ軍は、続いてキスカ島攻略に取りかかった。アリューシャン列島の島の一つ、アムトチカ島の飛行場からはアメリカの爆撃機が飛んできて、連日、キスカ島に爆撃を加えていた。また近海には、アメリカ艦隊が展開していた。

まだアッツ島で激戦が繰り広げられていた1943年（昭和18年）5月20日、大本営はキスカ島からの撤退を決定した。6月上旬、日本海軍は潜水艦による約800人の傷病兵の撤退に成功した。しかしこの作戦で3隻の潜水艦を失ってしまった。損害の大きさや、兵員輸送量の少ない潜水艦での限界を感じた海軍は、駆逐艦による撤退作戦に切り替えた。この作戦の指揮官に任命されたのが、木村昌福《きむらまさとみ》少将であった。

木村は1891年（明治24年）静岡市で生まれた。海軍兵学校卒業時の成績は、118人中107番であった。そのため、いわゆる〝出世コース〟から外され、駆逐艦や巡洋艦での現場勤務で経歴を積み重ねていった。いわば〝たたき上げ〟の海軍軍人である。〝カイゼルひげ〟（左右の両端が上にはね上がった形のひげのこと）がトレードマークであった。木村はインド洋で連合国輸送船を攻撃した際に、乗組員を全員下船させた後に撃沈するなど、敵国の人命に対しても配慮を示している。

木村率いる軽巡洋艦3隻、駆逐艦11隻から成る艦隊は、7月7日、千島列島の北東の幌筵島《ほろむしろしま》を出港し、7月12日キスカ島近海に到着した。木村の作戦は、霧にまぎれてキスカ島に接近し、日本兵を救出するというものであった。しかし12日は霧が晴れてしまったため、作戦を断念した。続く13～15日も霧が晴れてしまった。各艦の艦長や艦隊参謀らは、キスカ島への突入を木村に進言した。しかし木村は撤退を決断した。この時、木村は部下に「帰ろう。帰れば、また来れるからな」と言ったといわれる。

7月22日、再びキスカ島付近に霧が発生するという気象情報を得た木村は、艦隊を出撃させ、7月26日、キスカ島近海に到着した。しかし作戦予定日の28日、再び霧が晴れ始めてしまった。しかし「明日は濃霧になる可能性が高い」との気象情報を受けた木村は、29日の突入を決定した。

一方、戦艦2隻を含むアメリカ艦隊は、濃霧が立ち込めていた26日、レーダーで捕捉したキスカ島近海の岩礁《がんしょう》を〝日本艦隊〟と誤認し、レーダー射撃で激しい砲撃を加えた。28日、砲弾を打ち尽くしたアメリカ艦隊は、弾薬の補給のためキスカ島を離れ、後方海域へ移動した。

7月29日、日本艦隊はアメリカ艦隊の撤退を知らないまま、予報どおりに発生した濃霧にまぎれて、キスカ島に接近した。アメリカ艦隊が近海にいると考えた木村は、艦隊を西方から島に接近させ、海岸線ギリギリの沖合を時計回りに航行させた。このような航行を行ったのは、日本艦隊の船影と島影が重なって、アメリカ艦隊のレーダーが日本艦隊を捕捉できないようにするためであった。しかし、このような航行は、艦隊を岩礁などに衝突、座礁《ざしょう》させてしまうリスクを伴った。しかし、日頃の猛訓練で鍛え上げられた練度、そして木村をはじめとする艦隊指揮官や各艦の艦長の優れた指示、命令の下、日本艦隊は無事、キスカ島南端のキスカ湾に到着した。

キスカ湾到着後、直ちに海岸に待機していた日本兵の収容が開始された。その結果、わずか55分で守備兵約5200人の収容に成功した。その後、日本艦隊はただちにキスカ湾を出港、全速力で島から脱出した。

8月15日、アメリカ軍は大規模な空襲と艦砲射撃の下、約3万4000人の大部隊をキスカ島に上陸させた。しかし上陸後、彼らが見つけたのは放棄された無人の日本軍陣地と、犬3匹だけであった。

この撤退作戦は後に「キスカの奇跡」*と呼ばれるようになった。また戦後、このエピソードは1965年（昭和40年）に、『太平洋奇跡の作戦　キスカ』（三船敏郎《としろう》、山村聡《そう》などが出演）という題名で映画化された。

この作戦終了後、木村は、昭和天皇への謁見《えっけん》（身分の高い人に会うこと）を許されている。しかし、このキスカ撤退作戦で鮮やかな手腕と実績を挙げたにもかかわらず、木村はその後も巡洋艦、駆逐艦主体の〝小艦隊〟の指揮官にとどまり続けることになる（ちなみにルンガ沖海戦で活躍した田中少将は、同海戦後、終戦まで地上勤務についている）。ここでも、兵学校の卒業年次と成績だけで、その後の人事・昇進のほとんどを決定してしまう、日本軍の人事・評価制度の〝弊害〟の一例を見ることができる。

カートホイール作戦　1943・6〜11

ラバウルを目指し、アメリカ軍が発動した車輪作戦とは？

ガダルカナルの戦いで勝利した連合国軍は、南太平洋での新たな攻勢計画を立てた。ハルゼー率いる南太平洋方面軍は、ソロモン諸島を北上する。一方、マッカーサー率いる南西太平洋方面軍は、ニューギニア北部に進撃する。両方面軍の最終目標は、日本軍の南太平洋最大の軍事拠点、ラバウルであった（161ページ地図参照）。車の両輪のように、ハルゼーがソロモン諸島づたいに東側から、マッカーサーはニューギニアづたいに西側からラバウルを包囲していくこの作戦は、「カートホイール（車輪）作戦」*

と名づけられた。

一方、連合国軍の攻勢を迎え撃つ日本陸軍は、南太平洋戦線で部隊の組織改編を行った。元々、ニューギニアおよびソロモン諸島は、百武《ひゃくたけ》中将率いる第17軍が担当していた。しかしガダルカナルの戦いが激しくなっていった1942年（昭和17年）11月に、第17軍はガダルカナルを含むソロモン諸島方面に専念させることとし、ニューギニアには新たに編成された安達二十三《はたぞう》中将率いる第18軍が担当することとなった。そして両軍はインドネシア攻略で活躍した今村均《ひとし》中将率いる第8方面軍の指揮下に置かれた（第8方面軍の司令部は、ラバウルに置かれた）。

●ハルゼー軍の進撃

1943年（昭和18年）6月30日、ハルゼー指揮下の陸上部隊がソロモン諸島中部のレンドバ島に上陸した。その報を受けた日本軍は、7月上旬にレンドバ島の対岸にあるニュージョージア島に部隊を送り込んだ。なお、この日本軍上陸部隊を乗せた輸送船団を攻撃したアメリカ軍の魚雷艇部隊の1隻に、輸送船団を護衛していた日本海軍の駆逐艦が突っ込んでいき、魚雷艇を真っ二つに切り裂き、沈没させた。生き残った乗組員11人は、近くの無人島にたどり着いた。彼らは6日後に友軍によって救助された。この魚雷艇の指揮官の名を、*ジョン・F・ケネディ（中尉）といった。後の第35代アメリカ合衆国大統領である。

1943年（昭和18年）7月、ニュージョージア島を巡り、日本軍と連合国軍は激しい戦いを繰り広げた。日本軍は健闘したが、約3000人の日本軍に対し、連合国軍は10倍の約3万人をこの島に送り込んだ。数で劣る日本軍は、7月末にニュージョージア島から撤退した。

カートホイール作戦図

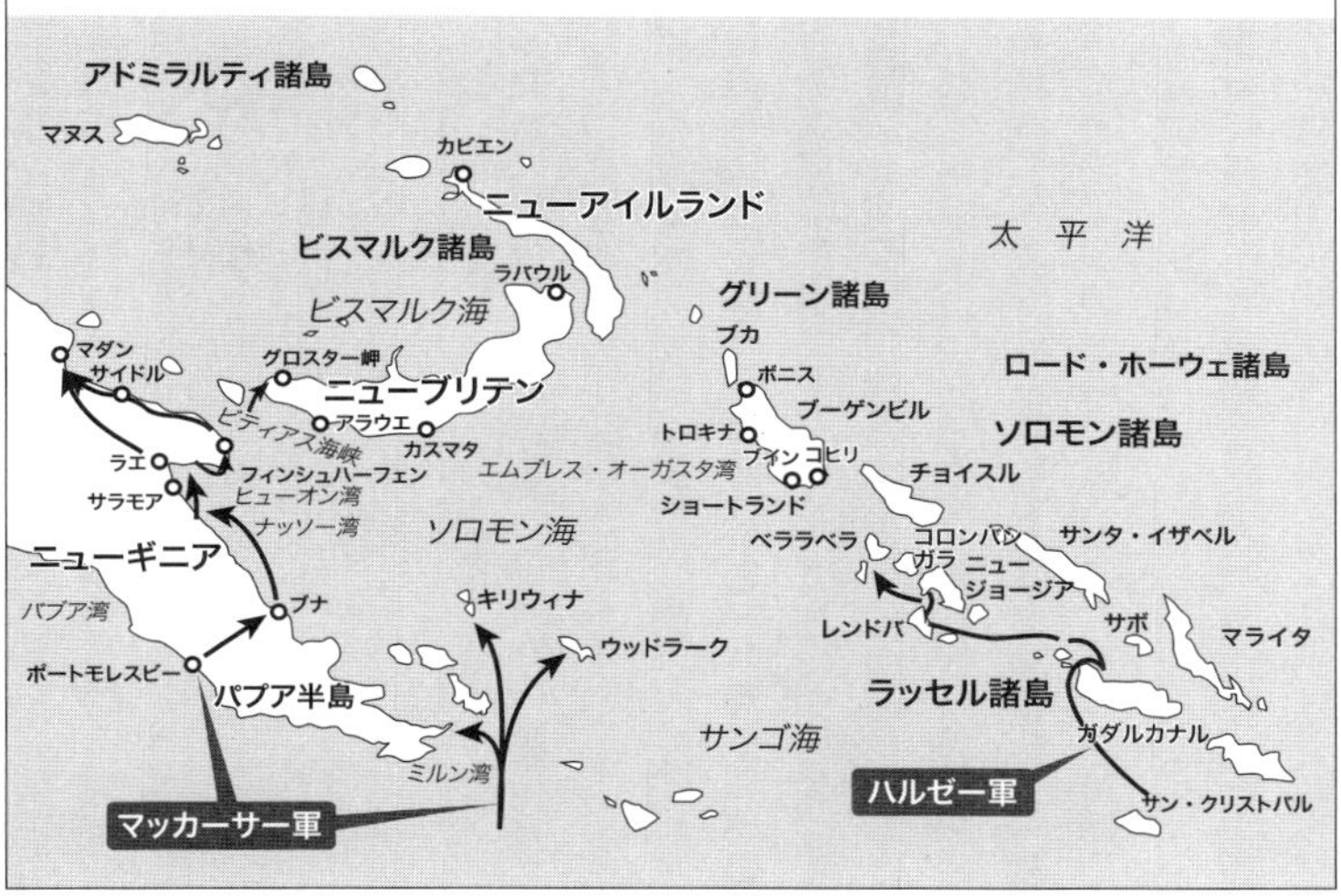

撤退した日本軍は、ニュージョージア島北方のコロンバンガラ島に多数の兵を送り、連合国軍を迎え撃つことにした。ところがハルゼーはコロンバンガラ島を〝素通り〟し、その北方にある、ベララベラ島に上陸、占領した。これ以後、連合国軍は、強力な日本軍部隊がいる島や陣地を素通り、または飛び越える「飛び石作戦」*を頻繁に使うようになる。一方、日本軍は、終戦までこの戦法に〝翻弄《ほんろう》〟されることになるのである。

結局、日本軍はコロンバンガラ島から部隊を引き上げ、ソロモン諸島北部のブーゲンビル島に撤退した。ソロモン諸島中部は、連合国軍の手に落ちたのである。

1943年（昭和18年）10月27日、ハルゼー軍はソロモン諸島北部の島の一つ、モノ島に上陸した。この報を受けた古賀連合艦隊司令長官は「ろ号作戦」*を発動した。これは山本五十六が直接指揮した「い号作戦」と同様、空母の艦載機約180機をラバウルの航空基地に進出させ、ソロモン諸島を北上してくる敵軍を撃破するという作戦であった（ちなみに当時、ラバウルを含むソロモン諸島の日本軍航空機部隊の指揮官は、かつて南雲機動部隊の艦隊参謀長を務めた草鹿中将であった）。古賀はまた、アメリカ艦隊との海上決戦を行うべく、栗田健男中将指揮下の艦隊をラバウルに進出させた。

一方、ハルゼー軍は、11月1日にブーゲンビル島に上陸した。また自軍の航空機部隊に加え、ハワイ沖で編成、訓練中の艦隊から空母5隻を借りて、2回にわたりラバウルを空襲し、栗田艦隊を攻撃した。この攻撃により、日本海軍は駆逐艦1隻沈没、重巡洋艦8隻、軽巡洋艦2隻、駆逐艦5隻が損傷するという大損害を出した。この結果、栗田艦隊の主力は後方のトラック島に撤退した。またハルゼー軍と交戦した日本軍艦載機部隊は、ほとんど戦果を上げることなく、約120機を失った。11月13日、古賀長官は「ろ号作戦」の中止を決定した。

ブーゲンビル島では百武中将指揮下の第17軍を中心とする約6万5000人の部隊が、連合国軍と一進一退の戦闘を繰り広げていた。しかし、補給線を絶たれたため、ガダルカナルの戦いと同様、次第に食糧と医薬品不足に苦しむようになっていった。

12月15日、ついに連合国軍はラバウルのあるニューブリテン島西岸（ラバウルは同島の東側に位置する）に上陸した。ニューブリテン島は今村中将（後に大将に昇進）率いる第8方面軍を中心とする、約10万人の日本兵が守っていた。しかし、この約4カ月前の1943年（昭和18年）8月の米英*ケベック会談で、日本軍の守りの堅いラバウル攻略の中止が決定された。連合国軍はラバウルを〝素通り〟することを決めたのである。これにより、ラバウルのあるニューブリテン島とブーゲンビル島の日本軍は、敵中に〝孤立〟することとなった。補給線を完全に断たれた両島の日本軍は、飢えと病気に苦しみながら、終戦まで連合国軍と断続的な戦闘を続けていくことになる。

ちなみに『ゲゲゲの鬼太郎』などで有名な漫画家の水木しげるは、陸軍兵士としてニューブリテン島での戦闘に参加し、そこで左腕を失った。戦後、帰国した水木は当時の体験をもとに『総員玉砕せよ!』という漫画を描いている。

実はハルゼーの進撃は、ソロモン諸島とニューブリテン島の攻略とは別に、アメリカ軍に多大な貢献を果たしていた。ソロモン諸島をめぐる激戦で、ハルゼー指揮下のアメリカ艦隊は多数の損害を出した。その結果、一時は指揮下の艦隊がわずか軽巡洋艦4隻、駆逐艦8隻までになった。それでも手持ちの基地航空機部隊や陸上部隊を駆使して、日本軍との死闘を戦い抜いた(前述した空母5隻によるラバウル攻撃は除く)。当時、アメリカは艦艇が不足していたのだろうか? 答えは逆である。

「ヨーロッパ戦線優先」とはいえ、太平洋戦争開戦後、兵器生産をフル稼働で進めていったアメリカは、ようやく太平洋戦線にもある程度の兵器を回せるようになっていた。海上兵力に関していえば、1943年(昭和18年)の春頃より、航空機約100機搭載可能の「エセックス」級正規空母や、航空機約40機搭載可能な「インディペンデンス」級軽空母などが続々と完成した。またこれらの高速空母(「エセックス」級、「インディペンデンス」級ともに最高速力は約32ノットであった)に搭載される、航空機も続々と太平洋戦線に送られてきた。

しかし、空母と航空機が戦線に到着したからといって、それらがすぐに〝戦力〟になることはない。とくに機動部隊が戦力として有効に機能するためには、航空機パイロットの空母離発着の技術の習得や、空母の乗組員の習熟が必要であった。ニミッツはじめ、アメリカ太平洋艦隊の首脳部はそのことを熟知していた。そこで、この機動部隊を含む主力艦隊をすぐには戦線に投入せず、ハワイ沖などで猛訓練が実施されたのである(さらに太平洋艦隊の主力艦艇を最前線から引き抜いて、この艦隊と合流させた)。

そしてこの艦隊の乗組員やパイロットが習熟するまで、ハルゼーには手持ちの兵力だけでソロモン諸島攻略および戦線の維持という困難な任務が与えられたのである。しかし、ハルゼーはこの任務を見事やり遂げた。そして１９４３年（昭和18年）末、猛訓練を終えた艦艇は、空母18隻、戦艦12隻、巡洋艦15隻、駆逐艦65隻などから成る大艦隊となり、日本軍に対して大攻勢を開始していくことになるのである。

日本海軍の指揮官たちは、ソロモン諸島の戦いだけを考えていたが、アメリカ海軍の指揮官たちは、次の戦いを念頭に置いたうえで、戦略・戦術を立てていた。彼らは、日本海軍の指揮官たちよりはるかに広く、長い視野から、太平洋戦争全体をどう戦っていくかということを考えながら作戦を立てていった。

アメリカが大艦隊の訓練と編成をほぼ終えた頃、ハルゼー軍は、ソロモン諸島の制圧をほぼ完了した。このソロモン諸島をめぐる戦いで、日本軍は約１５００機の航空機と熟練パイロットの大半を失った。これ以降、日本軍の航空機部隊の搭乗員は経験の浅い未熟なパイロットが大半を占めるようになり、終戦までこの状況が改善されることはなかった。

●31ノットバーク

ここでソロモン諸島とラバウルを巡る戦いに関して、あるアメリカ海軍軍人のエピソードを紹介しておきたい。名をアーレイ・バークといった。当時の階級は中佐、駆逐艦艦隊の指揮官であった。

バークはポエニ戦争（古代ローマとカルタゴとの戦争）でローマのある将軍が取った敵軍に奇襲に次ぐ奇襲をかけるという戦法からヒントを得た戦術を考案した。そしてソロモン諸島海域での戦いで、その戦術を試す機会を得た。

１９４３年（昭和18年）11月24日、バーク率いる5隻の駆逐艦艦隊は、ブーゲンビル島北方のニューアイルランド島セント・ジョージ岬沖で日本海軍の駆逐艦艦隊（駆逐艦5隻）と交戦した（*セント・ジョージ岬海戦）。バークは艦隊を二つ（3隻と2隻）に分けた。まずバーク自らが率いる第1隊（3隻）は日本艦隊に向けて魚雷を発射し、急速に反転した。この奇襲で、日本艦隊の駆逐艦2隻に魚雷が命中、炎上した。そして第2隊（2隻）が砲撃でこの2隻を撃沈した。その後、バークはもう1隻の日本の駆逐艦を攻撃、これを撃沈した。この海戦でのアメリカ艦隊の損害はゼロであった。

バークは自分が指揮を執る駆逐艦艦隊の最高速度が30ノットであるにもかかわらず、常に「31ノットで急行中」と司令部に報告した。そのため、彼には〝31ノットバーク〟というあだ名がついた。

その後、バークは太平洋での数々の海戦に参加して、武勲を重ねた。大佐に昇進したバークは、終戦後、占領軍の一員として、日本に赴任した。バークは戦時中、日本人を心から憎んでおり、戦後もその考えは変わらなかった。しかし、草鹿元海軍中将と知り合い、親交を深めていくうちに、次第に親日家へと変わっていった。そして、日本の海上自衛隊（当時の名称は〝海上警備隊〟）創設に尽力した（この功績によりバークは後に、日本より勲一等旭日大綬章《くんいっとうきょくじつだいじゅしょう》という勲章を授与されている）。１９５５年（昭和30年）、バークは大将に昇進し、アメリカ海軍トップの作戦部長に就任した。そして１９９６年（平成8年）、91歳で亡くなった。生前、バークは多数の勲章を授与されたが、本人の意志により、彼の葬儀で胸に付けられたのは、勲一等旭日大綬章だけであった。

２０１１年（平成23年）3月11日に東日本大震災が発生した際、アメリカは「*トモダチ作戦」と名づけられた作戦で、複数の艦艇を東北地方に派遣し、がれきの撤去作業や救援物資を届けるなど、災害救助に貢献した。この時、真っ先に現地に駆けつけたのが、空母「ロナルド・レーガン」であった。その艦長の名をトム・バークといった。アーレイ・バークの孫である。

太平洋戦争中、日本の艦船を発見するとただちに戦場に駆けつけ、攻撃した。それから60数年後、日本が大震災という災厄《さいやく》に見舞われた時、アメリカの艦隊はただちに被災地に駆けつけた。「トモダチ」日本人を助けるために。

ニューギニア戦線全貌 1942・3〜1945・8

兵士20万人のうち、なぜ18万人もが未帰還となったのか

次にカートホイール作戦のもう一つの車輪である、マッカーサー軍のニューギニア侵攻について触れていきたい。その前にまず太平洋戦争開戦からのニューギニアでの戦闘の推移を見ておこう。

ニューギニアは赤道直下、オーストラリアの北に位置する島である。面積は日本列島の約2倍。島の中央部には高度4千メートル級の険しい山々が、東西に走っている。また島の大半はうっそうしたジャングルに覆われており、原住民は海岸沿いのわずかな平地に村落や町などを形成していた（しかもこれらの村落や町をつなぐ道路はほとんどなかった）。太平洋戦争開戦前、ニューギニアの西半分はオランダ領、東半分はオーストラリアの委任統治領であった。

太平洋戦争開戦後、今村中将率いる日本軍がオランダ領インドネシアを占領した際、オランダの支配下にあったニューギニアの西半分も占領した。その後1942年（昭和17年）3月にオーストラリア領のニューギニア北東部に進出、ラエとサラモアを占領した。ニューギニア南東部に追い詰められた連合

ニューギニア戦線の位置図

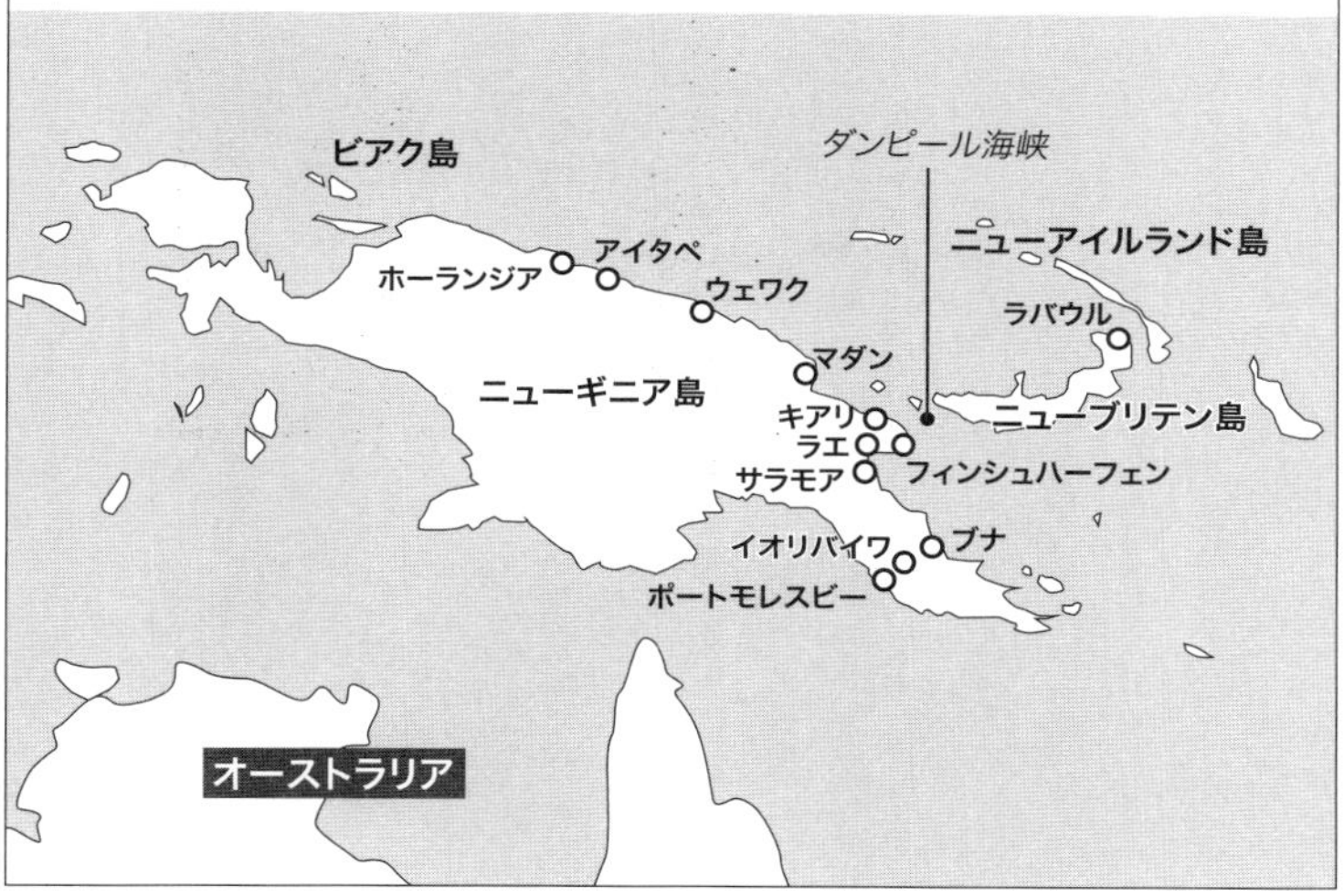

国軍は、ニューギニア最大の都市、ポートモレスビーに退却、守りを固めた。ポートモレスビーを攻略するため、日本軍は地上部隊を輸送船に乗せて、海から向かわせた。この輸送船団を護衛していた日本艦隊とアメリカ艦隊が戦ったのが、3章で述べた*「珊瑚《さんご》海《かい》海戦」(118ページ参照)であった。この海戦は日米の引き分けに終わったが、日本軍輸送船団によるポートモレスビー攻略作戦は中止された。それに代わって日本軍は、陸路から攻略することにした。

1942年(昭和17年)7月、当時、ニューギニア方面を担当していた第17軍司令官・百武《ひゃくたけ》中将より堀井富太郎少将率いる南海支隊に対し、ニューギニア南東部のブナからポートモレスビーに進撃、攻略せよとの命令が下された。しかし、うっそうとしたジャングルに道を開き、島の東西を走る4千メートル級の険しい山々を踏破《とうは》しなければならないこの進撃は、困難を極めた(堀井少将は「十分な兵員、資材、装備を用意しなければポートモレスビー攻略は困難である」と主張したが、大本営には聞き入れられなかった）。8月初旬、ラバウルを出発し、ブナに上陸した南海支隊は、ポートモレスビーに向けて前進を開始した。

なお、同じ8月、アメリカ軍がソロモン諸島南端のガダルカナルに上陸したため、第17軍はポートモレスビー攻略とガダルカナル奪回という二つの任務を負うことになった。

堀井率いる南海支隊は、ジャングルに道を開き、険しい山脈をやっとの思いで踏破して、9月16日、島の反対側にあるイオリバイワに到達した。彼らの眼下にはポートモレスビーが見えた。しかしこの頃、ガダルカナルの戦いが激しくなったことにより、ニューギニア方面に十分な食糧、武器、弾薬を送ることができなくなっていた。そのため南海支隊に対して、ブナへの退却命令が下されたのだ。南海支隊は今まで来た道を戻り、険しい山脈とジャングルを越えて、退却を開始した。南海支隊はアメリカ、オーストラリア連合国軍の追撃や爆撃を受けつつ、雨季の豪雨と飢餓と病気に苦しみながら、退却していった。堀井少将は川を渡っている最中に、濁流《だくりゅう》に飲み込まれてしまった（後任として、小田少将が南海支隊の指揮を執った）。

11月、前述したように、安達中将率いる第18軍が新設され、ニューギニア戦線を担当することとなった。

１９４３年（昭和18年）１月２日、ブナの日本軍守備隊が玉砕した。ブナ方面での戦いに投入された日本軍約１万１０００人中、７６００人近くが戦死した。１月17日、小田少将は生き残った兵士をブナ方面から退却させた後、副官とともに拳銃で自決した。

アメリカ軍のニューギニア北岸への侵攻を阻止すべく、大本営は、中国、朝鮮方面に駐留していた第

20師団、第41師団、第51師団を新たに第18軍の指揮下に加えることにした。第20師団はマダン、第41師団はウェワクにそれぞれ2月中旬ごろに配置された。一方、第51師団はラエ、サラモアに配置されることとなった。

1943年（昭和18年）2月25日、第51師団主力約7000人と安達中将以下第18軍司令部の要員を乗せた輸送船8隻が、ラバウルを出港した。この輸送船団は、駆逐艦8隻と、ラバウル航空基地のほぼ全戦力にあたる航空機約200機の護衛の下、ラエ、サラモアを目指した。この輸送船団の動きをキャッチしたアメリカ軍は、ポートモレスビーの飛行場から、約270機の戦闘機と爆撃機から成る航空機部隊を発進させた。アメリカ航空機部隊は、ニューギニアとニューブリテン島に挟まれたダンピール海峡で、日本の輸送船団と護衛艦隊を捕捉した。

日本軍の護衛航空機部隊は、敵機の高高度からの爆撃、攻撃を予想して、輸送船団と護衛艦隊の上空を飛行していた。しかし、アメリカ軍爆撃隊は、日本軍のウラをかいて、低空より接近していったのである。この時、アメリカ軍は初めて「スキップ・ボミング*（反跳爆弾《はんちょうばくだん》）」という戦法で日本の輸送船団と艦隊を攻撃した。低空を飛ぶ航空機から爆弾を海面に投下すると、爆弾は海面を跳ねながら目標へと進んでいく。ちょうど川の水面に向かって石を投げ、石を水面に跳ねさせる〝水切り遊び〟と同じ原理である。3月2日から3日にかけて行われたこのスキップ・ボミングで、日本軍は輸送船8隻と、駆逐艦4隻を失った。第18軍は、約3600人の兵士と、積んでいた武器、弾薬、食糧のすべてを失った。安達中将以下、約2400人が救助され、ラバウルに戻った（その他の約1000人は行方不明）。後にこの戦いは「ダンピールの悲劇*（ビスマルク海海戦）」と呼ばれるようになった（ちなみにこの時の駆逐艦艦隊司令官は、木村昌福《きむらまさとみ》少将であった。彼はこの戦いで重傷を負ったが、その傷から回復した後、前述した〝キスカ撤退作戦〟を指揮した）。その後、安達中将の第18軍司令部と、第51師団の残存兵力は駆逐艦などによる夜間輸送で、ニューギニアへの上陸を果たした。

１９４３年（昭和18年）６月30日、ハルゼー軍がソロモン諸島のレンドバ島への上陸を開始したのと同じ日、マッカーサー軍はカートホイール作戦の一環として、日本軍第51師団が守るラエ、サラモア近くのナッソー湾への上陸を開始した。８月17日には、ウェワクとブーツの日本軍飛行場が攻撃を受けた。この結果、日本軍は航空機約１００機を失い、ニューギニアでの制空権を失った。さらに９月４日には、オーストラリア第９歩兵師団がラエ東方に上陸、翌５日には、空挺部隊約１０００人がラエ北西に降下した（マッカーサーはＢ－17爆撃機に乗って、自らこの降下作戦を指揮した）。日本軍第51師団は包囲される危機に陥った。

マッカーサー軍の包囲から逃れるため、ラエの日本軍は、退却を開始した。敵の爆撃や艦砲射撃を受けやすい海岸線沿いのルートをあきらめ、険しいサラワケット山系を越えるルートを選択した。９月下旬、サラワケットを越えた日本軍は、ようやくキアリに到着した。このラエ、サラモアの戦い、そして飢えと病気により、日本軍は約２万人の兵士のうち、約１万人を失った。さらにサラワケット越えで約１０００人を失った。生き残った兵士も、その半数は飢えと病気で、まともに戦える状態ではなかった。

９月22日、オーストラリア軍はフォン半島先端のフィンシュハーフェンに上陸した。マダンに駐留していた日本軍第20師団と第51師団の残存兵力が、フィンシュハーフェン防衛に向かった。10月から12月にかけて激戦が繰り広げられたが、ついに力尽きた日本軍は、撤退を開始した。

１９４４年（昭和19年）１月２日、アメリカ軍がフィンシュハーフェンとマダンの間にある、グンビ岬に上陸した。マダンへの海岸沿いの退却ルートを絶たれた第20師団と第51師団は、海岸沿いルートをあきらめ、フェニステル山系を越えるルートを選択した。撤退を終えたとき、第20師団は約3分の2の兵力を失っていた。

この日本軍のマダンへの退却の最中の1943年（昭和18年）12月15日、前述したように連合国軍がラバウルのある、ニューブリテン島西岸に上陸した。連合国軍の上陸によって、ラバウルからニューギニア東部への補給路がほぼ完全に断たれてしまった。その結果、ニューギニアの日本兵は、ますます飢えと病気に苦しむこととなった。

1944年（昭和19年）3月25日、日本軍第18軍は、第8方面軍から第2方面軍の指揮下に入った。第2方面軍司令官、阿南惟幾《あなみこれちか》大将（終戦時に陸軍大臣に就任）は、マッカーサー軍はマダン西方350キロにあるウエワクに上陸すると判断し、マダンにいた第20師団と第51師団に移動を命令した。しかしマダンとウエワクの間には、広大な湿地帯があり、両師団はそこを通過しなければならなかった。苦心の末、ようやくウエワクに到着、同地に駐留していた第41師団と合流した。これで第18軍の3師団はウエワクに集結したことになる。

しかし、阿南の予想に反して、マッカーサー軍は4月22日、ホーランジア（ウエワクの西約350キロ）とアイタペ（ウエワクの西約150キロ）に上陸した。第18軍がいるウエワクを飛び越して、良質な港と飛行場を持つホーランジアとアイタペを攻略するという「飛び石作戦」を行ったのである。

続いて5月22日、マッカーサー軍はニューギニア北西部の沖合にあるビアク島に上陸した。この島に飛行場を建設すれば、フィリピン南部を空襲することが可能となる、すなわち、マッカーサーの念願のフィリピン奪回のための拠点が確保できることになる。8月20日、激戦の末、マッカーサー軍は同島を完全に制圧した。

ニューギニアに派遣された第18軍の日本兵約16万人は、1944年（昭和19年）には、約5万5千人まで減っていた。残った日本兵も補給線を絶たれ、敵中に孤立し、このままでは餓死を待つばかりとなっていた。そこで、安達司令官は第18軍にアイタペ方面の連合国軍への攻撃を命じた。一方、連合国軍はアイタペ東方のドリニュモール川に防衛線を敷き、日本軍を迎え撃つことにした。

1944年（昭和19年）7月10日夜、日本軍はドリニュモール川を渡河し、連合国軍への攻撃を開始した。武器も食糧も不足していた日本軍は、銃剣をかざして、敵陣地に向かって、ひたすら突撃を繰り返した。しかし、ガダルカナルの戦いと同様、機関銃、大砲、戦車といった豊富な火力を持つ連合国軍の前に、日本兵はなぎ倒されていった。さらに空爆や沿岸の艦隊からの艦砲射撃によって、日本兵はいたずらに屍の山を築いていった。8月4日、ついに食糧、弾薬ともに尽き果てた日本軍は退却を開始した。この戦いで日本軍は、約1万人の戦死者をだした。

この戦いの後、日本軍はウエワクや近隣のジャングル、山岳地帯にこもって、持久戦を行うことになる。日本兵は食糧を求めてさまよい続けた。その間にも多くの兵士が、飢えと病気で死んでいった。そして、1945年（昭和20年）8月15日、終戦の知らせを受けた第18軍は、包囲していたオーストラリア軍に降伏した。

ガダルカナルの戦いで、日本兵は飢えと病気に苦しめられた。一方、ニューギニアの日本兵はそれらに加え、長距離の移動に苦しめられた。太平洋戦争全期間を通じて、ニューギニアでの戦いに参加した日本兵は約20万人。そのうち戦後、生きて祖国の土を踏むことができたのは、わずか2万人であった。

第18軍司令官の安達中将は、戦後、連合国軍によるラバウルでの軍事裁判で無期懲役の判決を受けるが、1947年（昭和22年）9月10日、錆《さ》びた小さなナイフで、腹と頸動脈《けいどうみゃく》を切って自決した。

絶対国防圏と学徒出陣　1943・9〜10

防衛ラインも曖昧なまま、戦力不足を補うため学徒出陣が始まる

話を1943年（昭和18年）に戻そう。9月8日、イタリアが連合国に降伏した。日独伊三国同盟の一国が、早くも脱落したのである（しかしイタリアの降伏を事前に予想していたドイツ軍が直ちにイタリアの北部と中部を制圧し、その後、イタリア南部に上陸した連合国軍と、激しい戦闘を繰り広げることになる）。

9月30日、御前会議において「絶対国防圏」*構想が定められた。これは次のようなものである。

1、日本軍をカムチャッカ半島南端から、太平洋のマリアナ諸島、カロリン諸島、ニューギニア西部、インドネシア、ビルマに至る線まで後退させる
2、1944年（昭和19年）中ごろまでに、日本軍の戦力を充実させ、ここに強固な防衛ラインを敷き、侵攻してくる連合国軍を撃破する

しかし、この構想を具体的にどのように実現していくのかといったことについての記述はなく、その

絶対国防圏の範囲

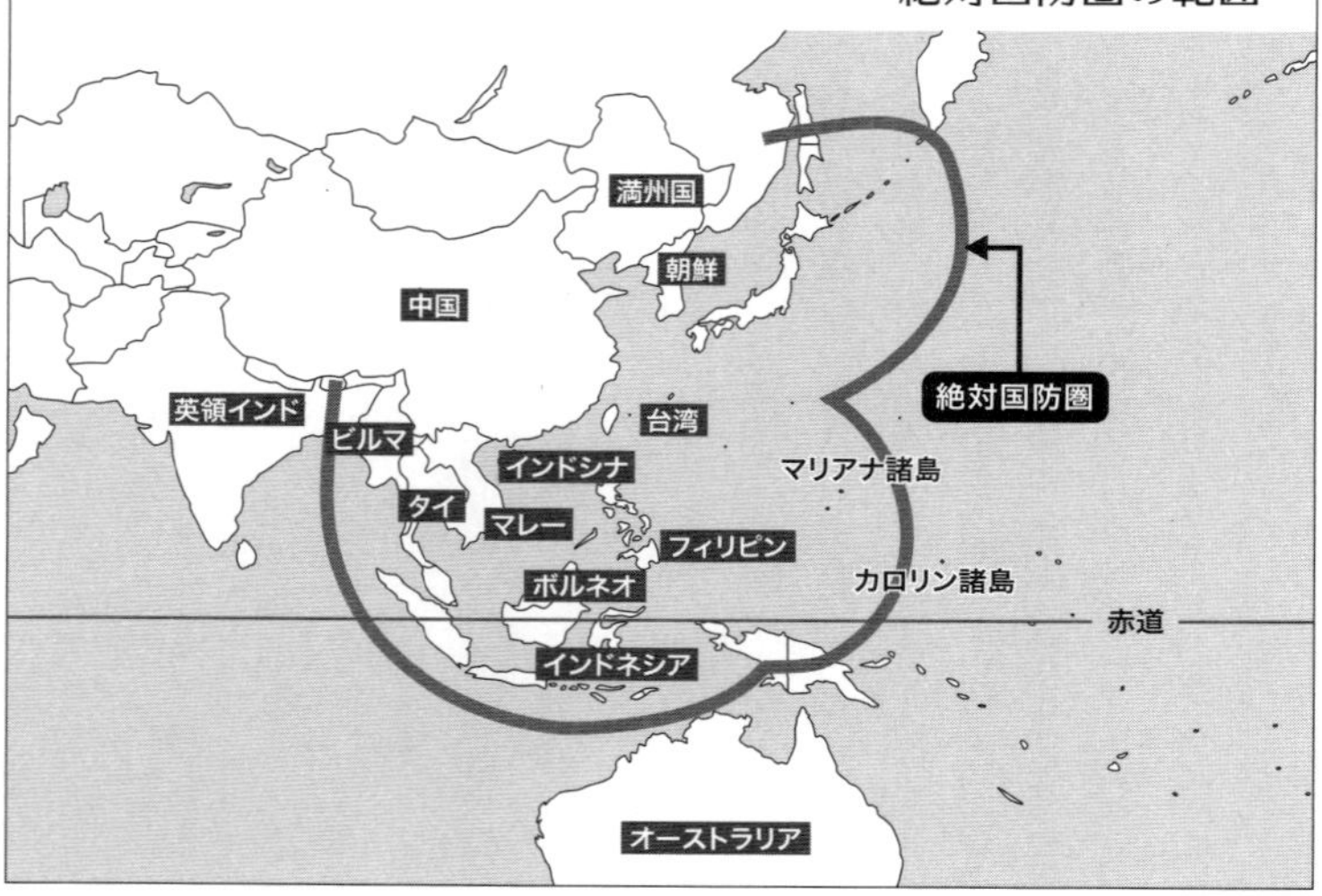

内容は極めて曖昧なものであった。

現実には、この絶対国防圏外のマーシャル諸島、ギルバート諸島、ソロモン諸島、そしてニューギニア東部に日本軍は依然、展開しているという〝矛盾〟があった。さらに1944年（昭和19年）中ごろ前、つまり日本軍の防御体制が整う前に、連合国軍がこの絶対国防圏に攻め込まないという保障はどこにもなかった。

1943年（昭和18年）10月1日、政府は理工系を除く、大学生や専門学校生の徴兵を決定した。いわゆる「学徒出陣」*である。それまで大学生や専門学校生は、兵隊になることを免除されていた（徴兵免除）。しかし戦況の悪化とともに深刻化した戦力不足を補うため、彼らへの徴兵免除を撤廃したのである。10月21日、明治神宮外苑競技場で、東京帝国大学（後の東京大学）をはじめとする関東の大学生、専門学校生の壮行会が開催された。

降りしきる秋雨《あきさめ》の中、約2万5000人の学生らは、出身学校ごとに隊列を組んで、競技場を入場行進した。学生服姿の彼らは銃を担いで、校旗を先頭にして行進した。行進する彼らを、約5万人の女子学生や男子学生が観客席から見送った。この壮行会の様子はラジオ中継された。またこの時撮影された映像は後日、映画館ニュース（日本ニュース）で公開された。

行進後、競技場に整列した学生に対して、東条首相が訓示を述べた。訓示の中で東条は言った。「大東亜（東アジア）10億の人々を救うため、諸君が立ち上がる時が来ました。私はこの諸君の門出を、心よりお祝いいたします」。

学生代表として、東京帝国大学文学部の江橋慎四朗が答辞を述べた。「私たちは見敵必殺の銃剣をかかげて、敵を撃滅いたします。私たちははじめから生きて国に帰ることなど考えておりません。今までに受けた天皇陛下の御恩に報いることを、ここにお誓いいたします」。

そして全員で「海行《ゆ》かば」を斉唱した。「海行かば　水漬《つ》く屍《かばね》（海に行けば、水に漬かった屍となり）、山行かば　草生《む》す屍（山に行けば、草の生す屍となり）、大君《おおきみ》の辺《へ》にこそ死なめ　かへりみはせじ（天皇陛下のおそばで死んでも、決して後悔はしない）」。その後全員で皇居の方を向き、「天皇陛下万歳」を3回唱和《しょうわ》した。

学徒兵たちは学生時代に授業の一環として、すでに軍事教練（訓練）を受けていた。そのため、入隊後、短期間の訓練を経て、主に士官として部隊の指揮官や、パイロットなどの任務についた。後に学徒兵の多くは、太平洋の島々やビルマ、インドなどでの激戦地で戦死したり、戦地にたどりつく前に乗っていた輸送船が撃沈された際、船と運命を共にしたり、または特攻隊に配属され、爆弾を抱えた航空機ごと敵艦に突っ込んで、若い命を散らしていった。

学徒動員兵の壮行会が開催された21年後の1964年（昭和39年）10月10日、東京オリンピックの開会式が、同じ明治神宮外苑競技場で開催された。昭和天皇臨席の下、「平和の祭典」として、94カ国、約7000人の選手団が色とりどりのユニフォームを着て、入場行進を行った。当日の天気は、抜けるような秋晴れであった。

◉大東亜会議とチャンドラ・ボース

1943年（昭和18年）11月初旬に、東京で「大東亜会議*」が開催された。「欧米諸国による、アジア植民地支配を打倒して、アジア人同士の結束を固める」というのが、この会議の目的とされた。しかし実際には、苦戦がつづいていた日本とアジア諸国の連帯を強め、これらの国々からより一層の、人的、物的面での戦争協力を得ようというのが、本当の目的であった。

会議には東条英機首相（日本）、汪兆銘《おうちょうめい》行政院長（南京国民政府）、張景恵《ちょうけいけい》総理（満州帝国）、ホセ・ラウレル大統領（フィリピン）、バー・モウ首相（ビルマ）、ワンワイタヤーコーン親王（タイ）、チャンドラ・ボース（自由インド仮政府首班）が出席した。会議は「大東亜共同宣言」を採択して終了した。

チャンドラ・ボース*（スバス・チャンドラ・ボース）は、1897年（明治30年）インド、カルカッタの弁護士の家庭に生まれた。ボースはカルカッタ大学を経て、ケンブリッジ大学大学院に留学した。

帰国後、インド独立運動に参加した。ボースは、インド独立運動の指導者であるガンジーの「非暴力主義」は非現実的であるとして、強く反対した。彼は武力によるインド独立を主張した。

1941年（昭和16年）12月、ボースはドイツに亡命した。当時、イギリスと戦っていたドイツなら、インド独立運動を支援してくれるだろうと考えたからである。ヒトラーはボースにベルリンの広大な邸宅、生活資金、自動車などを与えたが、インド独立運動には無関心であった。

そこでボースは、日本に渡ることにした。日本は「欧米植民地主義からの、大東亜（東アジア）の解放」を太平洋戦争のスローガンとしていたからである。

日本にとっても、ボースは必要な人材であった。前述したように日本は、香港、マレー、シンガポール、ビルマの戦いなどで捕虜にしたインド兵で、「インド国民軍」を組織した。しかし、司令官のモハン・シンはインド独立の方針を巡って、日本と対立していた。そのため、日本は新たなリーダーを必要としていたのである。

1943年（昭和18年）2月、ボースを乗せたドイツの潜水艦「Uボート」はフランスの軍港を出港、4月にアフリカの東側にあるマダガスカル島沖合で、日本の潜水艦に移乗した後、5月に日本に到着した。

日本到着後、ボースはインド国民軍司令官および自由インド仮政府首班に就任した。そして1943年（昭和18年）11月に開催された「大東亜会議」に、オブザーバーとして参加した。この会議で東条は「日本が占領しているアンダマン諸島（インド洋上にあるインド領の島々）の自由インド仮政府への譲渡」を発表した。しかし、ボースはあくまでインド本土のイギリス支配からの解放と、そのための支援を要求した。これが、翌1944年（昭和19年）の日本陸軍による、インパール作戦*（インド侵攻作戦）実施の理由の一つとなった。

ギルバート諸島攻略 1943・11

戦力が充実したアメリカは中部太平洋へと侵攻してくる

カートホイール作戦が進行中であった1943年（昭和18年）9月に、アメリカ軍は次の作戦についての検討をはじめていた。マッカーサー（陸軍）は「ニューギニア制圧とフィリピン侵攻」を主張した。一方、ニミッツ（海軍）は「中部太平洋侵攻」を主張した。

マッカーサーもニミッツも自分の作戦案を強く主張し、まったく譲ろうとしなかった。結局、統合参謀本部が仲裁に乗り出し、その結果、両作戦を並行して実施することとなった。

マッカーサーもニミッツも、戦力を二つの戦線に分けることは「愚かな決定」であると考えた。しかし、結果的にはこの決定が、後にアメリカ軍に有利に働くことになった。「二正面作戦」は、どちらのアメリカ軍が「本命」なのかという迷いを日本軍に生じさせた。そしてこの迷いによって、日本軍の戦況判断は混乱し、その結果、アメリカ軍の動きに対して、しばしば後手の対応に陥ることになったからである。

マッカーサー率いる南西太平洋方面軍は、カートホイール作戦以来行っていたニューギニア侵攻を進めていったのに対して、ニミッツ率いる太平洋方面軍は、中部太平洋への侵攻を手始めとして、ギルバート諸島の攻略に着手した。その任務には、ハワイ沖などで猛特訓を重ねてきた大艦隊が投入された。

この艦隊は、その後の太平洋での戦いにおけるアメリカ海軍の主力艦隊となった。いわば、日本海軍の〝連合艦隊〟に匹敵した艦隊と言えるだろう。

アメリカ軍の侵攻図

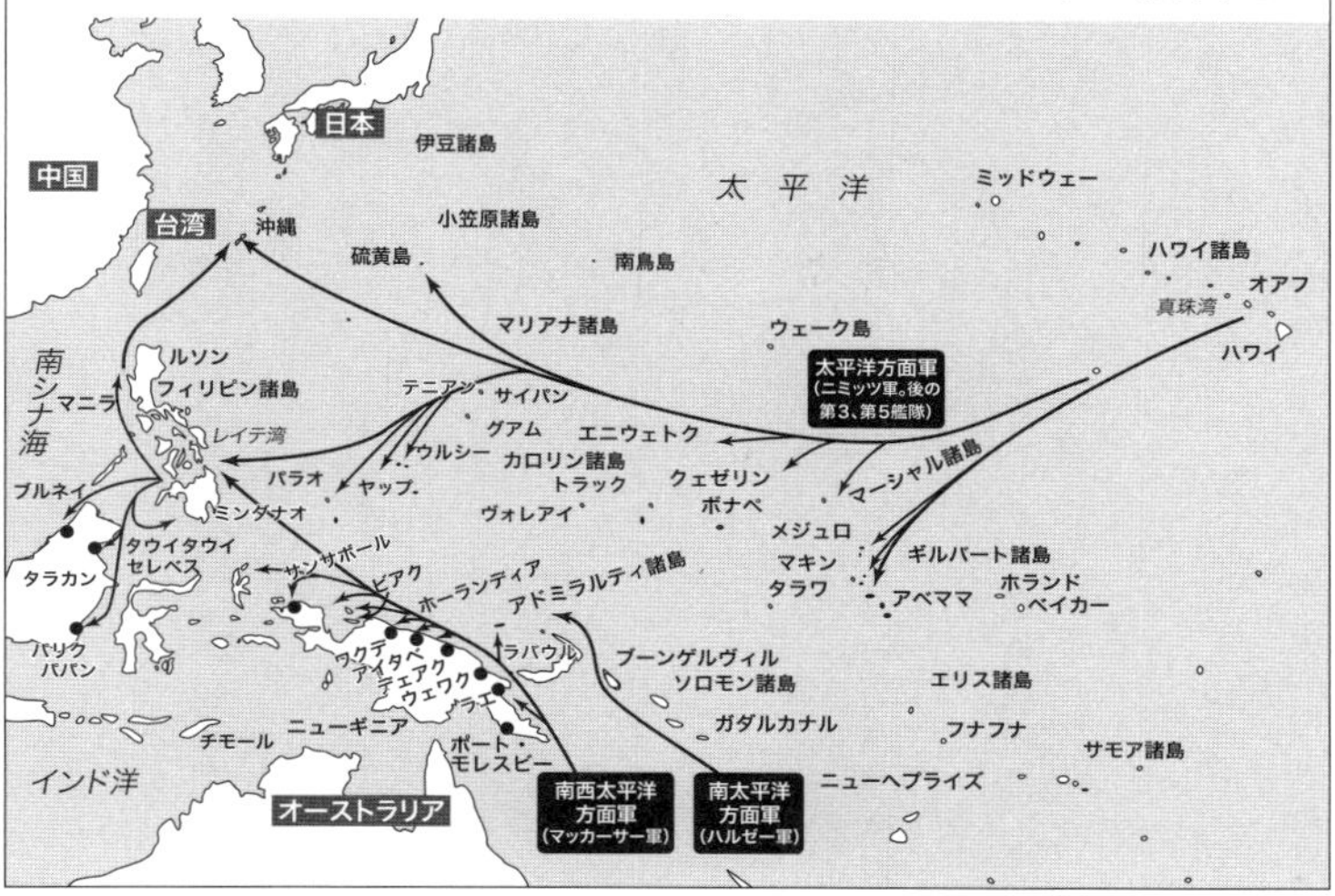

この艦隊はニミッツが指揮する太平洋方面軍に所属した。指揮官にはミッドウェー海戦で南雲機動隊を打ち破ったスプルーアンス中将と、南太平洋方面軍司令官を務めたハルゼー大将が交互に務めた（ハルゼーが指揮していた南太平洋方面軍は１９４３年末にソロモン諸島の制圧を終了した際に解散した。なお、同方面軍に所属していた艦隊は、この大艦隊に編入された）。

この大艦隊はハルゼーと彼の幕僚が指揮を執っている間は「第３艦隊」と呼ばれ、スプルーアンスと彼の幕僚が指揮を執っている間は「第５艦隊」と呼ばれた。なぜこのような人事制度が採用されたのだろうか？

ニミッツはじめ太平洋方面軍の首脳部は、これだけの大艦隊の指揮を執るとなると、極度の緊張とストレスを強いられることになるだろうと考えた。そこで、艦隊の指揮官および幕僚《ばくりょう》を定期的に交替させるという人事制度を、アメリカ海軍は考案したのである。

一定期間、この艦隊を指揮したグループは、ハワイの太平洋艦隊総司令部勤務に回された。彼らはそこで休養を取ると同時に、太平洋の戦況全体を見渡す広い視野を持つことができた。その後、再び前線に戻り、艦隊の指揮を執る。リフレッシュした頭で、また太平洋全体の戦況を頭に入れたうえで、作戦立案や各戦闘での指揮を執ることができたのであった。

ちなみにこの艦隊が「第3艦隊」と「第5艦隊」という二つの名称を持ったことにより、日本軍は一時期「アメリカは、第3艦隊、第5艦隊という二つの大艦隊を持っている」と思い込んでしまった。

この艦隊の中核となったのは、高速空母を中心とした機動部隊であった。指揮官は山本五十六の搭乗機撃墜作戦を指揮したマーク・ミッチャー少将であった。なお、この機動部隊も二つの名称を持っていた。ハルゼーが指揮を執っている時は「第38機動部隊」、スプルーアンスが指揮を執っている時は「第58機動部隊」と呼ばれた。

ミッチャー率いるこの高速機動部隊は、通常4つの任務群（タスクフォース）に分けられた。各任務群は、正規空母2隻、軽空母2隻、高速戦艦1～2隻、巡洋艦3～4隻、駆逐艦12～15隻で構成されていた。陣形は空母群を中心とし、その周囲を護衛の戦艦、巡洋艦および駆逐艦を円形に配置し航行した（この陣形を「輪形陣*」と呼んだ）。ミッドウェー海戦で、日本海軍の機動部隊と戦艦部隊は別々に行動していたのに対して、アメリカ機動部隊のこの陣形は、敵航空機の攻撃を防ぐという観点からも、非常に効果的なものであった。

高速機動部隊以外にもこの艦隊には、水陸両用部隊が配置されていた。水陸両用部隊には、輸送船、貨物船、上陸用舟艇、護衛の旧式戦艦（真珠湾攻撃で沈没または被害を受け、その後、修理、復旧された戦艦）、護衛空母、巡洋艦、駆逐艦などで構成されていた（地上部隊を乗せた輸送船団を少数の駆逐艦程度で護衛していた日本海軍と異なり、アメリカ海軍は戦艦をはじめとする重厚な艦隊で輸送船団を護衛したのである）。

この部隊の指揮を執ったのは、リッチモンド・ケリー・ターナー海軍少将であった。またこの水陸両用部隊に乗り組んだ地上部隊の指揮は、ホーランド・M・スミス海兵少将が執った。

この大艦隊の初任務として与えられたのが、ギルバート諸島の攻略であった。この時の艦隊の指揮を執ったのがスプルーアンス中将であった（したがって艦隊の名称は「第5艦隊」であった）。第5艦隊は、ギルバート諸島の中でもっとも東に位置するタラワ島とマキン島の攻略を命じられた。

一方、迎え撃つ日本軍も万全の準備を整えてアメリカ軍の上陸を持ち構えていた。日本軍は、アメリカ軍が上陸してくるのはギルバート諸島の中で、もっともアメリカ軍に近い海域に位置しているタラワ島だと予想した。そこでこの島を重点的に防御することにした。タラワ島には、ギルバート諸島の中で最大となる約5000人の兵を配置した（またこの島には陣地構築工事のため、朝鮮人労働者約1000人がいた）。指揮官の柴崎恵次少将は、海岸線および島中に堅固な陣地を築いた。そして、数カ月にわたって兵士たちに猛特訓を行った。

1943年（昭和18年）11月21日早朝、アメリカ第5艦隊はタラワ島への砲爆撃を開始した。そのすさまじい砲爆撃を輸送船上から見ていたアメリカ兵の誰もが「タラワ島の日本軍は全滅しただろう」と思った。たしかにこの砲爆撃で多数の日本兵が死亡した。しかし、ほとんどの日本兵、陣地、大砲は健在であった。

21日午前8時、上陸用舟艇と水陸両用車に分乗したアメリカ兵（海兵隊）は、タラワ島へと進んでいった。しかしここで思わぬ事態が発生した。タラワ島はサンゴ礁によって環状に囲まれており（このようなサンゴ礁に囲まれた島を「環礁《かんしょう》」という）、このサンゴ礁が上陸用舟艇の前進をはばんでしまったのである。サンゴ礁に乗り上げた上陸用舟艇は、日本軍の格好の的《まと》であった。海岸に配置された日本軍の大砲の攻撃により、上陸用舟艇は次々と火を吹いていった。海岸からの日本軍の激しい砲火によって、その約半数が破壊された。ようやく海岸にたどり着いても、また日本軍の激しい砲火にさらされ、多数の死傷者を出した。1日目に上陸したアメリカ兵約5000人のうち、約3分の1が死傷した。アメリカ軍は多数の損害を出しつつ、島の西海岸の半分をなんとか確保した。

しかしアメリカ軍は上陸1日目に、思わぬ戦果を二つあげていた。一つは、日本軍の通信網を破壊したことである。二つ目は、アメリカ艦隊の砲弾が日本軍の司令部を直撃し、柴崎少将以下、司令部が全員戦死したことである。日本軍は上陸1日目にして、はやくもその指揮系統を失ったのである。

一方、日本の連合艦隊はアメリカ軍が中部太平洋に侵攻してきた際に備えた作戦を立てていた。これは次のようなものである。

1、艦隊を伴うアメリカ軍が中部太平洋の島に上陸してきた際、連合艦隊主力は直ちに出撃し、アメリカ艦隊と決戦を行う

2、同時に兵士約1500人を島に逆上陸させ、島の守備隊と協力して、アメリカ軍上陸部隊を撃退する

しかし、古賀連合艦隊司令長官はこの作戦を断念した。アメリカ軍のタラワ島上陸に先立つ11月初旬のソロモン諸島での航空戦（「ろ号作戦」）で、連合艦隊は艦載機の大半を失っていたからである。航空

機の護衛のない、いわば〝裸の艦隊〟でアメリカ艦隊と決戦するなど、不可能であった。結局、古賀長官は連合艦隊の出撃と逆上陸作戦の中止を決定した。

タラワ島の日本軍守備隊は、司令部を失いながらも、それぞれの持ち場で勇敢に戦った。しかしアメリカ軍は艦砲射撃や空爆の援護の下、戦車、ブルドーザー、火炎放射器などを駆使して、一歩一歩、日本軍の陣地を破壊、占領していった。追い詰められた日本軍は、ついに「バンザイ突撃」*を行った。これは銃剣や刀（日本刀）などをかざした日本兵が、敵軍に対して行う「最後の突撃」である。しかし、アメリカ軍の豊富な火力の前に日本兵はなぎ倒されていった。

上陸3日目の11月23日、ついにアメリカ軍はタラワ島を占領した。日本軍守備隊約5000人中、捕虜になった17名を除いて、全員が戦死した。また朝鮮人労働者約100人が捕虜となった。アメリカ軍の死傷者は1000人を越えた。

同じ頃、マキン島もアメリカ軍の手に落ちようとしていた。この島には日本兵約800人が配置されていたが、アメリカ軍は約6400人の兵を上陸させ、4日間にわたる激戦の末、ここを占領した。

マーシャル諸島攻略　1944・1

アメリカ軍は日本軍の守りの堅い島は素通りし、反撃のスピードを上げる

ギルバート諸島攻略後、アメリカ軍は次にマーシャル諸島攻略に取りかかった。日本軍はアメリカ軍が次に上陸してくるのはギルバート諸島にもっとも近いミレ島とヤルート島と予想し、両島に多数の兵と防御陣地構築のための資材を送った。しかし、アメリカ軍はこの両島ではなく、その後方にあるクエ

ゼリン環礁とメジュロ環礁に上陸した。ギルバート諸島攻略の教訓を活かして、守りの堅い島を素通りする「飛び石作戦」を取ったのである。

1944年（昭和19年）1月31日、アメリカ軍はクェゼリン環礁への上陸作戦を開始した。上陸に先立ち、環礁への砲爆撃を行った。タラワ攻略時の教訓を活かして、砲撃に貫通力の強い〝徹甲弾〟を使用した。また上陸用舟艇にはロケット弾や機関銃を装備した。さらに水陸両用車には装甲板が取り付けられ、機関銃も装備された。

クェゼリン環礁は、ロイ島、ナムール島（北部）とクェゼリン島（南部）と環状のサンゴ礁から成っていた。ロイ島、ナムール島には約3000人の日本兵が配置されていたが、十分な防御陣地も構築されていなかったため、アメリカ軍の猛烈な砲爆撃を受け、司令官の山崎海軍少将は戦死した。2月2日、両島の守備隊は全滅した。

アメリカ軍はクェゼリン島に2月1日に上陸した。秋山海軍少将と阿蘇陸軍大佐が指揮する海軍警備隊と陸軍合わせて約4000人が島を守っていた。ロイ島、ナムール島同様、クェゼリン島もわずかな防御陣地しか構築されていなかった。しかもそれら防御陣地は、上陸前のアメリカ軍の砲爆撃でほとんどが破壊されていた。上陸1日目に秋山少将は敵弾に当たり、戦死した。2月4日、生き残った日本軍守備隊は阿蘇大佐に率いられ、「バンザイ突撃」を行い、全滅した。一方、メジュロ環礁は日本軍がすでに撤退していたため、アメリカ軍は1人の戦死者も出すことなく、占領した。アメリカ軍に「素通りされた」ミレ島、ヤルート島を含むマーシャル諸島の他の島々の日本軍は、敵中に孤立することとなった。

◉日本の委任統治領トラック環礁攻略

アメリカ軍のマーシャル諸島占領の報を受けた連合艦隊首脳部に、緊張が走った。マーシャル諸島西方のカロリン諸島には、連合艦隊の根拠地であるトラック環礁があったからである。

トラックは太平洋戦争開戦前からの日本の委任統治領であり、その広大な環礁内に、連合艦隊のほぼ全艦艇が停泊することができた。実際、「日本の真珠湾」「太平洋のジブラルタル」などと呼ばれ、難攻不落を誇っていた。また島には多数の料亭や酒場などの歓楽街もあった（当然、女将《おかみ》や芸者もいた）。

「マーシャル諸島が占領された今、アメリカ軍はこれらの島々に飛行場を直ちに建設するだろう。そうなれば航空機の航続距離圏内にあるトラックは、アメリカ軍の空襲にさらされるであろう」。そう古賀連合艦隊司令長官は判断した。アメリカ軍は「シービーズ（海の蜜蜂）」と呼ばれる基地設営隊を多数持っていた。彼らはブルドーザー、パワーシャベル、ローラーなどの建設重機を持つ部隊で、わずか1週間程度で飛行場を建設することができた。日本軍も基地設営隊を持っていたが、その数は少なく、また道具はシャベル、ツルハシ、モッコ（縄などを網状に編んだ運搬道具）などで、もっぱら人力だけに頼った工事が主であった（飛行場建設も数カ月を要した）。

古賀長官は連合艦隊主力に、トラックからの退避を命じた。戦艦「武蔵」「長門」「扶桑《ふそう》」をはじめとする艦隊は、2月10日、トラックを出港、パラオ島（トラック島とフィリピンの中間にある島）に後退した（この時、機動部隊は日本本土で、艦載機搭乗員の訓練と補充を行っていた）。トラック環礁内には軽巡洋艦2隻と駆逐艦8隻、そして多数の輸送船が残された。またトラックの飛行場には航空機約360機が配置された。

2月17日、アメリカの航空機部隊はトラックへの攻撃を開始した。しかし攻撃を行ったのは、マーシャル諸島から飛んできた部隊ではなく、第58機動部隊から飛んできた艦載機部隊であった。マーシャル諸島攻略後、ミッチャー率いる第58機動部隊はトラック攻撃のため、カロリン諸島に移動したのである。

一方、トラックを守る日本軍の状況はどうであったか？　隣のマーシャル諸島がアメリカ軍に占領され、また連合艦隊主力も退避したので、当然、警戒態勢をしいて、来るべきアメリカ軍の攻撃を迎え撃つ準備をしていると思われたが、事実はまったくの逆であった。

トラックの守備隊は、同島でののんびりした生活に慣れきってしまい、すっかり「平和ボケ」していた。2月17日、トラック島のレーダーは、接近するアメリカ艦載機部隊の姿をキャッチしたが、日本軍の反応は遅かった。島の守備隊の司令官・小林少将は釣りを楽しんでいた。まったく妨害を受けなかったアメリカ艦載機部隊は、存分に環礁内の日本軍の艦船、飛行場の航空機、そして燃料タンク、倉庫などの地上施設を徹底的に叩いた。17日から18日にかけて行われたアメリカ軍の攻撃で、日本軍の巡洋艦2隻、駆逐艦4隻、輸送船19隻、油槽船4隻が沈められた。また航空機約２００機が地上で破壊、または撃墜された。アメリカ軍の損害は、航空機25機と軽空母1隻損傷のみであった。

このアメリカ軍によるトラック空襲は、まさに「アメリカ版真珠湾攻撃」と言えるだろう（アメリカはこのトラック空襲を「真珠湾の敵討ち《かたきうち》」と呼んだ）。またこの攻撃で「難攻不落」と言われてきたトラックには、ほとんど防御設備がないことも明らかになった（ここでも「攻撃重視、防御軽視」の日本軍の傾向が見ることができる）。

アメリカ軍は、戦略的価値を失ったトラックを攻略せずに、「素通り」することを決定した。これまでに素通りされてきた他の島々同様、トラックは、終戦まで敵中に孤立することとなった。

2月18日、アメリカ軍はマーシャル諸島のエニウェトク環礁に上陸した。西田少将率いる日本兵約4000人が守っていたが、24日、守備隊は全滅、アメリカ軍に占領された。このエニウェトク環礁攻略が、ギルバート、マーシャル諸島での最後の戦いとなった。この一連の勝利によって、スプルーアンスは大将に、ミッチャー、ターナー、スミスはそれぞれ中将に昇進した。

このトラック空襲は、日本の戦争指導体制にも重大な影響を及ぼした。2月21日、首相兼陸相の東条英機が、陸軍参謀総長の杉山元《はじめ》を辞任させ、自ら陸軍参謀総長を兼務した。同時に海軍軍令部総長の永野修身《おさみ》を辞任させ、海軍大臣の嶋田繁太郎《しげたろう》が兼務することが決定された。海以前から東条は、政府が軍事計画の作成や作戦の立案に関与できないことを苦々しく思っていた。海軍は軍令部が、陸軍は参謀本部がそれぞれ別々に作戦を立て、バラバラに戦っている。一方、政府は軍事計画、作戦に関わることができず、それどころか戦況に関する十分な情報も伝わってこない。「こんな状況で戦争を続けていけば、日本はいずれ敗北する」、そんな危機感を持った東条が考えたのが、政府と軍部の命令系統の「一本化」であった。東条の陸軍参謀総長兼務と、嶋田の海軍軍令部総長兼務は、そのための措置であった。

第一航空艦隊設立　1943・7

アメリカ機動部隊を迎え撃つ部隊だが、アメリカ軍の反撃は予想より早い

日本軍とアメリカ軍がソロモン諸島で死闘を繰り広げていた1943年（昭和18年）7月、日本海軍

は新たに「第*一航空艦隊（通称〝一航艦〟）」を設立した。これは大本営海軍参謀の源田実中佐の発案によって作られた航空機部隊である。将来、中部太平洋を侵攻してくるであろう、アメリカ機動部隊を迎え撃つことを主目的とした部隊である。

従来、アメリカ機動部隊を迎え撃つのは、日本の機動部隊であるとされていた。しかし、日本の空母は、アメリカの空母に比べて防御力が弱い。また、パイロットが空母で離発着ができるようになるまでには、かなりの年月を必要とした。そこで空母の代わりに、中部太平洋の島々の飛行場を拠点とする航空機部隊を編成するというアイデアを源田中佐が提出したのである。

アメリカ機動部隊の接近が予想される海域の島々の飛行場に、航空機部隊を進出させ、これを迎え撃つというのである。これならば、パイロットは空母の離発着より短期間で習得可能な地上の滑走路からの離発着の技術だけをマスターすればよい。また中部太平洋の島々の飛行場を、決して撃沈される心配のない「不沈空母」として活用することもできる。脆弱《ぜいじゃく》な空母と熟練パイロット不足に悩む日本海軍にとって、この計画は理想的なものに見えた。

計画では、一航艦の訓練期間は1年間で、総数約１６００機もの大部隊となる予定だった。司令長官には「闘将」の名の高い、角田覚治《かくたかくじ》中将が任命された（角田は山本五十六と同じ新潟県の出身であった）。まさにこの一航艦は、来るべきアメリカ艦隊との「決戦兵力」の中核となるはずであった。

しかし、１９４４年（昭和19年）2月のアメリカ軍のマーシャル諸島侵攻の報を受けた大本営海軍部は、まだ編成中であった一航艦を、マリアナ諸島に進出させることにした。角田は、マリアナ諸島に一航艦の全航空機が集結するのを待って、アメリカ機動部隊を迎え撃つつもりであった。しかし、アメリカ機動部隊は、日本軍の予想をはるかに上回るペースで2月下旬にマリアナ諸島に接近してきた。なぜアメリカ機動部隊は、このような素早い行動ができたのであろうか？

　通常、艦隊は一定の作戦行動や戦闘を行った後、補給や整備、修理のため、一時、後方の拠点（基地）に戻る。しかし、アメリカ海軍は「洋上補給部隊*」と「洋上修理部隊*」によって、それを不要としたのである。「洋上補給部隊」はその名のとおり洋上で、艦隊や機動部隊に燃料、弾薬、食糧の補給や、航空機、人員の補充を行った。また負傷兵は病院船に乗せられ、治療を受けた。「洋上修理部隊」は浮ドックや工作船などで編成された部隊であり、艦船の軽度の損傷の修理や整備を行うことができた。

　これらの部隊によって、アメリカの艦隊や機動部隊は母港であるハワイに戻ることなく、素早く次の軍事行動に移ることができたのである。この高度にシステム化された後方支援部隊によって、アメリカ高速機動部隊は、日本軍の予想を上回る迅速な移動や、神出鬼没な攻撃で、日本軍を終戦まで翻弄《ほんろう》し続けた。

　「第58機動部隊、マリアナ諸島に接近中」との報を受けた角田中将の手元には、一航艦の第一陣、わずか93機の航空機しかなかった。一航艦の淵田参謀が部隊を後方に撤退させることを提案したが、角田はこれを却下、攻撃を命じた。しかし、多勢に無勢である。２月22日から23日にかけて行われた戦いで、一航艦は90機を失った。

　前述したように、１９４３年（昭和18年）９月に定められた「絶対国防圏」構想では、１９４４年（昭和19年）中頃までにマーシャル、カロリン諸島を含む防衛ラインを強化して、連合国軍を撃破するという計画になっていた。しかし、現実には、アメリカ軍はその４カ月も前にマーシャル、カロリン諸島に侵攻してきた。日本軍の「絶対国防圏」構想は早くも破綻し始めたのである。

●古賀長官殉職

１９４４年（昭和19年）３月下旬、日本軍の偵察機が、パラオ島に向けて航行中のアメリカ第58機動部隊を発見した。この報を受けた古賀連合艦隊司令長官は、３月29日、パラオ島に停泊中の連合艦隊主力に、再び後方への退避を命じた。

翌30日と31日に、アメリカ軍第58機動部隊の航空機部隊がパラオ島を空襲、駆逐艦１隻と輸送船15隻を撃沈させた。マリアナ諸島から一航艦の航空機部隊が援護に駆けつけたが、約60機を失い、退却した。古賀長官はアメリカ軍の空襲が行われた時、まだパラオ島にいたが、空襲後、ダバオ（フィリピン諸島南部にあるミンダナオ島の都市）への移動を決定した。古賀とその幕僚らは用意された二式大型飛行艇に分乗、３月31日の夜、パラオ島を出発した。しかし、飛行中、機が行方不明となった。雷にうたれて墜落したものと考えられている。

１９４４年（昭和19年）５月５日、大本営は、古賀長官の「殉職」を発表した。移動中の飛行機事故による死亡のため、「戦死」ではなく「殉職」扱いとされたのである。後任として、豊田副武《そえむ》大将が、連合艦隊司令長官に任命された。

●日本軍の航空機の問題点

ここで日本軍の航空機の問題点について、触れておきたい。これらの問題点が、日本が太平洋戦争に敗れた原因の一つと考えられるからである。主な問題点として、次の３点を挙げておきたい。

1. 陸軍新型主力戦闘機配備の遅れ

明治以来、日本軍には陸軍と海軍しか存在せず、空軍という組織がなかった。そこで、航空兵力に関しては、陸海軍がそれぞれ「陸軍航空隊」と「海軍航空隊」を持っていた。

海軍は新型の「ゼロ戦」を主力戦闘機として採用し、太平洋戦争開戦時には海軍全戦闘機部隊の約75%への配備を完了していた。

陸軍も中島一式戦闘機「隼《はやぶさ》」を新型主力戦闘機として採用していた（性能はゼロ戦とほぼ同じであった）。しかし、太平洋戦争開戦時に部隊に配備されたのは、わずか数十機のみであった。陸軍は旧式の「中島97式戦闘機」が主力という準備不足の状態で、太平洋戦争に臨んだのである。

明らかに、新型航空機の開発や導入に関しては、海軍に比べて、陸軍は遅れていたと言わざるを得ない。それを象徴するエピソードがある。太平洋戦争開戦前の各省次官会議で、当時陸軍次官だった東条英機が、陸軍の新型機（恐らく「隼」のことと思われる）について自慢した時、海軍次官だった山本五十六が「ほほう、それはエライ。キミのところの飛行機もやっと飛んだか。それはエライ」と言って、他の次官たちが大笑いしたというのである（ちなみに東条と山本は同い年であった）。

2.「誉《ほまれ》」エンジン

1936年（昭和11年）、海軍は三菱重工に新型戦闘機の開発を発注した。その時に海軍が要求した新型機の性能は、速力、運動性、航続距離、すべてにおいて当時の世界の戦闘機の水準をはるかに超えたものであった。三菱重工の設計技師たちは、最初は不可能だと考えた。しかし、機体の徹底的な軽量化など様々な工夫を凝らして、ついに海軍の要求を満たす戦闘機の開発に成功した。それが「ゼロ戦」

であった（ただし、前述したように、この高性能は一切の防御装備を犠牲にしたことで、得られたものであった）。

この名戦闘機の開発に気を良くした海軍は、三菱重工のライバルメーカーの中島飛行機に、連合国軍との決戦航空機に搭載する、超高性能のエンジンの開発を依頼した。それを受けて開発されたのが、「誉《ほまれ》*」エンジンであった。このエンジンは、ゼロ戦に搭載されていた「栄」エンジンと同じ、小型、軽量でありながら、栄エンジンの倍以上の2000馬力という高出力を出すことができた。

誉エンジンの試作機は1941年（昭和16年）中頃に製作された。この「奇跡のエンジン」の登場に海軍は熱狂し、即採用が決定された（陸軍もこのエンジンの採用を決定した）。そして太平洋戦争開戦後の1942年（昭和17年）9月より、生産が開始され、陸軍の「疾風《しっぷう》」（「隼」の後継機）、海軍偵察機「彩雲《さいうん》」、海軍陸上爆撃機「銀河」、そして海軍局地戦闘機「紫電改《しでんかい》」といった新鋭機に搭載された。

しかし、誉エンジンを搭載したこれら新型航空機に関して、前線から様々なクレームが寄せられてきた。「仕様書どおりの速力が出ない」「すぐ故障する」「設計上の耐用年数より短い期間で、使い物にならなくなる」などといったものである。

なぜこのような問題が多発したのだろうか？　実は誉エンジンは、軍からの過大な性能水準の要求を満たすため、非常に複雑で、繊細な構造になってしまったのである。このエンジンはもはや工業製品というより、「工芸品」という域に達していた。そのため、熟練工たちが丹念に作り、微妙な調整を行い、ようやく完成することができた。またエンジンの各部品も、非常に高い精度が求められた。

しかし戦況の悪化により、熟練工は次々と徴兵されていった。そのため、経験不足の未熟な工員や、素人同然の勤労学生らが、製造に携わるようになった。当然、エンジンの質はみるみる落ちていった。

さらに船舶事情の悪化（詳細後述）により、エンジンの材料である金属の質や潤滑油、燃料の質もどんどん落ちていった。これらもまたエンジンの質の低下に拍車をかけた。その結果、誉エンジン搭載機は故障が相次ぎ、稼働率が下がっていったのである。

一方、アメリカは「ゆとりのある」航空機エンジンを設計した。誉エンジンのような複雑で繊細な構造ではなく、また各部品の精度も熟練工でなければできないような高い精度を求めなくても製造可能な水準であった。アメリカは、日本のように完璧な性能のエンジンは求めず、製造が比較的容易で、故障が少なく、微妙な調整を必要としない、それでいて一定の高水準の性能を持ったエンジンの生産を目指したのである。

しかも部品の精度維持のための検査機器を工場に設置したり、戦時中の熟練工不足に備えて、誰にでもわかりやすい「作業マニュアル」を作成したり、生産工程をできるだけシンプルにするよう努めた。その結果アメリカは、故障が少なく、微妙な調整を必要としない、２０００馬力以上の航空エンジンを継続的に大量生産することに成功したのである。

アメリカは既に戦前から世界有数の工業大国であった。にもかかわらず、いや、むしろそれだからこそと言えるかもしれないが、航空エンジンをはじめとする、質の高い兵器や部品の安定的な生産に最大限の注意を払った。

一方、戦前、繊維業などの軽工業が主流であった日本は、エンジン、兵器生産において、アメリカはかなう相手ではなかった。しかし、だからこそ、日本軍はその生産力の差を、〝超〟高性能の航空機や航空エンジンで補おうとしたのであろう。しかし、日本軍はゼロ戦で目一杯「背伸び」をしてしまった。その成功に気を良くして、無謀にもさらに背伸びをしてしまい、その結果、転落し、大怪我をしたのである。その怪我によって日本軍の航空部隊が受けたダメージは、取り返しのつかないものとなってしまった。

自動車メーカーの販売競争に例えれば、アメリカは一定の性能と質を持った自動車を設計、生産したのに対して、日本は「F1カー」クラスの性能と質を持った自動車を設計、生産したようなものだと言えるだろう。

3．航空機の移送方法

戦前、戦中の日本の軍用航空機の生産は、三菱重工と中島飛行機の2大メーカーが請け負っていた。三菱重工は名古屋に、中島飛行機は太田（群馬）に工場を持っていた。工場で完成した航空機は、その後、飛行場に移送された。しかし、どの飛行場も工場から数十キロも離れていた。そこで完成した航空機を、一旦、胴体と翼に分解し、牛車《ぎっしゃ》で飛行場まで移送していたのである。

当時の日本の道路事情が悪かったため、トラックで移送すると、機体にダメージを与える危険性があった（またトラックの性能も悪く、揺れが激しかった）。そのため、牛車での移送という方法が取られたのである。さらにこの移送は、夜間に限られていた（宮崎駿監督の映画『風立ちぬ』にも、ゼロ戦が牛車で運ばれていくシーンがある）。

各戦線からは、1機でも多くの航空機を少しでも早く送るよう、毎日、矢のような催促《さいそく》が来ていた。しかし、工場で完成した航空機は、牛車で「ゆっくり」と飛行場まで移送されていたのである。なぜ航空機工場の隣に、飛行場を建設しなかったのだろうか？　前述した陸軍の航空隊や、誉エンジン同様、日本の軍用航空機に関する方針には、どうも「ちぐはぐ」な印象を受けざるをえない。

本節の最後に、日本軍の兵器の問題点を、一つ指摘しておきたい。それは大砲や機関銃、小銃などの「弾薬」についてである。

日本軍は大砲、機関銃、小銃のタイプごとに、それぞれ異なる種類の弾や砲弾を製造していた。たとえばAタイプの大砲にはAタイプの砲弾が、Bタイプの大砲にはBタイプの砲弾が製造された。しかし、戦場は常に混乱しているものである。当然、兵器や弾薬を積んだ輸送船が撃沈されたり、損害を受けることもある。その結果、戦場に届いたのは、Aタイプの大砲とBタイプの砲弾だけだったとする。そうなるとどちらも使い物にならない、ただの「無用の長物」と化すのである。同じようなことが、機関銃や小銃でも起こった。

一方、アメリカ軍は大砲、機関銃、小銃それぞれすべてに共通して使える弾薬を製造した。これなら兵器、弾薬の補給が混乱しても、十分対応可能となる。さらに、弾薬の種類を少なくすることによって、大量生産が可能となった。

繰り返しになるが、「日本は物量の差で、太平洋戦争で敗れた」とよく言われるが、それならばなぜ物量で勝るアメリカが、弾薬の種類の「規格化」に腐心したのに対して、日本は「多種多様化」という「ぜいたく」をしていたのだろうか?

ちなみに現在でも、日本のカラープリンターは、同じメーカーが製造したものでも、プリンターの種類によって、インクの種類も異なっている。店頭にずらりと並ぶ無数のインクを見るたびに、筆者は、太平洋戦争時の日本軍の弾薬のことを思い出す。

日本の海上輸送

南方の資源確保が戦争目的だったのに、輸送手段の軽視から活用に失敗

本章の締めくくりとして、太平洋戦争での日本の海上輸送について触れておきたい。

2章の冒頭で述べたように、太平洋戦争初期段階における日本の目的は、東南アジア（南方）の資源（石油、ボーキサイト、すず、ゴムなど）の確保であった。開戦後約半年でその目的を達成した日本は、民間の輸送船でこれらの資源の日本への輸送を開始した。

開戦時、日本が保有していた民間輸送船の総トン数は、約600万トンであった。国力維持のための資源、食糧輸送用に約300万トン、東南アジアや太平洋の島々に兵士や武器、食糧などを輸送するための軍用に約300万トンが割り振られた。

しかし当然、これらの輸送船は連合国軍の攻撃を受ける可能性があった。そこで日本海軍は開戦前に輸送船の損耗率《そんもうりつ》を予想分析した。日本海軍は、第1次世界大戦時のイギリスが失った輸送船のデータをもとに、開戦後の輸送船の損耗率を1年あたり約10パーセント、即ち、約60万トンとはじき出した。そしてこの程度の損耗率であれば、新造船や連合国から捕獲する船舶などで、十分補うことができると結論を出した。

一方、アメリカ軍は開戦前から、「資源を持たない日本はイギリスと同様、海外からの資源、食糧の輸入に頼っている。よって日本の海上輸送路を徹底的に攻撃すれば、日本の戦争遂行能力に大きなダメージを与えることができる」と分析していた。真珠湾攻撃の3時間後、日本の輸送船への無制限攻撃を

命じられたアメリカ太平洋艦隊に所属する全潜水艦54隻は直ちに出撃した。

初期のアメリカ海軍の魚雷は性能が悪く、日本の艦船に命中しても爆発しない（不発）という事態がしばしば起ったが、アインシュタインが提案した起爆装置の改善などを行ったことにより、魚雷の性能は大幅に改善された。この改善により、アメリカ潜水艦部隊による日本輸送船の撃沈数は、飛躍的に上昇した。そして１９４２年（昭和17年）末までに、日本は約96万トンの船舶を失った。新造船や連合国から捕獲した輸送船で補充しても、輸送船は不足した。開戦１年後にして、早くも日本は輸送船不足に悩み始めたのである。

なぜ日本の輸送船は、開戦前の海軍の予想を超えるペースで失われていったのだろうか？　実は日本の資源、食糧用の輸送船は、護衛の艦艇なしで単独で航海していた。そのため、アメリカ潜水艦部隊の「格好の餌食《えじき》」となり、次々と沈められていったのである。

元々日本海軍には、「軍艦（水上艦艇）は敵艦と戦うために存在するのであって、輸送船の護衛などという〝地味〟な任務に従事するものではない」という考え方が、根強くあった。これに加えて、日本軍特有の「攻撃優先、防御軽視」の考えも深く影響していた。

しかし、船舶不足の深刻化と、当時激戦が繰り広げられていたガダルカナルに食糧などを輸送する船舶需要の増加といった、船舶に関わる問題を解決するべく、１９４２年（昭和17年）11月末に「大本営政府連絡会議」が開かれた。軍事計画や作戦の立案は大本営の管轄《かんかつ》であったが、輸送船の割り振りは政府の管轄であったので、この会議が開催された。

この会議で、軍部（大本営）は資源、食糧輸送用船舶３００万トンから60万トンを軍用に回すよう要求した。これに対して東条首相（政府）は要求量の半分の、30万トンを提示した。しかし、これでも厳しいものであった。日本の鉄鋼生産量は1942年度（昭和17年度）の430万トンから、翌1943年度（昭和18年度）には、300万トンに減る見込みであった。しかし、資源、食糧輸送用船舶から30万トンを軍用に回せば、鉄鋼生産量は300万トンから200万トンまで減少することが予想された。東条は「軍部の要求を受入れれば、日本は破産する」と考えた。

12日5日の閣議（首相と各省の大臣との会議）で、「資源、食糧輸送用船舶から30万トンを軍用に回す。ただし、1943年（昭和18年）4月までに、これらの船舶は資源、食糧輸送用に戻す」ことを決定した。

この決定を聞いた陸軍参謀本部の田中新一作戦部長（少将）は激怒し、東条に食ってかかった。「十分な数の輸送船なしで、ガダルカナルで戦っている3万の日本兵にどうやって補給をしろというのですか」。そう田中は主張した。しかし、東条は耳を貸そうとしなかった。激論の末、田中は東条に「バカヤロウ」と怒鳴った。この結果、田中は作戦部長の職を解かれ、南方軍司令部付を命じられた（その後、田中は北ビルマの第18師団長に任命された）。

1943年（昭和18年）3月には、資源、食糧輸送用の船舶は約200万トンにまで減少した。しかし、そこからさらに30万トンの船舶が軍用に引き抜かれていった。同じ年の夏、軍需省は「現在、我が国は、最低限の国民生活の維持も困難になっている。昭和19年末には、国力の弾力性も失われるだろう」という極秘報告書をまとめている。

事実、日本は深刻な資源不足に陥っていた。政府は、兵器製造のため、国内のあらゆる金属を回収した。お寺の鐘《かね》、銅像、鉄製の門や柵《さく》、家庭の鍋などが回収された。さらに硬貨まで回収された。

食糧不足もまた深刻化した。太平洋戦争開戦前から、米、味噌《みそ》、砂糖、醤油《しょうゆ》、卵、大豆、牛乳、酒などは「*配給制（購入できる量を制限する制度）」となっていたが、船舶事情の悪化に伴い、配給量はみるみる少なくなっていった。「代用食」として、カボチャやサツマイモなどの栽培が奨励《しょうれい》されたが、それでも足りなかった。そのため国民は、闇市《やみいち》（非合法に設けられた市場。法外な値段で食糧や物資が売られていた）で食糧を購入したり、農村へ行って、高価な着物や宝石などと引き換えに、農家から食糧を分けてもらう「買い出し」といったやり方で、食糧の調達に四苦八苦した。

１９４３年（昭和18年）秋以降、アメリカ海軍はインドネシア、シンガポール（昭南島）と日本を結ぶ海上輸送ルートに約１２０隻の潜水艦を投入、石油タンカーをはじめとする輸送船を次々と沈めていった。このルートは、石油をはじめとする日本の戦争遂行に必要不可欠な資源を輸送する、いわば「日本の生命線」であった。さらに、１９４３年（昭和18年）末以降、アメリカ太平洋艦隊が中部太平洋に進出するようになると、機動部隊や占領した島々の飛行場から飛び立った航空機部隊（爆撃機を含む）も、日本の輸送船を攻撃するようになった（爆撃機隊は「ダンピールの悲劇」で使用した「*スキップ・ボミング（反跳爆弾《はんちょうばくだん》）」戦法で、日本の輸送船を沈めていった）。

連合国軍によって沈められていく輸送船の問題の深刻さにようやく気づいた日本海軍は、１９４３年（昭和18年）11月、輸送船護衛を主任務とする「海上護衛総司令部」を設立した。総司令官には元海軍大臣の及川古志郎《おいかわこしろう》大将が任命された。しかし、司令部に回されたのは、旧式駆逐艦と海防艦10隻程度であった。また航空機は皆無であった。

海防艦とは、輸送船の護衛を目的とした軍艦である。排水量５００～１０００トンと駆逐艦より小さかった。しかも速力が遅く、武装も貧弱であった。この時期、輸送船も単独ではなく、数隻～数十隻単位の輸送船団方式で航行するようになっていたが、この輸送船団に１～３隻程度の海防艦がついた。しかしその貧弱な武装のため、ほとんど役に立たなかった（海防艦は、浮上してきた潜水艦の大砲と打ち合っても負けたとさえ言われている）。しかもこの海防艦は、年間30隻程度しか建造されなかった。

１９４４年（昭和19年）２月の１カ月間だけで、日本は１２２隻（約54万トン）の輸送船を失った。これは、当時日本が保有していたすべての輸送船の約10％以上にあたった（これには、前述した「トラック空襲」で撃沈された輸送船も含まれている）。

１９４４年（昭和19年）末には、日本の資源・軍用輸送船の大半が沈められ、海上輸送路はほぼ消滅した。日本は１００トン前後の小型木造船まで建造、使用して、資源、食糧の輸送を試みた。しかし、これらの小型船舶もアメリカの潜水艦や航空機部隊によって、次々と沈められていった。そして１９４５年（昭和20年）３月以降、南方からの資源は一切、日本に届かなくなってしまった（そのため、戦争末期になると、日本国内では松の根や樹脂から航空機用のガソリンを取り出す試みがなされたり、陶器で手りゅう弾や地雷を製造する試みなどがなされた）。終戦時、日本の輸送船は約30万トンにまで減らされていた。

結局、補給を軽視した日本は、せっかく確保した南方資源の日本への輸送を、「穴の開いたバケツ」のような〝お粗末な〟海上輸送システムで行い、その資源の活用に失敗したのである。

なお、日本海軍は開戦時、64隻の潜水艦を保有していたが、太平洋戦争の全期間を通じて、それらが連合国の輸送船攻撃に使用されることはほとんどなかった（１９４２年〔昭和17年〕の５月から７月にかけて、日本の潜水艦部隊がインド洋のアフリカ東岸海域で、連合国の輸送船を攻撃し、22隻を撃沈したが、これは例外と言えるだろう）。日本の潜水艦は、連合国軍の艦艇への攻撃に集中し、輸送船には目もくれなかったのである。これは軍艦（水上艦艇）と同様、「潜水艦は敵艦と戦うために存在するのであって、輸送船の攻撃などという〝地味〟な任務に従事するものではない」という考え方が日本海軍に根強くあったためである。

日本軍は「いかに多くの敵の艦艇や戦車、航空機を撃沈、撃破するか」という「攻撃第一主義」一辺倒であり、「いかに自軍の補給路を守りつつ、敵の補給路にダメージを与えるか」という「戦争の経済面の重要性」に、まったく注意を払おうとしなかったのである。

5章 日本軍の敗退

３個師団10万人が参加した陸軍のインパール作戦、４つの艦隊が決戦を挑んだ海軍のレイテ沖海戦‥それぞれ補給力、技術力、人材不足からアメリカに敗退し、以後、出口の見えない特攻隊などに頼るようになる。

連合艦隊の空母消滅

——エンガノ岬沖海戦（レイテ沖海戦）にてアメリカ攻撃隊から逃避する空母「瑞鳳」。結局、連合艦隊は瑞鳳を含む空母４隻をすべて失い、事実上壊滅した。

1943年（昭和18年）	10月	アメリカ・中国軍、ビルマ北部に侵攻
1944年（昭和19年）	3月	日本軍、インパール作戦開始
1944年（昭和19年）	3月	日本軍、コヒマ占領
1944年（昭和19年）	4月	日本軍、大陸打通作戦開始（～11月）
1944年（昭和19年）	6月	アメリカ軍、サイパン島上陸
1944年（昭和19年）	6月	マリアナ沖海戦
1944年（昭和19年）	7月	サイパン島、グアム島、テニアン島陥落
1944年（昭和19年）	7月	東条内閣総辞職、小磯内閣成立
1944年（昭和19年）	8月	アメリカ・中国軍、ミートキーナ占領
1944年（昭和19年）	9月	アメリカ軍、ペリリュー島上陸（11月占領）
1944年（昭和19年）	10月	日本軍、インドより撤退
1944年（昭和19年）	10月	英印軍、ビルマに侵攻
1944年（昭和19年）	10月	台湾沖航空戦
1944年（昭和19年）	10月	アメリカ軍、レイテ島（フィリピン）上陸
1944年（昭和19年）	10月	レイテ沖海戦
1944年（昭和19年）	10月	日本軍、特攻作戦を開始
1945年（昭和20年）	1月	アメリカ軍、ルソン島（フィリピン）上陸
1945年（昭和20年）	3月	アメリカ軍、マニラ占領
1945年（昭和20年）	5月	英印軍、ラングーン占領

インパール作戦認可 1944・1

補給路もなく、大本営内部にも反対意見があったのに、なぜ認可された？

3章冒頭でも述べたように、1942年（昭和17年）5月末に日本軍がビルマを占領した後、日本軍はそのまま勢いに乗ってインド東北部のアッサム地方に侵攻するという作戦計画を検討した。しかしビルマとインドとの間にはチンドウィン川と険しいアラカン山脈、うっそうとしたジャングルが横たわっており、軍隊の移動は不可能と思われた。それに加えてガダルカナルやニューギニアの戦いが激しくなったこともあり、1942年（昭和17年）11月末、この計画は中止された。

しかし1943年（昭和18年）になると、状況は変わってきた。突如、ビルマ領内にイギリス軍が現れ、日本軍に攻撃を仕掛けたり、各地で鉄道線が爆破されるという報告が入ってきたのである。

このイギリス軍は、オード・C・ウィンゲート准将率いる「ウィンゲート旅団」*であった（『アラビアのロレンス』で有名なT・E・ロレンスは、彼の従兄弟《いとこ》にあたる）。イギリス兵およびグルカ兵（ネパールの山岳民族で構成された兵士。非常に勇猛なことで有名）約3000人で構成されたこの部隊は、1943年（昭和18年）1月末にインド・ビルマ国境を越え、ビルマのジャングルに侵入していった。空中補給（航空機からパラシュートによって、武器、弾薬、食糧などを投下して行う補給のこと）を受けながら、ビルマ領内を移動した。その後ウィンゲート旅団は、同年5月にインドに退却した。

しかし日本軍に与えた衝撃は大きかった。通行不可能と思われていたインド・ビルマ国境地帯からイギリス軍が攻め込んできたからである。

ビルマに展開していた日本陸軍第15軍司令官、*牟田口《むたぐち》中将（牟田口はこの年の3月に、前任の飯田中将の後任として司令官に就任していた）は、「イギリス軍がインド・ビルマ国境を越えてビルマに侵攻することができたのだから、日本軍も国境を越えてインドに攻め込むことができるはずである」と主張し、大本営にインド侵攻作戦を提案した。ちょうどこの頃、日本軍は、連合国軍（イギリス、アメリカ、インド、中国軍など）がビルマへの侵攻作戦を計画しているという情報をキャッチしていた。そこで連合国軍の出鼻をくじくという理由からも、インドへの侵攻作戦を提案した。この作戦はインド東北部にある、イギリス軍拠点のあるインパールの占領を主目的としたことから、「*インパール作戦」と名づけられた。第15軍参謀長の小畑信良少将は、補給の困難さからこの作戦に反対した。しかし牟田口はこれを聞き入れず、小畑を解任した。

ウィンゲート旅団が約4カ月間、ビルマ領内で作戦行動を取ることができたのは、連合国軍がビルマの制空権を握っていたことと、空中補給が行えるだけの十分な数の輸送機を持っていたからである。そのどちらも持たない日本軍が同じ作戦行動を取ろうとすれば、深刻な補給不足に見舞われるであろうことは、容易に想像がついたはずである。それでも、牟田口はインパール作戦の実施を主張した。

牟田口がインパール作戦の実施に熱心だったのには、いくつか理由があった。牟田口は太平洋戦争初頭でのマレー・シンガポール攻略作戦とビルマでの戦いに、第18師団長として参加している。そこでの経験から「イギリス軍は弱いので、戦えば必ず勝てる。したがって今回の作戦も必ず成功する」と考えていた。また牟田口は、１９３７年（昭和12年）7月の日中戦争の原因となった盧溝橋《ろこうきょう》事件が起こった際の連隊指揮官であった。牟田口は「今回の太平洋戦争の原因は、支那事変（日中戦争）であり、その支那事変のきっかけとなった盧溝橋事件を起こしたことに自分は関わっている。つまり太平洋戦争が起こった原因は自分が作った。自分はその責任を取って、この戦争の片をつけなければならない」と考えていた。

第15軍の指揮官や参謀たちも小畑参謀長と同じように、インパール作戦の成功を疑問視していた。しかし小畑の参謀長解任を受け、みな沈黙してしまった。大本営はインパール作戦を「むちゃくちゃな作戦案」であると考えていた。しかし、牟田口の直属の上司であるビルマ方面軍司令官、河辺正三中将（彼は盧溝橋事件当時の牟田口の上官であった）は「かねてから牟田口が熱意を持って計画した作戦なので、是非やらせたい」と言って、作戦を認可した。河辺中将の上司である南方軍（東南アジアに展開している日本軍の総称）総司令官の寺内寿一《ひさいち》元帥も、この作戦を認可した。

しかし、大本営は作戦の実施に懐疑的であった。大本営陸軍参謀本部作戦課長の真田少将は、「補給や航空機が乏しい状態では、絶対反対である」と述べた。しかしこの時、陸軍参謀総長の杉山元帥が真田に「寺内さんのたっての希望なので、なんとかやらせてやってくれ」と言った。結局大本営は、１９４４年（昭和19年）1月7日、インパール作戦を正式に認可した。

このようにインパール作戦は、補給に関する問題点がうやむやにされたまま、司令官たちの「人情論」で認可されてしまったのである。その他にも、自由インド仮政府首班のチャンドラ・ボースがこの作戦実施を熱心に要求したこと、また、太平洋戦線で苦戦が続いていた日本軍が、もしインド・ビルマ方面で連合国軍に勝利すれば、戦局を有利にすることができるかもしれないという目論みが政府や大本営にあったということも、インパール作戦が認可された背景にあった。

3個師団、10万人が参加する作戦が始動。1カ月で包囲は成功するが…

1944年（昭和19年）3月8日、牟田口中将指揮下の第15軍は、インパール作戦を開始した。作戦に参加したのは、第15師団、第31師団、第33師団の3個師団を中心とする、兵力約10万人であった（この作戦には、前年10月より徴兵された「学徒動員兵」も多数参加していた）。

第15師団と第33師団がインパールを、第31師団はインパールの北にあるコヒマを目指した。また第15軍に所属する第18師団は、ビルマ北部に配置され、アメリカ・中国連合軍の攻撃に備えた。

作戦に当たって各部隊には、3週間分の食糧が与えられた（ちなみに日本軍の兵士は、食糧、弾薬など約40〜60キロの荷物をかついで常に移動していた。一方、アメリカ軍やイギリス軍では、食糧、弾薬などは車両や動物などで輸送していたため、兵士がかつぐ荷物の量ははるかに少なかった）。作戦計画上は、3週間以内でインパール、コヒマを占領し、敵軍の食糧を奪取するということになっていた。もしそれ以上の日数がかかった場合に備えて、牟田口は二つの対策を立てた。

一つは食糧輸送用に牛約3万頭を同行させ、目的地に着いたら食糧にするというものであった。これを牟田口は「ジンキスカン作戦」と呼んで自画自賛した（ジンギスカンは、13世紀のモンゴル帝国の初代皇帝。彼と彼の子孫は強力な騎馬軍団でユーラシア大陸の大半を征服した。騎馬軍団の騎兵たちは各々5、6頭の馬を連れ、食糧としていた）。なお、約3万頭の牛は、ビルマの農民から徴発《ちょうはつ》された。

もう一つの対策としては、ジャングルに生える野草を食べる計画を立てた。牟田口は作戦開始前に師団長や参謀らに言った。「ジャングルには、青々とした草が無数に生えている。元々〃草食動物〃である我々日本人がこれらの草を食べることができれば、食糧不足に悩む必要はなくなる」。牟田口は部下たちに、野草の調理方法の研究を命じた。

インパール作戦には、インド国民軍約6000人も参加した。インド兵は国境を越え、インド領に入った時、祖国の大地に口づけした（インド国民軍の総兵士数は約4万5000人であった）。

一方日本軍を迎え撃ったのは、ウィリアム・スリム中将率いる英印軍（イギリス・インド軍）第14軍であった。英印軍は日本軍に備えて、インド・ビルマ国境近くを流れるチンドウィン川西岸に展開していたが、インパール作戦開始前に、全軍をインパールとコヒマに撤退させていた。これは日本軍に険しいアラカン山脈とジャングルを行軍させ、補給線が伸びきったところを反撃に転じるという作戦構想にもとづいていた。

第14軍が後方に退却する一方、多数の輸送機とその輸送機に牽引されたグライダーに乗ったウィンゲート旅団がビルマ北部に降下、着陸した。その兵力は1年前の約3000人か

インパール作戦の展開図

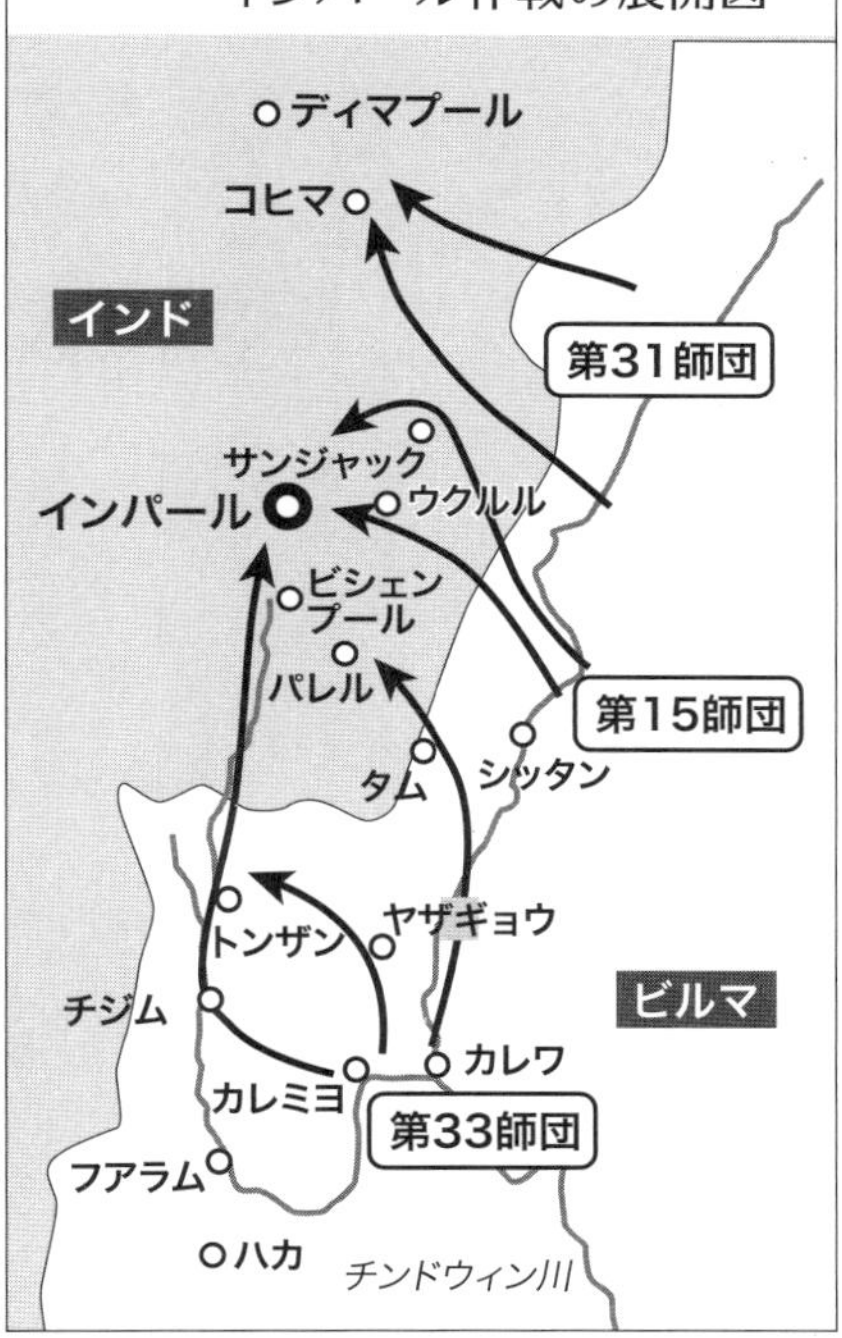

ら、約2万人の大部隊に成長していた。ウィンゲート旅団の目的は、インパール、コヒマに攻め込んだ第15軍3個師団とビルマ北部の第18師団の補給線を絶つこと、日本軍の後方をかく乱することであった。ウィンゲート自身は3月24日に飛行機事故で死亡したが、ウィンゲート旅団は引き続きビルマでの作戦行動を続けた。

日本軍がチンドウィン川を渡河した際、連れてきた牛の約半数が川に飲まれて水死した。残った半数も崖から転落するなどして、インパール、コヒマにたどり着く頃にはその大半を失っていた。「ジンギスカン作戦」は、早くも破綻したのである。

3月下旬に日本軍はインパール、コヒマ近郊に到達、攻撃を開始した。宮崎繁三郎少将率いる第31師団の第58連隊は、早くも4月6日にコヒマを占領した。

その後、第31師団はインパールに向けて南下したが、英印軍はコヒマ南方にある高地地帯に円周陣地を築いた。英印軍は何重もの塹壕《ざんごう》（歩兵が砲撃や銃撃から身を守るために地面に掘った溝）や鉄条網を張り巡らし、そこに多数の戦車、大砲、機関銃などを配置するという、文字どおり「ハリネズミ」のような重厚な防御陣地を構え、攻め込んでくる日本軍を迎え撃った。日本軍はこれらの英印軍陣地を包囲し攻撃した。マレー、シンガポール、ビルマでの戦いのように、包囲された英印軍は、そのうち食糧、弾薬が不足し、やがて降伏するだろうと予想したのである。しかし、英印軍は空中補給を受けることができた。また、多数の航空機を飛ばして、空から日本軍を攻撃した。日本軍は険しいアラカン山脈とジャングルを越えて来たため、大砲などの重火器はほとんど持っていなかった。小銃と手りゅう弾だけを持って、英印軍の「ハリネズミ」陣地への突撃を繰り返した。この高地地帯の各所で、日本軍と英印軍は激戦を繰り広げていった。

中でもガリソン高地（日本軍は〝イヌ高地〟と呼んだ）を巡る戦いは、もっとも激しいものであった。この高地にはテニスコートがあったことから、ここでの戦いは後に「テニスコートの戦い*」とも呼ばれるようになった。日本軍と英印軍の兵士らはテニスコートでボールの代わりに銃弾を打ち合い、手りゅう弾を投げ合った。

一方、第15師団、第33師団はインパールを包囲することに成功した。しかしコヒマと同じように、英印軍は強固な防衛陣地を築き、空中補給と空軍の援護を受けながら激しく抵抗した。やがて日本軍の食糧が底をつきはじめ、日本軍兵士を深刻な飢餓が襲うようになった。

日本軍の後退　1944・6〜10

深刻な食糧不足に見舞われた日本軍は退却を開始。兵士3万人を失う

深刻な食糧不足に直面した第33師団長の柳田中将は、牟田口に作戦中止を申し出たが、5月16日、師団長の職を解任された。また肺を病んでいた第15師団長の山内中将も同日に師団長を解任された。

コヒマ付近で戦っていた第31師団長の佐藤幸徳中将は、牟田口に「食糧と弾薬の速やかな補給を。それができなければ、独断で師団を後退させる」という無電を何度も打った。しかし牟田口からは、「健闘を祈る」といった激励電報だけが返ってくるだけであった。

5月中旬になると、英印軍は防御から一転、攻勢を開始した。第31師団はじりじりと後退し、コヒマの西側に防衛線を敷いた。しかし、5月の末にはその防衛線も突破されてしまった。

6月3日、ついに佐藤は独断でコヒマからの撤退を命じた。上官の命令に逆らって部隊を後退させる、しかも師団長という大部隊を率いる指揮官がそれを行うなど、日本陸軍の歴史上、前代未聞のことである。結局佐藤は、7月9日に師団長の職を解かれた。

第31師団の後退に際し、宮崎少将率いる第58連隊がしんがり（最後尾）を務めた。この時点で第58連隊の戦力は6～700人程度までに減っていた。しかし宮崎の優れた指揮（少ない大砲を打つたびに移動させて、実数以上にあるように見せかけたり、相性のいい者同志でグループを編制するなど）で、英印軍の追撃を巧みに防いだ(宮崎は太平洋戦争における日本陸軍の数少ない名将の一人と言えるだろう。なお、宮崎は陸軍士官学校と陸軍大学での成績が振るわなかったため、出世コースから外れていた)。

6月5日、ビルマ方面軍司令官・河辺中将は第15軍の司令部を訪れ、牟田口と会見した。インパール、コヒマでの第15軍の苦戦を受けて、河辺は、もし会見で牟田口がインパール作戦の中止を申し出たら、それを承認するつもりでいた。しかし、牟田口は最後まで、それを口にしなかった。

戦後、牟田口は当時を振り返りこう述べている。「私の口からはどうしても、作戦中止を言い出すことができなかった。私は河辺司令官に、表情から私の作戦中止の意思を察して欲しかった」。この結果、さらに多くの兵士が戦死または飢えや病気で死んでいった。

なお、作戦開始前に牟田口が指令したジャングルに生える野草を食べる計画も、失敗に終わっていた。実際に野草を調理して食べた兵士らは、次々に腹を壊したり、下痢をおこした。

7月3日、ついに第15軍に作戦中止と退却命令が正式に下された。飢えと病気で痩せ衰えた兵士らはよろめきながら退却していった。ほとんどの兵士はすでに武器を捨てていた。ただ飯盒《はんごう》だけは決して手放さなかった。道端《みちばた》には力尽きて、妻と子供の写真を握りしめたまま死んでいる兵士や、腐乱して体中にウジがわいている死体、すでに白骨化した死体などが累々《るいるい》と横たわっていた。これに追い打ちをかけるように、空からは連合国軍の航空機が攻撃してきた。日本兵はこの退却路を「白骨街道」*と呼んだ。

インパール南方のビシェンプールにいた第33師団は、英印軍に包囲されていたため、すぐには退却できなかった。8月3日、ようやく包囲を突破した第33師団が英印軍の追撃を受けつつ、ビルマの安全地帯に戻ったのは10月中旬であった。

このインパール作戦に参加した第15軍兵士約10万人中、約3万人が戦死、あるいは餓死、病死した。残る兵士らも、その大半が深刻な飢えと病気で衰弱しきっており、まともに戦える兵士は、わずか1万人程度しかいなかった。

インパール作戦に参加したインド国民軍約6000人中、インパールにたどり着いたのは約2600人だけであった。そのうち、生きてビルマに戻れたのは、わずか約700人であった。

その後インド国民軍は、ビルマ戦線で日本軍と共に終戦まで連合国軍と戦った（終戦後、彼らはインド独立の英雄として迎えられた）。チャンドラ・ボースは1945年（昭和20年）8月15日の日本の無条件降伏後、ソ連に亡命してインド独立運動を続けようとした。しかし8月18日、ボースを乗せた日本軍爆撃機が満州に向けて台湾の飛行場から離陸した直後、墜落した。重傷を負ったボースは病院に搬送されたが、その日の夜に亡くなった。遺体は火葬され、遺骨は日本に送られた。9月18日、東京で葬儀が営まれ、遺骨は杉並区の蓮光寺に埋葬された（ボースの遺骨は今も蓮光寺に安置されている）。現在、インドではチャンドラ・ボースはガンジーとネルーに並ぶ、インド独立の英雄としてインド国民から尊敬を受けている。

多数の日本兵を死なせたインパール作戦だが、この作戦に関わった高級指揮官らが責任を問われることはなかった。大本営でインパール作戦を認可した陸軍参謀総長の杉山は、後に陸軍大臣に就任した。南方軍総司令官の寺内元帥は、終戦まで留任した。ビルマ方面軍司令官の河辺中将は、翌1945年（昭和20年）3月、大将に昇進して航空総軍司令官に任命された。そして第15軍司令官の牟田口は陸軍士官学校の校長に就任した。

ビルマ北部の戦い　1942・5〜1944・8

日本軍に絶たれた補給ルート復活のため、米・中国軍は反攻に出る

◉アメリカ製の武器を持った中国兵がアメリカ人士官の下で反撃に出る

日本軍と英印軍がインパール、コヒマで激戦を繰り広げていた頃、ビルマ北部ではアメリカ・中国軍と日本軍が死闘を繰り広げていた。

前述したように1942年（昭和17年）5月に日本軍がビルマを占領した際、ビルマから蒋介石の中国国民党軍に軍需物資を供給していた「ビルマルート」も閉ざされてしまった。それ以後、アメリカとイギリスは、インドから輸送機によるヒマラヤ越えの空輸によって、中国への支援を細々と行っていた。

アメリカは中国に大量の軍需物資と石油を送るため、インド北部のレドからビルマ北部のミートキーナを経て中国雲南省に至る陸の補給ルート、「レド公路」*（現在は通行不能）を建設することを決定した。

中国への補給ルート「レド公路」

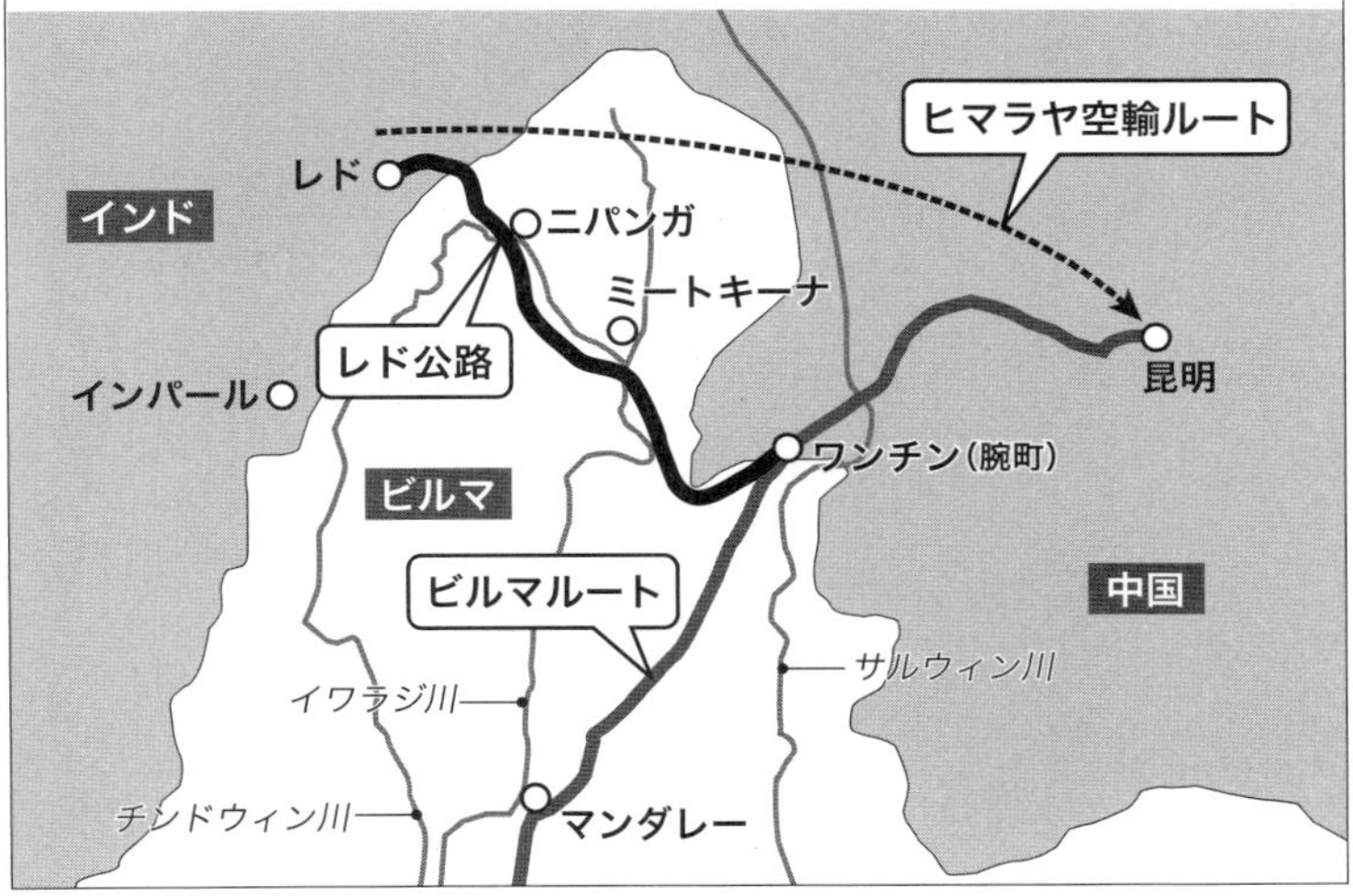

ただ、このルートを建設するためには、ビルマ北部を制圧する必要があった。その任務の指揮を執ったのが、アメリカ陸軍のジョセフ・スティルウェル中将であった。

スティルウェルは1883年（明治16年）、フロリダ州で生まれた。戦前から中国での豊富な勤務経験があり、中国語に堪能《たんのう》であった。彼はまたその厳しい性格から、「ビネガー・ジョー（不機嫌なジョー）」というあだ名がつけられた。

1942年（昭和17年）3月、スティルウェルは中国軍参謀長とアメリカ軍の中国、インド、ビルマ方面軍司令官に任命された。

3章でも触れたように、日本軍は1942年（昭和17年）1月末より、ビルマへの侵攻を開始した。そして同年5月末頃には英印軍と中国軍をビルマから追い出すことに成功した。スティルウェルはその時、中国兵と共にインドに脱出した。

その後インドに逃れた中国兵は、大量のアメリカ製の武器を与えられ、アメリカ式の軍事訓練を受けた。そして彼らによって、第22師団と第38師団が編成された（兵数約３万人）。両師団は自動小銃、機関銃、迫撃砲（歩兵が携帯する小型の火砲）、戦車などを装備した重装備の歩兵部隊となった。

１９４３年（昭和18年）10月、スティルウェルの命令により、中国第38師団はビルマ北部に侵攻した。同地に配置されていた日本軍第15軍に所属する第18師団は、ただちに反撃に出た。日本軍はユパングという町で中国軍を包囲した。しかし中国軍は、インパールやコヒマでの英印軍と同様、戦車、大砲、機関銃などで強固な円周陣地を築き、日本軍の攻撃に対抗した。日本軍はついに攻撃をあきらめ、包囲を解いて退却した。

日本軍の死傷者は少なかったが、それでも中国軍にとっては、日本軍と正面から戦って得たはじめての勝利であった。中国兵らは銃を空に向けて乱射して、この勝利を祝った。しかし中国軍の移動スピードは大変遅かった。そこでスティルウェルは１９４４年（昭和19年）２月、アメリカ人の義勇兵（自発的に参加した兵のこと）約３０００人で編成された「ガラハド部隊」*を戦線に投入した。

このガラハド部隊は、ビルマ北部の山岳民族のカチン族で編成された部隊も伴っていた。カチン族は、アメリカ戦略諜報局（ＯＳＳ、後のＣＩＡ）の軍事訓練を受け、武器を与えられていた。カチン族部隊に先導されたガラハド部隊は、中国軍戦車部隊の支援を受けながら、日本軍第18師団の部隊の間に侵入し、師団司令部に迫ろうとした。慌てた第18師団は退却した。

その後日本軍は、動きの遅い中国軍を側面から攻撃しようとした。この動きをキャッチしたスティルウェルは、ガラハド部隊に日本軍の後方に回って補給路を断つよう命じた。ガラハド部隊の動きを察知した日本軍は、中国軍を後回しにして、ガラハド部隊を全力で攻撃することにした。ガラハド部隊はニパンガという町に防御陣地を築いて、日本軍を迎え撃つことにした。

日本軍はガラハド部隊の陣地を激しく攻め立てたが、空中補給を受けながら頑強に抵抗するガラハド部隊の防衛線を突破することができず、1944年（昭和19年）4月初旬、攻撃をあきらめ、撤退した。

スティルウェルはこのニパンガの勝利に続いて、ガラハド部隊を使ってミートキーナ（現ミッチーナ）を攻略することを決定した。

しかしすでに日本軍との2度の戦いで、ガラハド部隊の戦力は半分以下に落ち込んでいた。それでもガラハド部隊に頼らざるを得なかったスティルウェルは、同部隊に中国兵約4000人を補充し、ミートキーナ攻略を命じた。また増援として送られてきた中国軍2個師団もガラハド部隊を援護した。

1944年（昭和19年）5月17日、ガラハド部隊はミートキーナ郊外にある飛行場を占領した。ミートキーナの町は、水上少将率いる約2500人の日本兵が守っていた。

数の上では圧倒的有利なアメリカ・中国軍を相手に、日本軍は頑強に抵抗したが、やがて兵力のほとんどを失ってしまった。ついに水上少将は、丸山大佐に生き残った兵約600人を率いて退却するよう命じた。

部隊の退却を見届けた水上は8月1日、自決した。その2日後の8月3日、アメリカ・中国軍はミートキーナを占領した。ついにスティルウェルは、レド公路を確保したのである。

その後、道路の整備と、石油のパイプラインの建設が進められ、これによって中国軍は、インドから大量の軍需物資と石油の補給を受けることができるようになった。

レド公路確保の功績により、スティルウェルは1944年（昭和19年）8月、大将に昇進した。しかし以前から仲が悪かった蒋介石の強い要求により、同年10月、スティルウェルは中国軍参謀長と中国、インド、ビルマ方面軍司令官の職を解かれ、アメリカ本国への帰還を命じられた。以前から国民党軍の腐敗体質を問題視していたスティルウェルは、軍の改革を主張していた。それを心よく思っていなかった蒋介石が、ワシントンに手を回してスティルウェルを解任させたのである。

●ラングーン陥落

1944年（昭和19年）10月、英印軍はビルマ本土への侵攻を開始した。日本軍はビルマ中央部を南北に流れる、イワラジ川（現エーヤワディー川）で英印軍の進撃を食い止めようとしたが、インパール作戦で戦力が激減したため、薄い防衛線を敷くことしかできなかった。

一方、日本軍のビルマ侵攻に協力したビルマ独立義勇軍のリーダー、アウンサンは1943年（昭和18年）8月にビルマが独立国になった際に、ビルマ国軍の司令官となった。しかし独立国とは名ばかりで、その実態は日本によるビルマ植民地支配であることに失望したアウンサンは、ひそかに英印軍の側につくことを決意した。

1945年（昭和20年）3月、ビルマ軍は一斉に立ち上がり、日本軍への攻撃を開始した。同じ頃、英印軍はイワラジ川の日本軍防衛線を突破した。4月末に首都ラングーン郊外に進出した英印軍は、ラングーン市内のビルマ国軍と協力して、ついに5月2日、ラングーンを奪回した（戦後アウンサンは、イギリスとのビルマ独立交渉中の1947年〔昭和22年〕7月19日に暗殺された。享年32であった）。

その後英印軍は、9月にマレーシアとシンガポール奪回作戦を実施する予定であったが、8月15日に終戦を迎えた。ビルマ、マレーシア、シンガポールの日本軍は、英印軍に降伏した。

このビルマでの戦いで、日本兵たちは食糧不足の中、英印軍の追撃と空からの攻撃にさらされながら、苦しい退却を続けた。

そんな中、ビルマの人々は日本兵に食糧を与えたり、自分たちの家に日本兵をかくまったりした。戦後、このことに恩を感じた多くの元日本兵が、ビルマに多額の寄付をしたり、ビルマ国内に学校や病院などを建設するといった「恩返し」をしている。

サイパン上陸 1944・6

なぜアメリカ軍はサイパン攻略を図ったのか

●アメリカ本土から南米を爆撃できる「B-29」が完成

1939年（昭和14年）9月に、ナチス・ドイツがポーランドに侵攻し、第二次世界大戦が始まった際、アメリカ政府内で、ある懸念が論じられるようになった。それは、ドイツに友好的な国の多い南米諸国が、ドイツ側についてアメリカに戦争を仕掛けてくるのではないか、というものであった（ちなみに第二次世界大戦終結後、多くのナチス残党が南米諸国に亡命した）。

そのような事態に対処するため、アメリカ本土から直接南米を爆撃できる長距離飛行が可能な爆撃機を開発することが決定された。その決定を受けて、ボーイング社によって開発されたのが「B-29」爆撃機であった。

それまでのアメリカ軍の代表的な長距離爆撃機は「B-17」であった。この爆撃機は主にヨーロッパ戦線でドイツ本土空襲などに活躍した。機関銃を13門も装備し、最大約5トンの爆弾を積むことができたB-17は、「空の要塞」と呼ばれた。

一方、B－29は、最大９トンの爆弾を積むことができ、機体の大きさもB－17の約１・５倍あった。しかも航続距離が、ゼロ戦の約３倍の６６００キロ。そのため、B－29は「超空の要塞」と呼ばれた（ちなみにB－29が実戦に投入されはじめた頃は、故障機や墜落機が続出したが、その後、様々な改良が加えられ改善された）。

アメリカ政府は、この新型爆撃機を対日戦に使用することを決定した。B－29の目的は、日本本土の工業地帯を爆撃して、日本の戦争継続力を破壊することであった。１９４４年（昭和19年）６月、最初のB－29部隊が、中国内陸部の成都に配備された。そして、成都から東南アジア北部、満州、日本本土への爆撃が実施された。

しかし、中国の基地から爆撃できる日本本土は、距離の関係から、九州北部のみであった。そこでアメリカ軍は、マリアナ諸島、とくにその中心の島である、サイパンの占領をルーズベルト大統領に進言した。サイパンからなら北海道を除く日本本土のほぼ全域を爆撃圏内に収めることができたからである。ルーズベルトはこの作戦案を許可した。アメリカ軍のサイパン上陸予定日は、１９４４年（昭和19年）６月15日と定められた。この上陸作戦の総指揮は、第５艦隊司令官スプルーアンス大将が執ることになった。

◉迎え撃つ日本の陸軍は準備不足、海軍は迷走

一方、このアメリカ軍の攻勢を迎え撃つ日本軍の態勢はどうであったのだろうか？

日本陸軍は将来、アメリカ軍がマリアナ諸島に上陸してくると予想し、新たに「第31軍」を編制し、マリアナ諸島、パラオ島、硫黄島を含む中部太平洋の守備に当たらせた（軍司令官には小畑英良《おばたひでよし》中将が

任命された)。

陸軍は、サイパンの防衛に強い自信を持っていた。今まで中部太平洋でアメリカ軍と戦ったのは、環《かん》礁《しょう》と呼ばれる、サンゴ礁でできた小さな島々であり、せいぜい数千人程度の兵力しか送れなかった。しかしサイパンは、一定の大きさを持つ、れっきとした「島」であった。ここに日本軍は、約3万人の守備隊を配置した。東条首相は「サイパンは難攻不落である」と豪語した。

しかし実情は、難攻不落からは程遠いものであった。サイパンには、斎藤義次中将率いる陸軍第43師団を中心に、約2万5000人の陸軍部隊と約6000人の海軍陸上部隊、合わせて約3万1000人が配置された(海軍陸上部隊の指揮官は、真珠湾攻撃やミッドウェー海戦で機動部隊を指揮した南雲忠一中将と、インドネシアのスラバヤ沖海戦で4カ国連合艦隊を破った高木武雄《たけお》中将であった)。しかしこの日本軍守備隊は、約40もの部隊から成る「寄せ集め」であった。しかも、防御陣地を構築するためのセメントなどの資材も不足していた。実際、アメリカ軍が上陸した時、サイパンの防御陣地は、ほとんど完成していなかった。

実は陸軍は、アメリカ軍のサイパン上陸は1944年(昭和19年)末頃と予想していた。アメリカ軍も当初、サイパン上陸を1944年(昭和19年)10月に予定していた。しかし、中部太平洋の日本軍基地航空機部隊が予想以上に弱かったため、ニミッツが、サイパン上陸を6月に繰り上げたのである。日本軍は「飛び石作戦」に続いて、サイパンでも、アメリカ軍にウラをかかれたのである。

一方、日本海軍は、日本本土でのパイロットの訓練も一応のめどが立ち、ようやくアメリカ艦隊と正面から対決する態勢を整えた。豊田連合艦隊司令長官は「あ号作戦*」を発令した。これは、中部太平洋、またはニューギニア方面にアメリカ主力艦隊が侵攻した場合、連合艦隊主力を出撃させ、一大決戦を行い、これを撃滅するという作戦であった。ガダルカナル沖の海戦以来、約1年6カ月ぶりのアメリカ艦隊との大海戦を前にして、連合艦隊の指揮官、参謀、水兵たちは勇み立った。

しかし豊田はアメリカ軍が次に侵攻してくるのは、「パラオ」であろうと予想した。だがこの予想は、根拠もないものであった。連合艦隊の燃料事情などから、「アメリカ艦隊が、パラオに来てくれると都合がいい」という、単なる「希望的観測」に過ぎなかったのである。この希望的観測にもとづいて、豊田は、連合艦隊主力である「第一機動部隊*」を、フィリピンとボルネオの中間にある「タウイタウイ泊地」(〃泊地〃とは船舶が停泊する水域のこと)に配置し、来るべき「パラオ決戦」に備えた。

この第一機動部隊の指揮を執ったのは、小沢治三郎《じさぶろう》中将であった。かつて開戦前、真珠湾攻撃を行う機動部隊の指揮官に適任の人物と言われた軍人である。その小沢が満を持して、機動部隊の指揮を執ることになったのである。

小沢が率いる第一機動部隊は、新型空母「大鳳《たいほう》」や、「瑞鶴《ずいかく》」「翔鶴《しょうかく》」を含む空母9隻、「大和」「武蔵」など戦艦5隻、巡洋艦13隻、駆逐艦28隻、そして艦載機約430機などで構成されていた。またようやく戦力がそろった角田中将率いる第一航空艦隊(一航艦)約1600機は、マリアナ諸島各地の飛行場に配置された。

対するアメリカ第5艦隊主力の第58機動部隊は、空母15隻、戦艦7隻、巡洋艦21隻、駆逐艦69隻、そして艦載機約900機などであった。

しかし、連合艦隊の「あ号作戦」は、出だしからつまずくことになる。1944年(昭和19年)5月

27日、マッカーサー指揮下のアメリカ軍約1万2000人が、ニューギニア北西部沖合のビアク島に上陸した（171ページ参照）。この報告を受けた豊田は「アメリカ軍の主力は、ニューギニア、ビアク島を経てフィリピンに攻め込んでくるだろう。よってアメリカ主力艦隊との決戦場は、ビアク沖（ニューギニア方面）になる」と判断、直ちに一航艦の主力と、戦艦「大和」「武蔵」および巡洋艦、駆逐艦から成る艦隊（宇垣中将指揮）をビアク方面に出撃させた。豊田が想定していた「パラオ決戦」構想は、早くも瓦解したのである。

ところが翌6月11日と12日に、アメリカ第58機動部隊が、マリアナ諸島を攻撃した。この2日間の戦闘で、同諸島の一航艦残留部隊は壊滅した。そして翌13日、アメリカ艦隊と輸送船団がサイパンに向っているとの報告を受け、アメリカ軍の「本命」がサイパンであることにようやく気づいた豊田は、ビアク島に向かっていた宇垣の艦隊に、直ちに引き返して、サイパンに急行するよう命じた。同時に、タウイタウイ泊地の第一機動部隊にも、サイパンに向かうよう命じた。またビアク方面でマッカーサーの航空機部隊と戦っていた一航艦主力にも、サイパンへの転戦命令を出した。しかしこの時すでに一航艦は、戦力の大半を失っており、残っていたのはマリアナ諸島の部隊と合わせても、わずか2百数十機だけであった（なお、残った2百数十機は、後述するマリアナ沖海戦で、アメリカ第58機動部隊への攻撃を行ったが、ほとんど戦果を挙げることなく壊滅した）。

一航艦が短期間で壊滅した理由としては、

1、パイロットの訓練期間が約半年という短期間であったこと（アメリカ軍パイロットの訓練期間は約2年間であった）

2、日本国内の燃料不足のため、パイロットたちはわずかな飛行訓練しかできなかったこと
3、日本本土からマリアナ諸島、南太平洋に移動したパイロットたちの多くが、マラリアにかかってしまったこと

などがあげられる。

日本海軍はアメリカ軍のサイパン上陸に対して、事前段階から迷走し、その混乱の中で、基地航空戦力（一航艦）の大半を失ってしまったのである。

●アメリカ軍、サイパン上陸

1944年（昭和19年）6月15日早朝、アメリカ軍はサイパンへの上陸を開始した。定石《じょうせき》どおり、前日からの第5艦隊による激しい砲爆撃を行った後の上陸であった。この上陸作戦に参加したアメリカ上陸部隊は、第2海兵師団、第4海兵師団、第27歩兵師団を主力とする、約6万人であった。

1944年（昭和19年）6月は、連合国軍にとってまさに「大攻勢」の時期であった。6月6日、イギリス、アメリカ、カナダ、フランス軍などから成る連合国軍は、ドイツ占領下のフランス、ノルマンディー*への上陸作戦を開始した。兵士約100万人、艦艇約6000隻、航空機約1万2000機がこの「史上最大の作戦」に参加した（この上陸作戦の最高指揮官を務めたのが、かつてマッカーサーの副官であったドワイト・D・アイゼンハワー大将であった）。

また東部戦線中央部では6月22日に、ソ連軍が「バグラチオン作戦*」と名づけられた、ドイツ軍への反攻作戦を開始している。ゲオルギー・ジューコフ大将（かつてノモンハンで、日本の関東軍を打ち破

った指揮官）率いる、歩兵約125万人、戦車約4000両、航空機約5300機、大砲約2万4000門による、ドイツに占領された国土を取り戻す、祖国解放のための大反攻作戦である。

そして、このサイパン上陸作戦である。連合国軍はドイツと日本に対する、3つの「大攻勢」を地球の表と裏で、ほぼ同時に行ったのである（どちらが表で、どちらが裏かについては、読者諸賢のご判断に委ねたい）。

かつてサイパンを含むマリアナ諸島は、ドイツの植民地であった。第一次世界大戦中、連合国軍に参加した日本軍がマリアナ諸島を占領し、それ以来、日本の領土となった。島には日本人の街が建設され、多くの人々が暮らすようになっていた。アメリカ軍の上陸を前にして、住民の日本本土への避難が進められていた。しかし、日本軍の対応の遅さ（前述したように、日本軍はアメリカ軍の上陸を年末と想定していた）や、アメリカ潜水艦などの攻撃による輸送船不足などのため、アメリカ軍上陸時、島にはまだ約2万5000人の住民が残っていた。

本来であればサイパンの防衛は、第31軍司令官の小畑中将が執るはずであった。しかし、アメリカ軍上陸時に、小畑はグアムにおり、サイパンに戻れなくなってしまっていた。そこで、第43師団長の斎藤中将が、サイパン守備隊の実質的な指揮官となった。

サイパンは縦長の形をした島である(次ページ図参照)。島の中央部には、タポチョ山という山がある。島の東側は切り立った崖が続いている。このため、アメリカ軍は西海岸に上陸してくるだろうということは、容易に予想することができた。しかし、問題は島の守備方法であった。

斎藤は島の山や谷といった地形を利用して、内陸部で戦おうとした（防御陣地が完成していない実情

米軍のサイパン島侵攻図

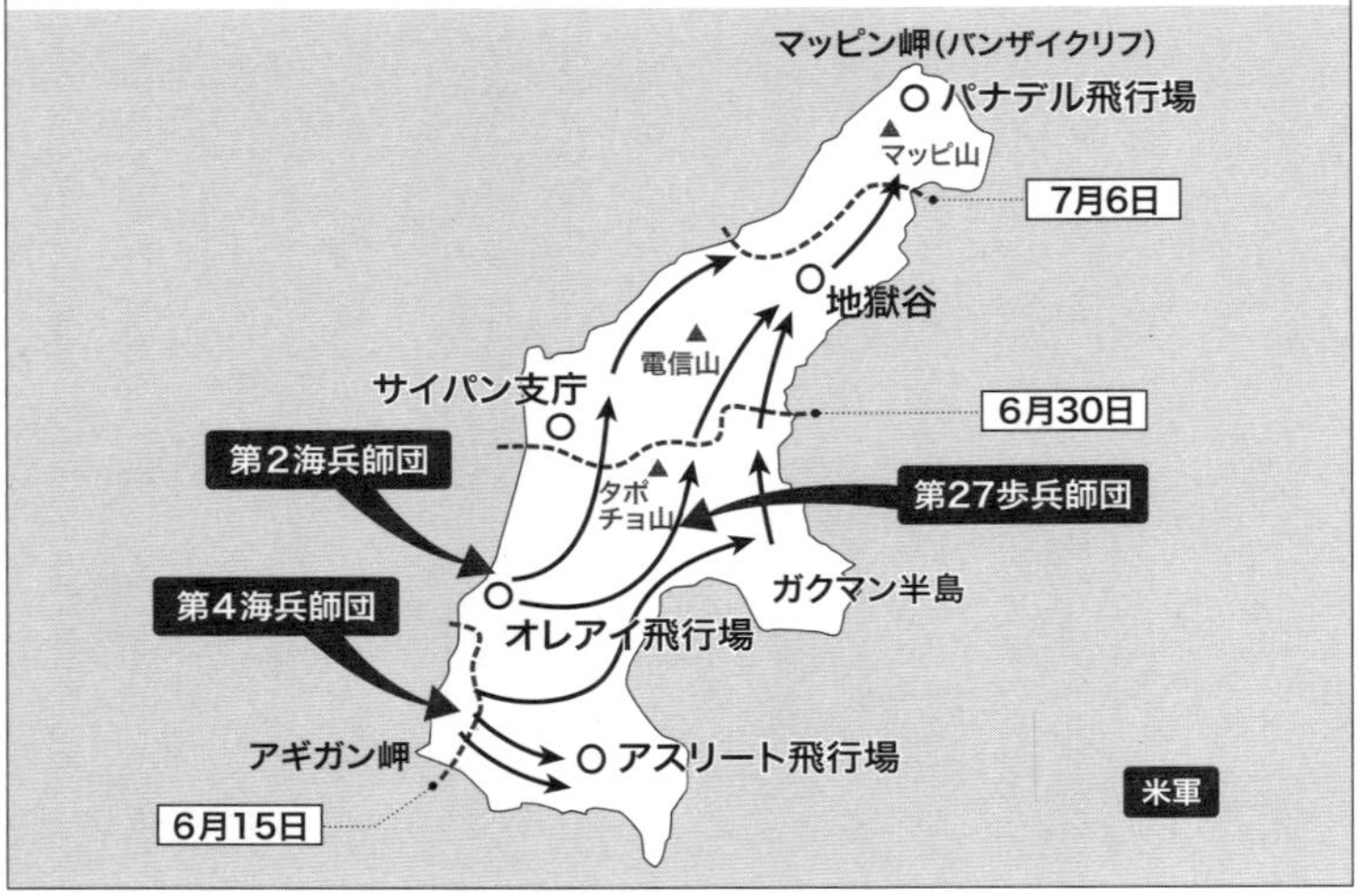

を考えれば、現実的な対応であろう）。しかしグアムの小畑司令官は、これを却下、アメリカ軍が上陸してくる海岸で戦えと命令した（このような戦い方を〝水際《みずぎわ》撃滅《げきめつ》作戦〟という）。やむを得ず斎藤は、兵たちに海岸線にタコツボ壕（敵の砲弾や銃弾を避けるための、人一人が入れるくらいの手掘りで地面に掘った穴のこと）を掘り、アメリカ軍の上陸に備えるよう命じた。

１９４４年（昭和19年）６月15日早朝、アメリカ上陸部隊第一陣、約８０００人が上陸した。しかし彼らは、待ち構えていた日本軍からの激しい砲火にさらされた。アメリカ軍は約１０００人以上の死傷者を出した。損害を出しながらも、その日のうちに、約２万人の兵を上陸させた。翌16日未明、日本軍は上陸したアメリカ軍に夜襲をかけた。しかし、アメリカ軍の戦車や大砲が反撃を開始。さらに沖にいた駆逐艦と戦艦が、日本軍に砲撃を行った。結局日本軍は７００人以上を失って退却した。さらに17日未明、戦車44両を中心とする日本軍が、再び夜襲を行った。しかし、戦車部隊は沼地にはまり込んでしまい、そこをアメリカ軍守備陣地から激しい砲火を受けてしまった。結局日本軍は戦車31両を破壊され、また多数の死傷者を出して退却した。

同17日、アメリカ軍は「アスリート飛行場」を含む、サイパン南部を制圧した。

この時点で、島の日本軍だけではアメリカ軍を海に追い落とすことは、困難なものとなった。「やはり連合艦隊にアメリカ艦隊と輸送船団を叩いてもらうしかない」。そう、斎藤や南雲たちは考えるようになっていった。ではその連合艦隊（第一機動部隊）は、どうしていたのであろうか?

マリアナ沖海戦 1944・6

小沢第一機動部隊大敗。アメリカ軍を勝利に導いた最新兵器とは?

前述したように小沢率いる第一機動部隊は、6月13日にタウイタウイ泊地を出撃。その後、16日にフィリピンの東方海上で宇垣率いる戦艦部隊と合流、一路、サイパンに向かった。

アメリカ第5艦隊は、第一機動部隊のこの動きを早くも探知していた。スプルーアンス大将はサイパン上陸作戦に先立ち、タウイタウイ周辺や中部太平洋に多数の潜水艦を配置して、第一機動部隊に対する何重もの哨戒網を張っていたのである。

「第一機動部隊北上」の報告を受けたスプルーアンスは、ターナー少将率いる旧式戦艦を主力とした艦隊に対し、サイパン沖合に待機して、輸送船団を守るよう命じた。そしてミッチャー中将率いる第58機動部隊の4つの任務部隊（空母部隊）には、サイパン南西に任務部隊ごとに輪形陣を敷いて、第一機動部隊を迎え撃つよう命じた。第58機動部隊は、サイパンとサイパンに向けて北上しつつある第一機動部隊の間に割って入った形になる。さらに第58機動部隊から高速戦艦7隻、重巡洋艦4隻、駆逐艦14隻を抽出した臨時の戦艦部隊を編成、リー中将指揮の下、4つの任務部隊の前衛に配置させた。これは、第一機動部隊の戦艦部隊との戦闘に備えた措置であった。

しかし、ミッチャーはこの「守り重視」の布陣について、疑問を感じていた。日本の艦載機は、アメリカの艦載機より航続距離が長い。つまり日本軍はアメリカ艦載機の航続距離圏外から艦載機を発進させて、アメリカ艦隊を攻撃することができる。この戦法は「アウトレンジ戦法」*と呼ばれた。たとえるなら、アメリカの短い槍が日本に届く前に、日本の長い槍がアメリカに届いてしまうのではないか？ということである。

ミッチャーは機動部隊を前進させて、積極的に小沢機動部隊を攻撃することを提案した。しかし、スプルーアンスはこれを却下。彼は言った。「大丈夫だ、我々には〝秘密兵器〟がある」。

ミッチャーが懸念したとおり、小沢はアメリカ機動部隊に対して「アウトレンジ戦法」による攻撃を計画していた。

小沢は第一機動部隊を二群に分けた。軽空母と戦艦などで編成された3つの輪形陣で構成された「第一群」が前衛を務めた。その後方に、小沢自らが率いる正規空母と護衛艦艇から成る2つの輪形陣が「第二群」となって後衛を務めた。第一群に戦艦部隊を配置したのは、飛来してくるであろうアメリカ軍艦載機部隊を、戦艦の強力な対空砲火で防御するためであった。しかし、第一群と第二群は100マイルも離れており、相互支援が困難な位置関係にあった（ミッドウェー海戦で日本の機動部隊と戦艦部隊が相互支援できないほど離れていたのと同じく)。
6月19日早朝、サイパン近海に到達した第一機動部隊は44機の偵察機を発進させた。そして午前6時30分に、早くも第58機動部隊を発見した。午前7時30分、第一機動部隊より第1次攻撃隊約２４０機が発進した。これは、真珠湾攻撃の第1次攻撃隊に参加した約１８０機を上回る、大編隊であった。しかし、真珠湾攻撃に参加した日本軍パイロットが「百戦錬磨《ひゃくせんれんま》」のベテランであったのに対して、この攻撃に参加したのは平均年齢20歳前後で、第一航空艦隊と同様、短期間の訓練しか受けていない、未熟なパイロットたちが大半を占めていた。彼らの中には、空母からの「離発着」すら満足に行えないものも多数いた。

しかし、それでもアメリカ艦載機の航続距離圏外から攻撃隊を発進させることに成功したことを受けて、小沢以下第一機動部隊の指揮官、参謀と将兵、そして東京の海軍軍令部は、作戦の成功と大勝利を確信した。第1次攻撃隊の出撃に際し、旗艦「大鳳《たいほう》」には「Z旗」が掲げられた。39年前の日露戦争での日本海海戦に先立ち、連合艦隊旗艦「三笠」にZ旗が掲げられたという故事にちなんだものである。この旗には「皇国ノ興廃《こうはい》此《こ》ノ一戦ニ在《あ》リ、各員一層奮励《ふんれい》努力セヨ」という意味がある。「今回のアメリカ機動部隊との戦いは、まさに皇国(日本)の命運を左右する重要な戦いである」という意味が込められていた。しかし、待てど暮らせど攻撃隊からの戦果報告を伝える無電は来なかった。一体、何があったのだろうか?

前述したように、アメリカ艦隊はすでに高性能のレーダー*を装備していた。このレーダーは航空機部隊の位置と高度をほぼ正確に探知することができた。第58機動部隊は、機動部隊前方２００キロを高度

３５００メートルで飛んで来る日本の攻撃隊を、いち早く発見した。そして直ちに約４５０機の迎撃機を発進させた。迎撃機部隊は、日本攻撃隊の飛行高度３５００メールのさらに上空を飛んで待ち構えた。日本攻撃隊を発見した迎撃機部隊は、上空より一斉に襲いかかったのである。後に「マリアナの七面鳥射ち」*と呼ばれるこの空戦で、日本軍攻撃隊はその大半を撃墜させられた。前述したように、ほとんどのパイロットが未熟で、しかも爆弾や魚雷を搭載して動きが鈍くなっていた日本機は、「百戦錬磨」のアメリカ軍ベテランパイロットたちにとって、絶好の「標的」であった。それでも、かろうじてアメリカ軍機の攻撃をかわした日本軍機は、第58機動部隊へと突入していった。しかし今度は異常に命中率の高いアメリカ艦艇からの対空砲火によって、次々と撃墜させられた。

実はアメリカは今回の海戦に先立ち、機動部隊の全艦艇に「ＶＴ信管」*（通称〝マジック・ヒューズ〟）付きの砲弾を支給していた。それまでの対空砲弾は、大砲から発射されてから一定の距離を飛んだところで爆発するようにセットされたものであった。これに対して、ＶＴ信管を装備したものは、発射後、電波を発信しながら飛んでいく。そして、電波が航空機をキャッチした時点で、自動的に爆発する仕組みになっていた。敵機の近くで爆発した砲弾は、たとえ直撃しなくても、爆風や破片などによって敵機を撃墜することができたのである。日本の攻撃隊はこのＶＴ信管付対空砲弾によって、次々と撃墜させられていった。

その後、第一機動部隊からは第２次、第３次攻撃隊が発進したが、いずれもレーダーによる待ち伏せ攻撃と、ＶＴ信管付対空砲弾によって大半が撃墜させられてしまった。

第一機動部隊を襲った不幸はそれだけではなかった。第１次攻撃隊を発進させた後、旗艦「大鳳」がアメリカ潜水艦の魚雷攻撃を受けた。さらに同じ日の午後には空母「翔鶴」も魚雷攻撃を受けた。両空母とも魚雷攻撃によって、格納庫に揮発性《きはっせい》ガスが充満し、それが引火したため、たちまち大爆発を起こした（両空母ともその後、沈没した）。やむなく小沢は「大鳳」から退艦し、旗艦を空母「瑞鶴」に移して指揮を執った。この１日だけの戦闘で、第一機動部隊は艦載機約４３０機中、約３００機を失った。

「レーダー」と「VT信管」、これがスプルーアンスがミッチャーに言った「秘密兵器」であった。

日本も戦時中、レーダーの開発を行っていた。しかしその性能は、アメリカのものよりはるかに劣っていた。工業力、技術力で日本が劣っていたことも原因であろう。しかしそれ以外にも日本がレーダー開発に遅れを取った理由があった。

まず、レーダーとは攻めてくる敵機や敵艦に備えた「防御兵器」である。前にも述べたように、「攻撃優先、人命軽視（防御軽視）」の傾向のある日本軍の首脳部は、戦前から「レーダーによる敵機や敵艦の探知」という戦い方（概念）など、はじめからしていなかった。それでも限られた予算と人員で、軍によるレーダーの研究、開発は細々と行われていた。しかしあろうことか、レーダーの開発は陸海軍別々で行われていたのである。アメリカが国を挙げて、軍・官・民が一致団結して、持てる工業力と技術力の粋《すい》を集めてレーダーを開発していたのに対して、日本は工業力、技術力、予算、人員で劣っていたにもかかわらず、陸海軍で別々にレーダーの開発を行っていたのである。

日露戦争（１９０４～05年〔明治37～38年〕）開戦前の１９０３年（明治36年）、日本海軍は、当時最新技術であった無線装置を早くも艦艇に導入していた。マルコーニが無線を発明した１８９５年（明治28年）からまだ10年も経っていなかった頃のことである（一方、ロシア海軍は日露戦争当時、無線を導入していなかった）。

そして1905年（明治38年）5月27日、日本海軍の仮装巡洋艦「信濃丸」が、対馬沖を航行中のロシア・バルチック艦隊を発見した際、装備していた無線装置で直ちに連合艦隊に報告した。この迅速な報告が日本海海戦における勝利に貢献したのである。

それからわずか40年足らずで、日本海軍の軍人の新しい技術や発明に対する姿勢は、驚くほど保守的で頑迷なものへと変わってしまった。陸軍に比べて海軍は、開明的、進歩的だと言われてきた。その海軍でさえ、この有様である。一体、この40年足らずの間で、何が彼らをここまで保守的で頑迷にしてしまったのだろうか？

翌6月20日、アメリカ第58機動部隊の偵察機部隊は、血眼《ちまなこ》になって小沢の第一機動部隊を探した。ようやく午後4時頃、第一機動部隊を発見した。しかし、このタイミングでの攻撃隊の発進は二つのリスクがあった。第一に攻撃隊が戻る頃には夜になっている。それは攻撃隊が経験したことのない「夜間着艦」をやらせることを意味した。第二に小沢第一機動部隊は攻撃隊の往復航続距離外にいた（航空機の大半を失った第一機動部隊は、この時西方に向けて航行していた）。これは、攻撃隊が帰還する際、燃料切れで海上に不時着してしまうリスクを意味していた。これらのリスクを承知しながら、ミッチャーは決断した。「攻撃隊、発進せよ」と。直ちに攻撃隊約200機が発進した。そしてミッチャーは、第58機動部隊に小沢機動部隊に向けて全速力で航行するよう命じた。帰還してくる攻撃隊との距離を少しでも縮めるためである。

「敵攻撃隊接近」の報を受けた小沢は、直ちにありったけの迎撃機、75機を発進させた、また前衛の戦艦部隊も主砲や対空砲で迎え撃った。この迎撃で、アメリカ軍機20機が撃墜された。それにもかかわらず、アメリカの攻撃隊は第一機動部隊に突っ込んでいった。その結果、空母「飛鷹《ひよう》」が撃沈、「瑞鶴」「千代田」など空母4隻、戦艦1隻、重巡洋艦1隻が損害を受けた。

任務を終えたアメリカ攻撃隊は、一路、帰還した。日はとっくに暮れ、あたりは暗闇に包まれていた。一方、攻撃隊の帰還を迎え入れるミッチャーは、苦悩していた。一機でも多くの味方機を収容しようとすれば、全空母のすべての照明を灯す必要がある。しかしそうすれば、空母を日本軍の潜水艦や航空機からの攻撃にさらすことになる。悩んだ末、ミッチャーは決断し、命令を下した。「全空母のありったけの照明を点灯せよ」と。ミッチャーは、攻撃隊パイロットの人命を優先したのである。

彼の決断により、約100機の航空機が空母への帰還を果たした。残る80機も機動部隊近くの海面に不時着、パイロットは駆逐艦などに収容された。心配されていた日本軍からの攻撃はなかった。

この海戦は後に「マリアナ沖海戦」*と呼ばれた。この海戦で日本海軍は航空機395機と空母3隻、補給船3隻を失った。また空母4隻、戦艦1隻、重巡洋艦1隻が損害を受けた。一方、アメリカ海軍で撃沈された艦艇はなく、航空機117機を失った（うち日本軍と戦って撃墜されたのは、海面に不時着した80機を除く37機であった）。

小沢第一機動部隊のうち、「大和」「武蔵」「長門」などの戦艦部隊は、リンガ泊地（シンガポールとスマトラ島の間にある停泊地）に向かった。この時、すでに日本本土に石油の備蓄がほとんどなかったため、戦艦部隊にはインドネシアの油田近くにあるリンガ泊地への移動が命じられたのである（艦載機パイロットの訓練と補充が日本国内でしか行えないことから、空母部隊のみ日本本土に移動した）。

このマリアナ沖海戦は、「飛行場を持つ島をめぐる、機動部隊同士の戦い」という点において、ミッドウェー海戦と似ていると言えるだろう。しかし相違点もいくつかある。

第一にミッドウェー海戦ではアメリカ機動部隊が日本機動部隊を待ち構えていたのに対して、マリアナ沖海戦では、「アメリカ機動部隊サイパンに接近中」の報告を受けた日本機動部隊が、慌ててサイパンに向ったという違いがある。

第二にミッドウェー海戦では、アメリカ機動部隊とミッドウェー島の航空機部隊が連携して日本機動部隊と戦ったのに対して、マリアナ沖海戦では日本機動部隊がサイパン近海に到着する前に、サイパンを含むマリアナ諸島の日本軍基地航空機部隊（一航艦）は既に壊滅していた。

そして第三に、ミッドウェーでは山本連合艦隊司令長官は、機動部隊指揮官の南雲に「ミッドウェー攻略とアメリカ機動部隊撃滅」という二重目的を与えてしまった（この二重目的が、南雲と機動部隊の参謀らの判断や決断に迷いをもたらした）のに対して、マリアナ沖海戦では、第5艦隊司令長官のスプルーアンスは、第58機動部隊指揮官のミッチャーに「日本機動部隊の撃滅」という単一目的だけを与えた（この戦いの間、第58機動部隊はマリアナ諸島から飛来した日本軍一航艦の残存部隊の攻撃を受けたが、「小沢機動部隊の撃滅」という当初からの目的からブレることは決してなかった）。

これらの相違点が、ミッドウェー海戦での「攻め手」であった日本海軍が敗れ、マリアナ沖海戦での「攻め手」であったアメリカ海軍が勝利した原因であったと言えるだろう。

また図らずもマリアナ沖海戦でアメリカ海軍は、ミッドウェー海戦で日本海軍が当初目論んでいた、「島への攻撃を囮とし、それに釣られてやって来た敵機動部隊を待ち伏せて、撃滅する」という目的を果たしたのである。

サイパン陥落 1944・7

なぜ兵士だけでなく多くの住民までが犠牲になったのか

◉「捕虜になれば辱めを受けて殺される」という教育があった

「日本機動部隊、サイパンに接近中」の連絡を受けたサイパンのアメリカ軍上陸部隊は、6月17日から一時、進撃を止めていた。しかし6月20日に、マリアナ沖海戦がアメリカ海軍の勝利に終わったことを受け、同日、再び進撃を開始した。

第4海兵師団を東側、第27歩兵師団を中央、第2海兵師団を西側に配置し、北上を開始したアメリカ軍はゆっくりと、しかし確実に日本兵の立てこもるタコツボ壕、谷、山岳地帯、そして洞窟などをしらみつぶしにしながら進撃していった。海岸線での戦闘で、大砲などの重火器のほとんどを失っていた日本軍は、銃などの小火器と急ごしらえのタコツボ壕でアメリカ軍に立ち向かわなければならなかった。

それでもサイパンの日本兵は、「いずれ連合艦隊と増援部隊がやって来る。それまでの辛抱だ」という希望だけを頼りに、必死に戦いを続けていた。島の住民たちも同じ思いで、苦しい避難生活に耐えていたのである。しかし東京の陸軍参謀本部はマリアナ沖海戦の敗北を受け、6月24日に「サイパンの放棄」を決定した（しかしこの決定は、サイパンの日本軍には伝えられなかった）。

他の島々での戦いと同様、日本兵は勇猛果敢に戦ったが、住民と共に、次第に島の北側への退却を余儀なくされていった。７月５日、ついに島の北部に追い詰められ、食糧、弾薬も尽きた。日本軍は最後の突撃を行うことを決定した。突撃実施は７月７日とされた。攻撃前日の７月６日、斎藤中将、南雲中将、高木中将は、洞窟内で切腹して自決した。

７月７日、日本軍による「バンザイ突撃」*が実施された。この突撃には、兵士だけではなく、杖をついた負傷兵や、多数の住民も参加した。住民の中には、女性、子供も多数含まれていた。彼ら、彼女らは、小銃や竹槍などを手に手に持って突撃に参加した。中には素手の者もいた。

「バンザイ突撃」とは言っても、日本軍はゆっくりとアメリカ軍の陣地に進んでいった。日本軍の接近に気づいたアメリカ軍陣地は、猛烈な砲火を浴びせた。しかし倒れても倒れても、日本軍は突撃を続けた。恐怖に駆られたアメリカ兵の一部は、持ち場を捨てて退却した。日本軍の突撃によって、アメリカ軍の第一陣地と第二陣地が突破された。しかし、後方から駆けつけた援軍と、沿岸からの砲撃によって、日本軍は壊滅した。突撃が終わった７月８日、戦場には４０００人以上の日本兵と住民の死体が横たわっていた。

７月９日、約４０００人の日本兵と住民は島の北端に追い詰められた。アメリカ軍は拡声器を使って、日本語で住民に降伏を呼びかけた。しかし多くの住民は、日本兵からもらった手りゅう弾を爆発させて集団自決した。また崖から海に飛び込んで自決した者も多数いた。中には赤ん坊を海に放り投げた後、自らも飛び込んだ母親や、家族一緒に飛び込んだ者もいた。その光景を見た多くのアメリカ兵はショックを受けた。

このように多くの住民が自ら死を選んだ理由としては、日本の軍部が以前から国民に「連合国軍の捕虜になれば、男や子供は拷問された後に殺され、女性は暴行された後に殺される」と教えていたことがあると言われている。なお、このサイパンでの住民の自決は、海外放送（主にスウェーデン、スイスなどの中立国経由）を通じて、日本国内の新聞、ラジオなどで報道された。ある新聞は第一面に「世界を驚かす愛国の精華《せいか》（〝精華〟とは〝美しくて華《はな》やか〟という意味）」という大見出しを載せて、サイパンで自決した住民らを褒《ほ》めたたえた。住民が自決した7月9日、スプルーアンスはサイパン占領を宣言した。

このサイパンの戦闘でのアメリカ軍の死傷者は、約1万4000人であった。日本軍は全兵士約3万1000人のほとんどが戦死した（アメリカ軍の捕虜になったのは、約1000人であった）。約2万5000人いた住民のうち、1万人以上が亡くなった。なお、自決した斎藤中将の遺体はアメリカ海兵隊に発見され、軍葬（軍隊式の葬式のこと）が行われた後、丁重に埋葬された。

サイパン占領後、直ちに飛行場の建設と整備が開始され、B-29の編隊が続々とサイパンに到着した。そして1944年（昭和19年）11月24日、日本空襲に向けて最初のB-29の編隊が飛び立っていった。

●東条首相の辞任

サイパン陥落は、日本国民に大きな衝撃を与えた。前述したように、他のアジア、太平洋の島々と異なり、サイパンは戦前からの日本の領土だったからである。またサイパンから飛来して来るであろう、B-29による本土爆撃の本格化が、近い将来に現実のものとなるという見込みも、国民に大きな動揺と不安をもたらした。さらに、ほぼ時を同じくして入ってきたインパール作戦失敗のニュースがそれに拍車をかけた。

このサイパン陥落とインパール作戦の失敗によって、国民だけでなく、歴代の首相経験者などからも、東条首相に対する不信の声が高まっていった。このような状況を受けて、内大臣（天皇を補佐する大臣）の木戸幸一（幕末、明治維新で活躍した長州出身の木戸孝允《たかよし》／桂小五郎の孫）が東条に「昭和天皇が政府を強化するため内閣改造をすることを希望されている」旨を伝えた。

これを受けて東条は、かつて首相や海軍大臣を務めた*米内光正海軍大将を新たに入閣させることと、岸信介国務大臣を辞任させることを木戸に約束した（岸は長州出身の官僚、政治家。戦後、極東国際軍事裁判でA級戦争犯罪人として裁かれ、約3年半拘留されたが、後に釈放された。その後１９５７年〔昭和32年〕から60年〔昭和35年〕まで首相を務めた〔第1次、第2次〕。安倍晋三首相は岸の孫にあたる）

しかし米内は入閣を拒否し、岸も辞任を拒否した。その結果、東条は１９４４年（昭和19年）7月18日に首相を辞職した。

7月22日、東条の後任として、朝鮮総督を務めていた小磯国昭《こいそくにあき》陸軍大将が首相に就任した。この内閣には、米内が副首相格で海軍大臣に就任した。

なお、東条は太平洋戦争終結後の１９４５年（昭和20年）9月11日、連合国軍が戦争犯罪人として逮捕しようとした際、世田谷区用賀の自宅で拳銃自殺を図り重傷を負ったが、連合国軍の病院で治療を受け、回復した。その後、極東国際軍事裁判で戦争犯罪人として裁かれ、死刑判決を受け、１９４８年（昭和23年）12月23日に東京の巣鴨拘置所（巣鴨プリズン）で処刑（絞首刑）された。

一方マリアナ諸島ではアメリカ軍が、7月21日にグアム島に、23日にはテニアン島に上陸した。第一航空艦隊司令長官の角田中将がテニアン島の、第31軍司令官の小畑中将がグアム島守備隊の指揮を執った。両島とも激しい戦闘の末、テニアン島は8月2日に、グアム島は8月11日に陥落した。

角田は手りゅう弾を持って敵軍に突進し、「闘将」らしい壮烈な最期を遂げた。小畑は「己《おの》れ身を以て太平洋の防波堤たらん（自分の身体を、敵軍を防ぐ太平洋の防波堤とします）」という電報を大本営に打った後、自決した。

アメリカ軍はサイパンに続き、グアム島とテニアン島にもB－29の基地を建設した。

中国戦線　１９４１・12～１９４５・８

日中間で戦争は続いていたが、なぜ現状維持のまま継続されたのか

ここで太平洋戦争中の中国戦線について触れておきたい。太平洋戦争開戦後、大本営は支那《しな》派遣軍（中国派遣軍）に「現状を維持し、むやみに攻勢に出てはならない」との指示を出した。

しかしこの指示に逆《さか》らって、独断で軍事行動を起こした指揮官がいた。第11軍司令官の阿南惟幾《あなみこれちか》中将である。阿南は指揮下の部隊に、中国南部にある都市、長沙《ちょうさ》の攻略を命じた。１９４１年（昭和16年）12月24日、約12万人の日本軍部隊は中国中部の都市、漢口《かんこう》（現在の武漢）を出発し、長沙を目指した。

１９４２年（昭和17年）１月１日、日本軍は長沙市内に突入、市街地の北半分を占領した。しかしこで日本軍は、中国軍約52万人に包囲される危機に陥った。結局、阿南は退却を決意した。日本軍は中国軍の追撃を受けながら、１月15日、漢口に退却した。この戦いでの日本軍の損害は、死傷者約６０００人であった。

終戦時、阿南は陸軍大臣として、陸軍が終戦に反対しないよう陸軍内部の取りまとめに貢献したということで、後世、一定の評価を受けている。しかし大本営の指示を無視して、勝手に長沙攻略作戦を行

中国における日本の占領地域

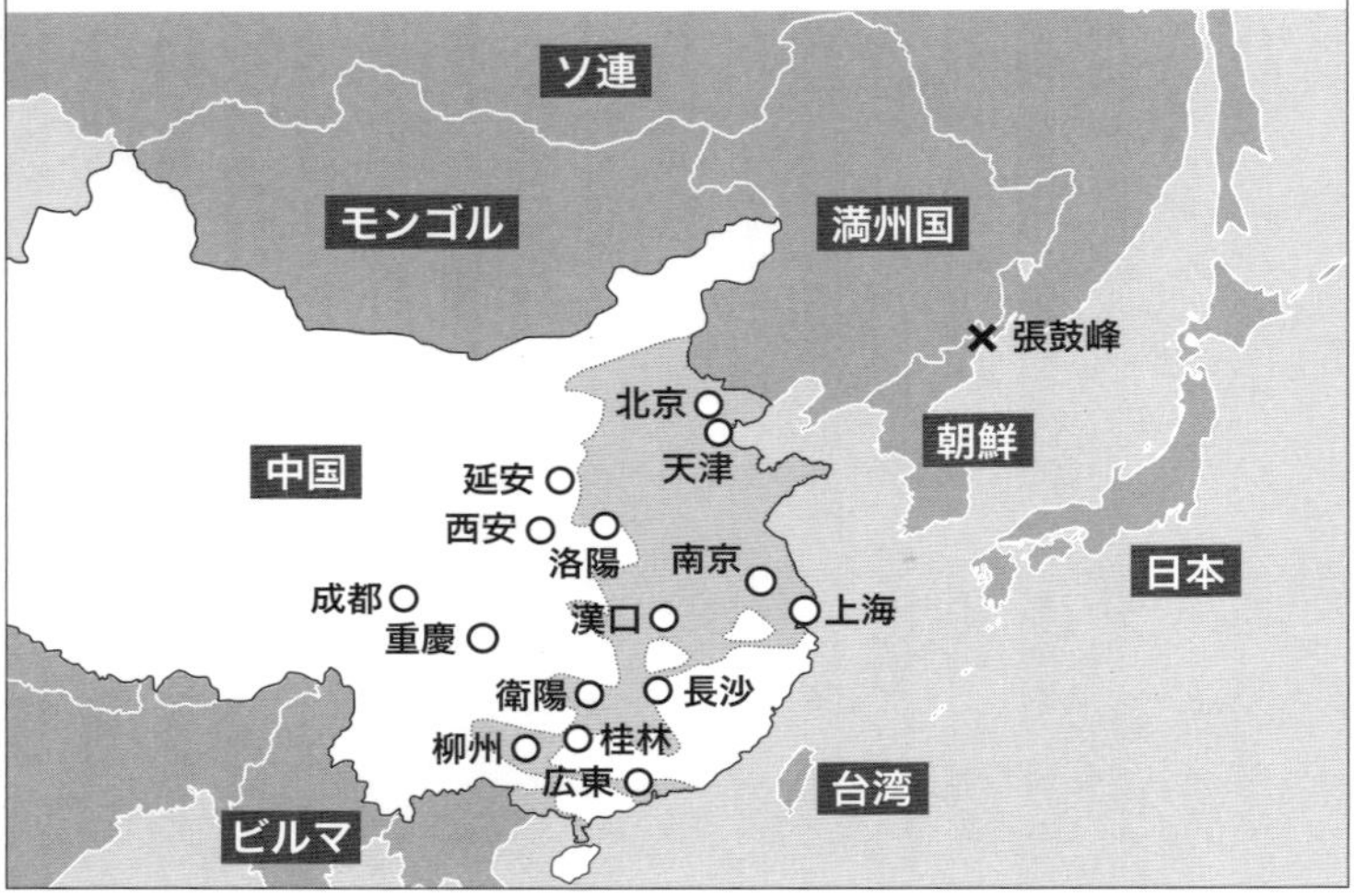

ったこと、しかもその作戦に失敗したという事実から見ると、彼の戦場での指揮官としての能力には疑問符をつけざるを得ない。

開戦初頭の阿南の独断専行はあったものの、それ以外の戦線では、日本軍は大本営の指示を守り、中国戦線で大きな戦闘はほとんど行わなかった。中国国民党軍も、日本軍との戦闘は極力避けるよう努めていた。中国国民党政府の指導者である*蒋介石《しょうかいせき》は、「いずれ太平洋戦争は連合国軍の勝利に終わり、日本軍は中国から引き揚げることになるだろう。そうなれば、今は共に戦っている共産党軍との戦いが再び始まる。よって今は日本軍との戦闘は極力避け、戦後の共産党軍との戦いに備えて、できるだけ戦力を温存しておくのが得策である」と考えたからである。

一方、日本軍は毛沢東*率いる中国共産軍への攻撃を強めていった。太平洋戦争中、国民党軍はアメリカ、イギリスなどの連合国からの武器、弾薬、食糧、燃料、資金などの援助を独り占めし、共産党軍には何も与えなかった。

そのような不利な状況下で、共産党軍は日本軍の攻撃に徹底的な「ゲリラ戦法」で対抗した。毛沢東は「敵が進んでくれば退き、敵がとどまればかく乱し、敵が疲れれば攻撃し、敵が退けば追撃する」というゲリラ戦法（遊撃戦）を編み出し、日本軍を悩まし続けた。そして日本軍や南京政府軍（日本の傀《かい》儡《らい》軍）と戦って奪った武器などで、軍備を整えていった。

太平洋戦争中、共産党軍は着実に勢力を伸ばしていった。日中戦争が始まった1937年（昭和12年）、共産党軍の戦力は約9万人であった。それが1944年（昭和19年）には、50万人近くにまで膨れ上がった。

共産党軍が勢力を拡大することができた要因は、その「規律正しさ」にあった。共産党軍では兵士たちに、「たとえ針一本でも農民から奪ってはならない」など厳格な規律が教え込まれた。さらに農民の農作業などを積極的に手伝った。これらの政策によって共産軍は、当時中国の人口の9割以上を占めていた農民たちから絶大な支持を得ることができたのだった。

1943年（昭和18年）末頃より、シェンノート少将率いるアメリカ第14航空隊（中国に駐留していたアメリカ航空機部隊）による中国の日本軍占領地や、台湾などへの爆撃が開始された。1944年（昭和19年）に入ると、前述したB-29爆撃機部隊がインド経由で、成都の飛行場に到着した。この部隊は同年6月15日、北九州の八幡製鉄所を爆撃した。これがB-29による日本本土爆撃の始まりである。その後中国の基地を拠点としたB-29は、北九州や中国の日本軍占領地や満州を爆撃した。

事態を重く見た大本営は、中国のアメリカ軍飛行場を破壊するため、「大陸打通《だつう》作戦*」を立案した（立案者は服部卓二郎大佐）。そして１９４４年（昭和19年）４月、作戦は開始された。約50万人の日本兵がこの作戦に参加した。

５月25日、日本軍は中国の古都、洛陽《らくよう》を占領した。その後南下して、６月18日に長沙を占領、さらに南に進んで衡陽《えいよう》を目指した。しかしここで日本軍は、中国軍（国民党軍）の激しい抵抗に遭った。６月下旬から衡陽を巡って、日中両軍の激戦が行われた。そして８月６日、ついに日本軍は衡陽を占領した。その後11月に中国南部の桂林《けいりん》と柳州《りゅうしゅう》にあったアメリカ軍飛行場の破壊に成功した。しかしアメリカ航空機部隊は、すでに他の飛行場に移動していた。この頃には、アメリカ軍はサイパンからの、Ｂ－29による日本本土爆撃に作戦を切り替えていたのである。

１９４５年（昭和20年）４月中旬、日本軍は中国中部に新設されたアメリカ軍空軍基地への攻撃を開始した。しかし*レド公路の開通以降、ビルマ経由でインドから送られてきた豊富な軍需物資によって重武装した中国軍（国民党軍）の大軍と、アメリカ航空機部隊による空からの攻撃によって、日本軍は多大な損害を受けた。結局５月初旬に、日本軍は作戦を中止した。

１９４５年（昭和20年）６月、アメリカ軍の中国本土上陸を警戒した日本軍は、中国内陸部の占領地を放棄し、沿岸部への部隊の移動を開始した。しかし部隊の移動中、支那派遣軍は８月15日に終戦を迎えた。

ハワイ会談 1944・7

会談でルーズベルト、マッカーサー、ニミッツ、ハルゼーが決めたこととは？

1944年（昭和19年）8月下旬、アメリカ第5艦隊の司令長官がスプルーアンス大将からハルゼー大将に交代した。この交代に伴い第5艦隊の名称は「第3艦隊」に、第58機動部隊の名称は「第38機動部隊」に変わった（ただし第38機動部隊は本人の希望により、ミッチャー中将が引き続き指揮を執った）。

その約1カ月前の7月26日、ルーズベルト大統領、マッカーサー大将、ニミッツ大将、ハルゼー大将がハワイで会談した。

あまり知られていない事実だが、ルーズベルトは1921年（大正10年）、彼が39歳の時にポリオ（小児マヒ）にかかり、下半身がほとんど麻痺《まひ》してしまった。それ以後、彼は車椅子で生活した。彼が飛行機、船、車などから降りる際は、常に部下に抱きかかえられ、車椅子に乗せられた。しかしルーズベルトは車椅子に座っている様子や、部下に抱きかかえられている姿をマスコミが撮影することを強く禁じた（このため、当時のアメリカ国民の大半は、ルーズベルトが車椅子生活を送っていたことを知らなかった）。

なお、ポリオには、発熱、のどの痛み、せき、下痢、嘔吐《おうと》といった諸症状が伴う。ルーズベルトはこれらの症状と戦いながら、アメリカ合衆国大統領として、第二次世界大戦の指揮を執ったのである。

話を*ハワイ会談に戻そう。この会談では、今後の太平洋での作戦計画について話し合われた。ニミッツはフィリピン中部のレイテ島を占領した後、台湾に侵攻することを主張した。一方、マッカーサーはレイテ島占領には同意したものの、その後はフィリピン北部のルソン島（フィリピン最大の島で、首都マニラがある）への侵攻を主張した。

マッカーサーは「我々アメリカ人は、フィリピンを解放するという道義的責任を負っている。またルソン島には、多くのアメリカ軍とフィリピン軍兵士が捕虜として捕えられている。我々は彼らを解放する義務がある」と主張した。

これに加えて、マッカーサーがフィリピン侵攻にこだわったのは、彼が１９４２年（昭和17年）にフィリピンを脱出した際に言った「アイシャルリターン（私は必ず帰ってくる）」という誓いを守るためもあっただろう。しかしそれ以外に、より現実的な理由があった。フィリピン各地には、アメリカに味方する多くのフィリピン人ゲリラ部隊がいたからである。アメリカ軍は、ゲリラ部隊からフィリピンにいる日本軍に関しての豊富な情報を得ていた。さらにアメリカ軍がフィリピンに上陸した際は、これらゲリラ部隊の道案内などの支援を受けることが期待できた。これに対して、１８９５年（明治28年）以来、日本の植民地であった台湾では、そのような地元住民からの支援を期待することがほとんどできなかった。

１９４４年（昭和19年）９月９日から10日にかけて、アメリカ第38機動部隊がフィリピン南部のミンダナオ島のダバオを攻撃し、続く12日から14日にかけてフィリピン中部を、９月下旬にはマニラを攻撃した。この一連の攻撃で、日本軍航空機約４００機が撃墜または破壊された。なお、ダバオが攻撃された際、水平線上の波をアメリカ軍の上陸用舟艇と勘違いした日本軍は、「*捷《しょう》一号作戦（詳細後述）」を誤って発動するという「ダバオ誤報事件」が起きている。

この９月のフィリピンへの攻撃で、フィリピン中部の日本軍の防御は予想以上に「手薄」であることに気づいたハルゼーは、フィリピン中部のレイテ島攻略と、その後のルソン島攻略をニミッツに提案した。

ニミッツはハルゼーの提案を受け入れ、統合参謀本部に「マッカーサー案を採用し、レイテ島、ルソン島を攻略すること」を提案した。これに加えて「日本軍（特に航空兵力）は、マリアナ沖海戦でのダメージからまだ十分に立ち直っていない。この機を捉《とら》えて、レイテ島への上陸を当初予定していた1944年（昭和19年）12月から2カ月繰り上げ、10月に実施するべきである」と提案した。マッカーサーは当然、この案に賛成した。統合参謀本部はニミッツ案の採用を決定した。そしてレイテ島上陸予定日を10月20日と定めた。

統合参謀本部の決定を受け、アメリカ第3艦隊から水陸両用部隊（輸送船、貨物船、上陸用舟艇など）と、それを護衛する艦隊（旧式戦艦、護衛空母、巡洋艦、駆逐艦など）が引き抜かれ、マッカーサーの指揮下に置かれた。この措置によってハルゼーは事実上、第38機動部隊だけを指揮することとなった。また水陸両用部隊を護衛した艦隊は、「第7艦隊」と命名された（同艦隊の指揮はキンケイド少将が執った）。レイテ島上陸作戦を行うマッカーサー軍の地上部隊を輸送、上陸するために必要な水陸両用部隊と、その護衛艦隊をハルゼーではなくマッカーサーの指揮下に置くというこの措置は、極めて現実的な対応であったと言えるだろう（陸海軍間の「セクト主義」が強い日本軍で、このような措置を取ることは到底不可能であっただろう）。

またマッカーサーのレイテ島、ルソン島攻略案を受け入れたニミッツの柔軟さや、彼の「レイテ島上陸を2カ月繰り上げる」という状況分析能力と臨機応変さや決断力も特筆すべきであろう。これらのアメリカ軍の現実的な措置や柔軟さ、そして臨機応変さが、フィリピンを巡る日本軍との戦いにおいて、アメリカ軍の勝利に大きく貢献することになるのである。

1943年（昭和18年）9月より、まるで2本の矢が二つの方向から突き進むように、マッカーサー軍はニューギニア方面を、ニミッツ軍は中部太平洋方面をそれぞれ進撃してきた。その二本の矢が、ついにフィリピン（レイテ島）で合流することになったのである。

ペリリュー島の戦い　1944・9

2015年、なぜ天皇皇后両陛下はわざわざこの地を慰霊訪問されたのか

アメリカ軍のこれらの作戦変更に伴い、カロリン諸島とフィリピンの間に位置するパラオ諸島の攻略作戦も変更された。当初計画されていたパラオ諸島の中心であるパラオ本島（バベルダオブ島）とペリ＊リュー島の攻略から、パラオ本島を「飛び石」して、ペリリュー島だけを攻略する作戦に切り替えられた。パラオ本島は約2万5000人の日本兵が守備していたからである。ペリリュー島攻略には、ガダルカナルの戦いで活躍したアメリカ第1海兵師団と、第81歩兵師団を中心とする約4万8000人が参加した。

一方、迎え撃つ日本軍は中川州男《くにお》大佐が指揮する第14師団水戸第2連隊を中心とする約1万人を配置した（第14師団は満州に配置されていた部隊で、「関東軍最強」と言われていた）。

中川はサイパンなどの中部太平洋での戦いの教訓を活かして、これまでの水際撃滅作戦から「縦深《じゅうしん》陣地」＊による「持久作戦」で、アメリカ軍上陸部隊を迎え撃つことにした。

今までの太平洋の島々の戦いで、日本軍は海岸近くに陣地を築き、アメリカ軍と戦った。しかしこの

戦法では、沖合にいるアメリカ艦隊からの艦砲射撃を受けて多大な損害を出してしまう。結局武器、食糧が尽きた日本軍は「バンザイ突撃」*を行い、全滅してしまうことになる。そこで、水際では戦わず、内陸部に島の地形を利用した防御陣地を何重にも築き、できるだけ長い間、アメリカ軍を島に引き留めておく、これが「縦深陣地」による「持久作戦」である。

１９４４年（昭和19年）９月15日、アメリカ軍はペリリュー島への上陸を開始した。上陸に先立ち、３日間に及ぶ激しい砲爆撃を行ったが、洞窟を利用して築いた日本軍の防御陣地やコンクリート製のトーチカは、ほとんど損害を受けなかった。

上陸したアメリカ軍は、これら防御陣地やトーチカからの攻撃や、ゲリラ戦法によって、多大な損害を出した。しかしアメリカ軍は火炎放射器や手りゅう弾、ブルドーザーなどを駆使して、日本軍陣地を一つ一つ破壊していった。

11月24日、中川大佐は拳銃で自決、その後生き残った部隊は「バンザイ突撃」を行った。日本軍は捕虜になった約２００人を除いて、玉砕した。ペリリュー島の守備隊は玉砕したが、それまでに行われた太平洋上の島々での戦いに比べ、２カ月以上というはるかに長期間にわたって、数倍のアメリカ軍をクギ付けにした。これによって「縦深陣地」による「持久作戦」の有効性が証明された。その後行われた硫黄島や沖縄などの戦いで、現地司令官らはこの戦法を活用して戦った。

なお、ペリリューの日本軍守備隊が玉砕した後も、34人の日本兵は洞窟に隠れて抵抗を続けた。彼らは終戦後も日本が降伏したことを知らず、戦い続けた。彼らは終戦から2年近く経った１９４７年（昭和22年）４月22日、アメリカ軍に降伏した。

ペリリュー島のように島を守っていた部隊が玉砕した後も、生き残った少数の兵士たちが抵抗を続けた例はいくつもある。サイパンでは大場栄大尉が46人の日本兵と共にタポチョ山でゲリラ戦を展開し、終戦の約3カ月半後の1945年（昭和20年）12月1日、アメリカ軍に降伏している。
さらには1972年（昭和47年）にグアム島で見つかった横井庄一軍曹や、1974年（昭和49年）にフィリピンで見つかった小野田寛郎《ひろお》少尉のような、終戦を知らずに、戦後30年近くも戦い続けた日本兵もいた（横井軍曹が帰国後の記者会見で言った「恥ずかしながら帰って参りました」は、その年の流行語となった）。

ペリリュー島上陸作戦が開始された8日後の9月23日、アメリカ軍はサイパンとパラオ本島の間にある、カロリン諸島東北端に位置するウルシー環礁に上陸した。日本軍の守備隊がいなかったため、アメリカ軍はこの環礁を無血占領した。
ウルシー環礁はアメリカ第3艦隊（第5艦隊）の全艦艇が停泊できるだけの広さを持っていたため、これ以降、同艦隊の拠点となった。

捷一号作戦認可 1944・7

陸海軍が共同するという画期的な作戦の目的は？

サイパン陥落後、大本営は次に連合国軍が侵攻してくる戦域をフィリピン／台湾、南西諸島（沖縄を含む）／九州、四国、本州／北海道（北方4島を含む）と予想し、これを迎え撃つための「*捷号作戦《しょうごうさくせん》」を作成した（「捷」とは勝利を意味する）。

大本営はこの作戦で日本陸海軍の総力を挙げて連合国軍に決戦を挑み、一気に戦争の流れを変えようとした。大本営は戦域を4つに分け、それぞれ次のように作戦名を定めた。

捷一号作戦・・・フィリピン方面
捷二号作戦・・・台湾、南西諸島（沖縄を含む）、九州南部
捷三号作戦・・・九州（北部、中部）、四国、本州
捷四号作戦・・・北海道（北方4島を含む）

作戦名は4つあるが、内容（構想）はすべて同じものであった。すなわち連合国軍がこの4つの方面のいずれかに侵攻してきた際、まず陸海軍の航空機部隊が敵艦隊と上陸部隊を乗せた輸送船団を攻撃して、できるだけ損害を与える。次に日本本土を出撃した機動部隊（空母部隊）が「囮《おとり》」となって、敵機動部隊を輸送船団から引き離す。そして戦艦を主力とする水上部隊が敵輸送船団に艦砲射撃を行ってこれを撃破し、最後に陸軍地上部隊が敵上陸部隊にとどめを刺す、という壮大な作戦であった。

この作戦には二つの特徴があった。第一点はこれまで別々に戦っていた陸海軍が、初めて「共同して」戦うことを定めた作戦であること。第二点は機動部隊を囮としたことである。

これには機動部隊の苦しい事情があった。1944年（昭和19年）6月に行われたマリアナ沖海戦で、機動部隊は艦載機の大半を失ってしまった。そこで日本海軍は機動部隊を日本本土に戻し、必死に艦載機パイロットの訓練と補充を試みた。しかしせいぜい100機程度の補充が関の山であった。その程度の機数では敵機動部隊を叩くことはできない。そこで機動部隊を「囮」として使うという「奇想天外」な作戦が採用されたのである。また空母（艦載機）の護衛をつけず、文字どおり「裸」で戦艦部隊を突

つ込ませるという作戦も前代未聞であった。

大本営はこれら捷号作戦の中でも、捷一号作戦がもっとも可能性が高いと予想した。つまり連合国軍の次の侵攻目標は、フィリピンの可能性が高いと予想したのである。１９４４年（昭和19年）７月24日、捷号作戦は正式に認可された。

この捷号作戦の決定を受け、１９４４年（昭和19年）８月10日、フィリピンのマニラで日本海軍の参謀らによる会議が開かれた。会議には東京より連合艦隊参謀、神重徳《かみしげのり》大佐と海軍軍令部参謀、榎尾義男《えのおよしお》大佐が、リンガ泊地に停泊していた戦艦部隊（栗田中将指揮）からは艦隊参謀長、小柳冨次《こやなぎとみじ》少将と作戦参謀、大谷藤之助《おおたにとうのすけ》少佐が参加した。

会議で神大佐は、捷一号作戦での栗田艦隊の目的が「敵輸送船団の撃破」であることを告げた。これに対して小柳少将は激しく反対した。戦艦「大和」「武蔵」を含む39隻の大艦隊に、輸送船団の攻撃などという地味な任務を押しつけるとは何事かというのである。日本海軍の軍人は「日本海海戦」以来、「艦隊の任務は、敵艦隊との砲撃戦による〝艦隊決戦〟である」という考え一色に染まっていた。艦隊決戦に勝利するために、指揮官や水兵は戦前からの厳しい訓練に耐えてきたのである。輸送船団攻撃など到底受け入れられないものであった。

これに対して神大佐は言った。「フィリピンを失えば、日本と南方を結ぶ海上補給路が絶たれ、日本には石油が来なくなる。そうなれば連合艦隊は〝宝の持ち腐れ〟になってしまう。たとえ敵輸送船団撃滅のために、連合艦隊を〝すり潰す〟ことになろうとも悔いはない。これが豊田連合艦隊司令長官の決心であります」。

連合艦隊司令長官の名前を出されては、小柳少将も同意せざるを得なかった。しかし小柳は作戦に一つ条件を加えた。小柳は神に「もし輸送船団を目指している途中で敵主力艦隊と遭遇し、どちらを攻撃するべきか迷うような状況になった場合は、敵主力艦隊を攻撃するが、それでよいか」と質問した。神は「それで差支えありません」と答えた。このことが後に栗田艦隊の行動に、重大な影響を及ぼすことになる。

台湾沖航空戦　1944・10

大戦果が報告されたが、まったくの誤報。実際は700機以上を失う大敗

レイテ島上陸作戦に先立ちハルゼー率いるアメリカ第3艦隊（実体は第38機動部隊）は、フィリピン、沖縄、台湾の日本軍航空兵力をたたくための作戦行動に出た。1944年（昭和19年）10月9日、ハルゼーの命令を受けた、アラン・スミス少将率いる重巡洋艦3隻、駆逐艦7隻の分艦隊は小笠原諸島を攻撃した。日本軍の注意をそらすための「陽動」である。

翌10月10日、第3艦隊の艦載機約340機は、沖縄諸島を攻撃、航空機45機を撃墜または破壊、艦艇22隻と輸送船4隻を撃沈した。11日にはフィリピン、ルソン島の日本軍航空基地を、12日には台湾南部を攻撃した。

この第3艦隊の動きを見た大本営は、「今こそアメリカの主力艦隊をたたく絶好の機会である」と判断し、台湾と鹿児島の鹿屋《かのや》基地（後に特攻隊が出撃した基地として有名）にありったけの陸海軍の陸上基地航空機を集結させ、第3艦隊への攻撃を命じた。

かねてから日本海軍では、アメリカ主力艦隊（特に機動部隊）を撃滅する作戦が練られていた。それ

はアメリカ機動部隊の艦載機が空母から離発着できない台風が来た時に、日本軍は基地航空機部隊を出撃させ、攻撃するというものであった。台風が来ていない場合は、アメリカの艦載機が空母から離発着できない夜間に出撃させ、機動部隊に近づいたところでパラシュート付の照明弾を投下して、攻撃することになっていた。この作戦を考案したのは、大本営海軍軍令部作戦参謀の源田実大佐であった。この作戦に参加する航空機部隊は「T攻撃部隊」*と名づけられた。Tとは台風の頭文字である。日本軍は源田が考案したこの作戦で、アメリカ機動部隊を一気に叩こうとした。

しかし作戦が開始された10月12日に、台湾沖合には台風が来ていなかった。そこで夜間攻撃に切り替えられた。10月12日から15日の４日間にかけて行われたこの戦いは「台湾沖航空戦」*と呼ばれた。

この戦いで日本軍があげた戦果は驚くべきものであった。10月19日、大本営は次のように発表した。「我が部隊は10月12日以降、台湾およびルソン島東方海面の敵機動部隊に猛攻撃し、そのほとんどの戦力を撃破し敗退させた。我が軍があげた戦果は以下のとおりである。空母11隻、戦艦２隻、巡洋艦３隻、巡洋艦もしくは駆逐艦１隻を撃沈。空母８隻、戦艦２隻、巡洋艦４隻、巡洋艦もしくは駆逐艦１隻を撃破。航空機１１２機を撃墜」。日本中がこの大戦果に狂喜した。「これで日本は戦争に勝てる」。国民の誰もがそう思った。

10月20日に東京で開かれた国民大会で小磯首相は次のように演説した。「諸君、かねてより我々国民待望の的であった決戦の幕は切って落とされました。（中略）こうして、ひとつの大機動部隊はせん滅されたのですが、古今の戦史上、例のない限りない輝きを持った大戦果であると言えます」。会場には万雷の拍手が鳴り響いた。

しかしこの台湾沖航空戦の大戦果は、完全な「誤報」であった。攻撃に参加したパイロットのほとんどが未熟であったため、夜間攻撃での アメリカ機動部隊からの対空砲火や撃墜された味方機の爆発を、敵艦艇の撃沈や撃破と勘違いしたのである。

台湾沖航空戦1日目の10月12日夜、日本軍92機の攻撃隊がアメリカ機動部隊を攻撃した。しかしマリアナ沖海戦と同じように、レーダーとVT信管付対空砲弾による弾幕を受け、戦果をほとんどあげることなく52機を失って退却した。

10月13日、前日の夜間攻撃で照明弾がアメリカ機動部隊の艦艇をうまくとらえることができなかったため、この日出撃した日本軍の攻撃機45機は夕暮れに攻撃を行った。だが待ち構えていたヘルキャット部隊によって、ほとんどが撃墜されてしまった。しかし12日と13日に帰還した日本軍パイロットたちは、敵機動部隊に多大な損害を与えたと報告した。

この「大戦果」の報告を信じた日本軍は、もはやアメリカ機動部隊に防御能力はないと判断し、10月14日、各基地からかき集めた攻撃機約380機を昼間に出撃させてアメリカ機動部隊を攻撃させた。しかし前日同様、ヘルキャット部隊によって約240機が撃墜された。日本軍は10月15日にも昼夜にかけて攻撃を行ったが、戦果はほとんどなかった。

この台湾沖航空戦で日本軍があげた戦果は重巡洋艦2隻大破、航空機89機撃墜だけであった（撃沈させた艦艇はゼロであった）。一方、日本軍はこの戦いで航空機700機以上を失った。日本軍は捷一号作戦開始前に、基地航空機部隊の大半を失ってしまったのである。

10月16日、日本の海外向けラジオ放送（英語）で、「日本軍がアメリカ第3艦隊を全滅させた」という報道を知ったハルゼーは、ニミッツに「全滅した我が第3艦隊は、全艦海中より引き揚げられ、敵に向って退却中」と報告した。

さらにハルゼーは損傷した2隻の重巡洋艦にわざと速度を落とさせて囮にし、追撃してくるであろう日本軍をワナにかけようとした。しかし10月16日に、日本軍偵察機が無傷の第3艦隊を発見したため、日本軍は追撃を中止した。第3艦隊の残存艦艇を攻撃するために南下中であった志摩清英《しまきよひで》中将率いる巡洋艦3隻、駆逐艦4隻の艦隊は、奄美大島沖に待機するよう命じられた。

海軍は台湾沖航空戦の大戦果が誤報であることを知りながら、政府（小磯首相）、陸軍、さらには天皇にさえも報告しなかった。「陸海軍が共同して戦う」という捷一号作戦の前提は、早くも崩れ去ってしまったのである。

しかしこのことに気づいた軍人が陸軍にいた。大本営陸軍参謀本部の情報参謀・堀栄三少佐である。堀はフィリピンへの出張の途中、鹿児島の鹿屋《かのや》基地に立ち寄った際、攻撃隊の指揮官から日本軍が台湾沖航空戦であげた戦果は、報告よりはるかに小さいことを知った。

堀はただちに東京の大本営陸軍参謀本部に緊急電報を打った。その電報で堀は「我が軍があげた戦果は、最大でもせいぜい空母2隻撃沈程度であると推測される」と報告し、フィリピンに移動した。しかしこの報告は参謀本部で握り潰されてしまった。

一説によると、堀の報告を握りつぶしたのは、大本営作戦参謀の瀬島龍三少佐であったと言われている（ちなみに戦後、瀬島はソ連のシベリアに11年間抑留された後、帰国し伊藤忠商事に入社。同社の社長や会長、中曽根内閣の顧問などを務めた。山崎豊子の小説『不毛地帯』の主人公の壱岐正《いきただし》のモデルは瀬島であると言われている）。

マッカーサーは「アイ・シャル・リターン」を公約どおり実現

1944年（昭和19年）10月17日、マッカーサー率いる約700隻の輸送船団と護衛艦隊がレイテ島東方海上に現れた。レイテ島沖の小島に配置されていた日本軍観測所がこれを発見、司令部に報告した。10月20日、アメリカ軍はレイテ島に上陸した。このレイテ上陸作戦に参加したアメリカ軍の戦力は、7個師団、約20万人であった。これに対してレイテ島を守っていた日本軍は、わずか1個師団（第16師団）のみであった。

日本軍はレイテ島東岸のドラギに兵力を集中した。しかしこの配置は、フィリピン人ゲリラからの情報によってアメリカ軍に筒抜けであった。アメリカ軍は日本軍のウラをかき、守りの薄いドラギ北方のタクロバンを目指した。激しい砲爆撃の後、アメリカ軍はタクロバンに上陸した。日本軍はレイテ島内陸部に撤退した。

マッカーサーはオスメニャフィリピン大統領と共にレイテ島に上陸した。マッカーサーにとって2年7カ月ぶりの帰還であった。マッカーサーはフィリピン人ゲリラ部隊の通信電波を通じて放送した。「フィリピンの人々よ、私は帰ってきた。我々両国民の血であがなったフィリピンの土を再び踏んでいる。諸君のいる場所が戦闘地域に入ったら、立ち上がって敵を討て。機会を逃さず立ち上がって敵を討て。家族のために敵を討て。息子や娘のために敵を討て。戦いで死んでいった者たちのために敵を討て。神のお導きが行くべき道を示したもうであろう。神の御名《みな》において、正義の勝利の聖杯の後に続け」。アメリカ軍は上陸初日に約6万人の兵と1万トンの物資を上陸させた。

「アメリカ軍レイテ島に上陸」の報を受けた南方軍総司令官の寺内元帥は、フィリピンを守備する第14方面軍司令官の山下奉文《ともゆき》大将に対して、レイテ島に増援部隊を送るよう命じた（前述したように山下は、開戦初頭のマレー、シンガポール攻略に活躍し、「マレーの虎」と呼ばれたが、東条首相に嫌われていたため満州に異動した。しかし1944年（昭和19年）10月5日にフィリピン防衛の最高責任者として、第14方面軍司令官に任命されていた）。

当初第14方面軍はフィリピン最大の島であるルソン島でアメリカ軍と決戦を行うことを計画しており、主力部隊をルソン島に集中していた。しかし台湾沖航空戦での「大戦果」を受け、大本営も南方軍総司令部もレイテ島に上陸したアメリカ軍を、「台湾沖航空戦で機動部隊を失ったアメリカ軍が、地上部隊をレイテ島に上陸させていちかばちかの勝負に出た作戦行動である」と判断した。そして海軍が台湾沖航空戦でアメリカ機動部隊を壊滅させたように、陸軍もレイテ島でアメリカ軍と「一大決戦」を行い、上陸部隊を壊滅させるという作戦への変更を決定したのであった。

しかし山下はこの作戦変更に懐疑的であった。山下はフィリピンに到着した堀から、台湾沖航空戦の戦果に関する見解を聞いていたからである。元々、台湾沖航空戦の大戦果を疑っていた山下は、堀の報告を聞いて、ますます作戦変更をするべきではないとの考えを強めた。そして寺内元帥にレイテ島への増援部隊派遣命令の再考と中止を求めた。しかし寺内はこれを却下した。寺内は山下に言った。「台湾沖航空戦で大戦果をあげた海軍に、我が陸軍が遅れをとってはならない」。

結局山下は命令に従って、ルソン島の兵力から2個師団と1個旅団を割いて、レイテ島に送ることを決定した。ここに第14方面軍のルソン島での決戦計画は放棄されたのである。

レイテ沖海戦 1944・10

武蔵をはじめとする主要艦船を失い、連合艦隊が壊滅した4つの海戦

◉捷一号作戦発動

「アメリカ軍上陸部隊、レイテ島に接近」の報を受け、大本営は1944年（昭和19年）10月19日、「*捷《しょう》一号作戦」を発動した。これにより、連合艦隊も行動を開始した。

連合艦隊の具体的な作戦計画は次のようなものであった。まず小沢中将率いる空母4隻、航空戦艦2隻（航空戦艦とは、戦艦の後半分に飛行甲板をつけた戦艦と空母の機能を持った軍艦のこと）、軽巡洋艦3隻、駆逐艦8隻から成る機動部隊が日本からフィリピンに向かい、ハルゼーのアメリカ第3艦隊を北方に引きつける。

一方、栗田中将率いる戦艦5隻、重巡洋艦10隻、軽巡洋艦2隻、駆逐艦15隻から成る艦隊は、サンベルナルジノ海峡を通って北方よりレイテ湾に進入し、アメリカ輸送船団を攻撃する。

そして栗田艦隊の中で速度の遅い旧式艦艇（戦艦2隻、重巡洋艦1隻、駆逐艦4隻）を別艦隊として編成し、西村中将指揮の下、スリガオ海峡を通って南方よりレイテ湾に進入、栗田艦隊に呼応してアメリカ輸送船団を攻撃する。

さらに奄美大島沖にいた志摩中将率いる重巡洋艦2隻、軽巡洋艦1隻、駆逐艦4隻から成る艦隊は台

レイテ沖海戦における各艦隊の展開図

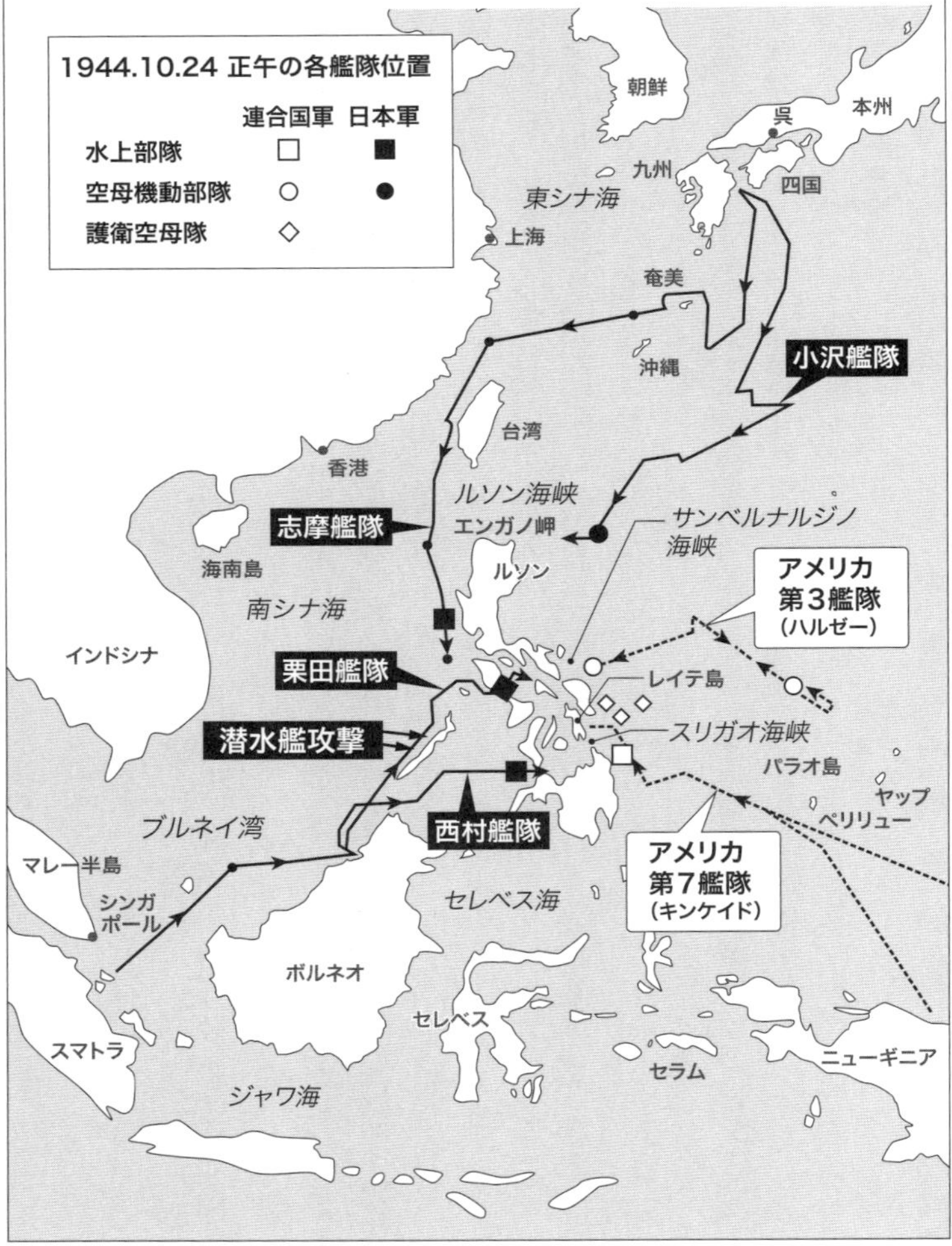

湾西方の馬公経由でスリガオ海峡に向かい、西村艦隊と共に南方よりレイテ湾を目指す。なお、豊田連合艦隊司令長官は、横浜市日吉の慶應義塾大学構内に設置された連合艦隊司令部から全艦隊の指揮を執った。この連合艦隊の作戦計画は、多くの問題点を抱えていた。

第一は4つの艦隊がフィリピンを中心とする広大な海域で〝複雑な〟艦隊行動を取ったこと
第二は栗田艦隊をはじめとする戦艦を中心とする水上部隊の主目的が、輸送船団攻撃なのか主力艦隊迎撃なのかについて〝曖昧〟にされてしまったこと（二重目的の設定）
第三に連合艦隊司令部と実戦部隊（艦隊）間での作戦目的理解のすり合わせが不十分だったこと（前述したように本作戦に関しては、東京の参謀と栗田艦隊の参謀による、8月10日のマニラでの会議が1回開催されただけである）
第四に通信設備の不十分さから艦隊間のコミュニケーションが円滑に行うことができなかったこと
第五にそのような状況にもかかわらず、豊田連合艦隊司令長官は戦場から遠く離れた地上の司令部から指揮を執ったこと

などがあげられる。

これに対してアメリカ艦隊の編成は極めて〝シンプル〟なものであった。ハルゼー率いる第3艦隊はレイテ島東方に待機し、日本艦隊を発見次第、これを攻撃する。一方、キンケイド少将率いる第7艦隊は、オルデンドルフ少将率いる旧式戦艦部隊とスプレイグ少将率いる護衛空母艦隊に分かれて、それぞれレイテ湾にいる輸送船団の護衛とレイテ島の日本陸軍部隊への攻撃を行うことになっていた。

10月19日、小沢機動部隊は瀬戸内海を出撃し、フィリピンを目指し一路南下した。志摩艦隊は10月21

日に馬公を出撃した。リンガ泊地からブルネイ沖に移動していた栗田艦隊と西村艦隊は、10月22日に出撃した。小沢機動部隊が搭載していた艦載機はわずか108機であった。

なお、ブルネイ出撃に先立ち、栗田艦隊に所属していた戦艦武蔵は、艦長の猪口少将の命により他の艦より明るい「ねずみ色」に塗り替えられた。これは敵航空機部隊の攻撃を武蔵一隻に集中させ、その間に栗田艦隊の他の艦艇をレイテ湾に突入させるためであったと言われている。武蔵の乗組員たちは「艦長は四代目、副長は二代目、これが本当の四二《しに》（死）装束《しょうぞく》だ」とささやき合った。

●シブヤン海海戦

10月23日、フィリピン西方のパラワン島を航行していた栗田艦隊は、早くもアメリカの潜水艦2隻に発見され、魚雷攻撃を受けた。この攻撃で栗田中将が乗っていた重巡「愛宕《あたご》」（旗艦）と「摩耶《まや》」が撃沈した。さらに重巡「高雄《たかお》」が大破した。栗田は戦艦「大和」に乗り移り、同艦を艦隊旗艦とした。また損傷した高雄は駆逐艦2隻に護衛され、ブルネイへと帰還した。ブルネイに帰還した駆逐艦には、愛宕の通信部員が多く乗っていた。つまりこの段階で、栗田艦隊司令部の通信要員の大半が戦場からいなくなってしまったのである。これ以降、栗田艦隊の通信状況は各段に悪くなった。

翌10月24日朝、アメリカ第3艦隊の偵察機がシブヤン海を航行する栗田艦隊を発見した。ハルゼーはただちに攻撃隊を発進させた。午前10時、アメリカ軍攻撃隊は栗田艦隊への攻撃を開始した。攻撃は明るい「ねずみ色」に塗装された武蔵に集中した。武蔵は巧みな操艦で、敵の魚雷や爆弾をかわしたが、やがて次々と命中弾を受けていった。ついに速力が6ノットまで落ち、艦首部分が沈みかかった武蔵は戦列から離れた。その武蔵にアメリカ軍はさらに集中攻撃を加えた。19本の魚雷と17発の爆弾を受けた武蔵は、午後7時35分、約１０００人の乗組員と共にシブヤン海に沈没した（生き残った乗組員約１３００人は、近くにいた駆逐艦2隻に救助された）。

艦長の猪口も武蔵と運命を共にした。猪口は戦前より「キャノン・イノグチ」という名で海外で呼ばれたほどの、世界的に有名な砲術の権威であった。その猪口が、世界最大、最強の戦艦の指揮を任されながら、ついに敵艦に一発の砲弾も発射しないまま海に没したのである。猪口の無念はいかばかりのものであっただろうか。

その猪口は艦と運命を共にする前に遺書を副長に託している。「自分の不徳のため、海軍はもとより全国民に絶大な期待をかけられた武蔵を失ったこと、誠に申し訳ありません。ただこの海戦で他の艦にほとんど被害がなかったことは誠に嬉しく、なんとなく被害担当艦となった感があり、この点いささか慰《なぐさ》めとなっております。（中略）我が国は必ず永遠に栄えていく国です。皆様が大いに奮闘して下さい。最後の勝利をあげられることを確信しています」。

アメリカ軍の攻撃の大半を武蔵1艦が引き受けたものの、大和をはじめとする栗田艦隊の戦艦4隻も、それぞれ数発の爆弾が命中した。そこで栗田は10月24日の午後2時30分頃、いったん艦隊を反転させた。その後、午後5時に再反転し、再びレイテ湾*を目指した。

戦艦「武蔵」が沈没したこの戦いを「シブヤン海海戦」と呼ぶ。

◉第3艦隊北上

一方、アメリカ第3艦隊も24日、日本軍航空機部隊の攻撃を受けた。24日午前、ルソン島の基地から発進した日本軍航空機部隊の攻撃を受け、軽空母「プリンストン」が沈没、軽巡洋艦「バーミンガム」

と駆逐艦3隻が損傷を受けた。続いて同日午後、同艦隊は小沢機動部隊から発進した艦載機75機による攻撃を受けた（そのうち、50機が撃墜された）。小沢機動部隊が近くにいるに違いないと考えたハルゼーは、多数の偵察機を飛ばした。そして同日午後5時30分、フィリピン北東を南下中の小沢機動部隊を発見した。

「栗田艦隊はダメージを受け、西に退却中である。仮に再度東に進路を変えたとしても、今日のわが艦載機による攻撃で栗田艦隊は弱体化しているはずであり、レイテ湾に展開しているキンケイドの第7艦隊でも十分、対処することができるだろう」。そうハルゼーは判断し、全艦隊に全速力で北上するよう命じた。ハルゼーには「猛牛《ブル》」というあだ名がついていたが、この時の第3艦隊の猛進撃ぶりはまさに「猛牛の突進（ブルズ・ラン）」と呼べるものであった。その際、各任務部隊（空母部隊）から戦艦6隻、重巡洋艦6隻、軽巡洋艦5隻、駆逐艦18隻を抽出し、リー中将指揮の下、「第34機動部隊」を臨時に編成させた（この部隊も第3艦隊と共に小沢機動部隊攻撃のため北上した）。

ハルゼーは第3艦隊を北上させた際、第7艦隊のキンケイド少将に「第34機動部隊」を編成したことを無電で連絡した。しかしキンケイドはこれを「第3艦隊の任務部隊（空母部隊）は北上するが、第34機動部隊はサンベルナルジノ海峡に残って栗田艦隊を迎撃する」と理解した。そしてレイテ湾にはスプレイグ少将の護衛空母部隊を、スリガオ海峡にはオルデンドルフ少将の旧式戦艦部隊を配置した。その結果、サンベルナルジノ海峡は「がら空き」になってしまった。ハルゼーは、連合艦隊の作戦に「引っ掛かった」のである。

●スリガオ海峡海戦

翌10月25日未明、西村艦隊はスリガオ海峡に進入した。西村は25日中にはレイテ湾に突入する旨を、連合艦隊司令部と栗田艦隊に無電で連絡したが、どちらからも返信は来なかった。

この西村艦隊を迎え撃つべく、スリガオ海峡にはオルデンドルフ少将率いる旧式戦艦6隻、重巡洋艦4隻、軽巡洋艦4隻、駆逐艦21隻、魚雷艇39隻がすでに展開を終えていた。オルデンドルフは西村艦隊を迎え撃つべく、次のように艦隊を配置した。

まず最前列に魚雷艇部隊を配置し、西村艦隊に魚雷攻撃を行う。その後ろには駆逐艦部隊を配置し、同じく多数の魚雷をあびせる。そして最後に西村艦隊に対して「横一列」に展開した旧式戦艦と巡洋艦部隊が砲撃を行う。オルデンドルフはこの「三重の陣」で西村艦隊を待ち構えたのである。

西村艦隊（戦艦2隻、重巡洋艦1隻、駆逐艦4隻）に比べ、数の上ではオルデンドルフ艦隊の方が圧倒的に有利であった。しかし弱みもあった。元々この艦隊は、上陸部隊の掩護を主目的としていた。そのため艦隊に支給されていた砲弾は地上攻撃用のものが大半を占めており、艦隊戦用の「徹甲弾（敵艦の装甲を貫く砲弾）」はわずかしかなかったのである。

西村艦隊は10月25日午前0時頃、アメリカ軍の魚雷艇部隊の攻撃を受けた。しかし乗組員が訓練不足であったため、ほとんどは外れてしまった。しかし、魚雷艇部隊の報告によって、西村艦隊の位置をほぼ正確につかむことができた。

続いて午前3時頃、駆逐艦部隊は計47発の魚雷を発射した。この攻撃により、西村艦隊の戦艦「扶桑」と駆逐艦1隻が撃沈した。さらに駆逐艦2隻が航行不能に陥った（後にこの2隻も撃沈した）。残る戦艦「山城」、重巡洋艦「最上」、駆逐艦「時雨《しぐれ》」はなおも前進を続けた。

そしてオルデンドルフ自らが率いる旧式戦艦6隻、重巡洋艦4隻、軽巡洋艦4隻の部隊がレーダーで西村艦隊を捕捉するとともに砲撃を開始した。この攻撃で山城が沈没、乗艦していた西村中将も戦死した。最上は大破し、後退した。時雨も損傷し、後退した。西村艦隊は壊滅したのである。

この艦隊戦に参加したアメリカの旧式戦艦6隻中、5隻（ウェストバージニア、メリーランド、テネシー、カリフォルニア、ペンシルバニア）は、真珠湾攻撃で沈没、または損傷を受けた戦艦であったが、復旧、修理されて、1943年（昭和18年）11月のタラワ上陸作戦の頃から戦列に復帰し、今回のレイテ沖海戦にも参加していた。

西村艦隊に続いて、スリガオ海峡に入った志摩艦隊（重巡洋艦2隻、軽巡洋艦1隻、駆逐艦4隻）は海峡入り口付近でアメリカ魚雷艇部隊の攻撃を受け、軽巡洋艦「阿武隈《あぶくま》」が損害を受けた（阿武隈は後退したが、26日にアメリカ航空機部隊の攻撃を受けて沈没した）。その後、志摩艦隊は退却する時雨とすれ違った。そして大破、炎上していた最上と志摩艦隊旗艦の重巡洋艦「那智《なち》」が衝突し、那智は損傷した。志摩中将はここで進撃をあきらめ、艦隊に後退を命じた（なお、最上は後に沈没している）。この戦いを「スリガオ海峡海戦*」と呼ぶ。

◉エンガノ岬沖海戦

10月25日、小沢機動部隊に接近したアメリカ第3艦隊は攻撃隊を発進させた。そして数度にわたる攻撃で、小沢機動部隊の空母4隻（「瑞鶴《ずいかく》」「瑞鳳《ずいほう》」「千歳《ちとせ》」「千代田」）すべてと駆逐艦1隻を撃沈した（なお、「瑞鶴」は真珠湾攻撃に参加した空母の最後の生き残りであった）。

全空母を失ったものの、小沢は「第3艦隊を北方に引きつける」という当初の作戦目的を果たしたのである。小沢はこの作戦成功を、連合艦隊司令部と栗田艦隊に無電で連絡した。しかしなぜか栗田艦隊には、この連絡が届かなかった。この戦いを「エンガノ岬沖海戦」*と呼ぶ。

●サマール沖海戦

同じ10月25日の朝、栗田艦隊はサンベルナルジノ海峡を突破し、サマール島沖に到達した。その時、前方に敵艦隊を発見した。これはトーマス・スプレイグ少将率いる護衛空母部隊の3つの任務部隊の一つ、「第3集団（コードネーム〝タフィ3〟）」であった。このタフィ3は護衛空母6隻、駆逐艦7隻から成っていた。

「護衛空母」とは、貨物船を改造して建造された小型空母である。排水量は約8000トンと、正規空母の約4分の1しかなく、搭載可能な艦載機も約30機で（正規空母は約100機）、速力も18ノットと低速である（正規空母の速力は32ノット）。また貨物船の船体を使用しているため、装甲は非常に薄かった。ただ正規空母よりはるかに短期間に、そして大量に建造することができたため、上陸部隊支援用航空機を搭載する空母として、戦場では重宝された。

その護衛空母部隊の目の前に突如、「大和」などの巨大戦艦をはじめとする、重装甲・重武装の連合艦隊主力部隊が現れたのである。対するアメリカ艦隊は薄っぺらな装甲しか持たない護衛空母と駆逐艦で編成された言わば「ブリキの艦隊」である。タフィ3の指揮官以下、全乗組員が驚いた。

しかし栗田艦隊はこの「ブリキの艦隊」を第3艦隊主力の一部と誤認した。つまり護衛空母を正規空母、駆逐艦を巡洋艦などと誤解したのである。ここで8月10日マニラで開催された参謀らによる会議での合意事項が思い出された。すなわち「もし輸送船団を目指している途中で敵主力艦隊と遭遇し、どちらを攻撃すべきか迷うような状況になった場合は、敵主力艦隊を攻撃する」という合意である。この合意（二重目的）によって、捷一号作戦の最重要目的であったはずの「敵輸送船団の撃破」はあっさり捨てられてしまった。

栗田中将は全艦隊に砲撃開始を命じた。しかし栗田艦隊がタフィ3と遭遇した時、艦隊陣形は整っていなかった。そのため各艦が「バラバラの状態」で砲撃を開始したのである。

タフィ3の指揮官、クリフトン・スプレイグ少将（護衛空母部隊の指揮官、トーマス・スプレイグ少将とは〝同姓〟の別人である）は、全艦に煙幕（敵の視界をさえぎるための人工的な煙のこと）を張り、護衛空母群をスコール（熱帯地方の強風を伴う激しいにわか雨）の雲の影に隠れさせようとした。同時に護衛空母から艦載機を発進させて、栗田艦隊への攻撃を命じた。艦載機の中には、地上攻撃用爆弾を搭載している機も多数あったため、あまり効果は期待できなかったが、それでもこれらの艦載機は、味方の艦隊を少しでも遠くに逃がすため、果敢に栗田艦隊への攻撃を行った。また他の護衛空母部隊（タフィ1、タフィ2）からも援護の艦載機が飛んできて、栗田艦隊への攻撃を行った。

タフィ3の駆逐艦部隊も、圧倒的に不利な状況であるにもかかわらず、勇敢に栗田艦隊に突撃していった。駆逐艦「ジョンストン」は重巡洋艦「熊野」に魚雷攻撃を行い、熊野を戦闘不能に陥らせた。また駆逐艦「ホール」は戦艦「大和」に向けて魚雷6発を発射した。「大和」は魚雷をかわすため、約10分間、北方に航行した。そのため、栗田中将は味方艦隊の状況が把握できなくなり、タフィ3の護衛空母群を見失ってしまった。

しかし駆逐艦「ホール」は40発以上の命中弾を受けて、沈没した。また駆逐艦「サミュエル・B・ロバーツ」も戦艦の砲弾を多数受けて、撃沈した。魚雷を射ち尽くし、大破した駆逐艦「ジョンストン」は、栗田艦隊の軽巡洋艦1隻と駆逐艦4隻に取り囲まれた。圧倒的に不利な状況にもかかわらず、「ジョンストン」は使用可能な全砲門を開いて、猛烈に反撃した。しかし、ついに力尽きて沈没した。

その後、護衛空母「ガンビアベイ」が戦艦「金剛」からの集中砲火を受け、沈没した。続いて護衛空母「ファンショウベイ」「カリエンベイ」も命中弾を受け始めた。前述したように、護衛空母は装甲が薄いため、栗田艦隊の徹甲弾は護衛空母の船体を貫通するだけで、爆発はしなかった。しかし、それでもタフィ3の損害は確実に増えていった。

「栗田艦隊、タフィ3を攻撃中」という報告と、第34機動部隊がレイテ湾北方にいないことを知った第7艦隊司令官のキンケイド少将は、驚くと同時にハルゼーに対して第34機動部隊の応援を無電にて要請した。

この無電を聞いたグアムのニミッツからハルゼーに対して次のような電報が届いた。「第34機動部隊はどこにいるのか。全世界が知りたがっている」。この無電を自分に対する侮辱と感じたハルゼーは、怒りに全身を震わせつつも、ただちに第34機動部隊を増援に向かわせた。

しかしこの増援が間に合うかどうかは、はなはだ疑問であった。もし栗田艦隊が第34機動部隊が到着する前にタフィ3を叩き潰し、さらに他の二つの護衛空母部隊を蹴散らせば、レイテ湾の輸送船団をさえぎるものは何もなかった。当時、輸送船団にいたマッカーサーは、戦後に執筆した回顧録でこの時の様子を次のように述べている。「もはや勝利は、栗田提督のふところに転がり込もうとしていた」。

しかしハルゼーが増援を決定する前の10月25日午前9時頃、栗田は全艦隊に反転を命じ、ブルネイ沖に帰還した。なぜ栗田はこの時点で反転を命じたのか？　戦後、栗田は艦隊を反転させた理由について、一言も語ろうとしなかった。これは「栗田艦隊謎の反転*」と呼ばれ、現在でも様々な議論が行われているが、はっきりした理由はわかっていない。

フィリピンを巡る日本海軍とアメリカ海軍の一連の海戦を総称して、「レイテ沖海戦*」と呼ぶ。この海戦で日本海軍は戦艦3隻、空母4隻、重巡洋艦6隻、軽巡洋艦3隻、駆逐艦8隻を失った。一方アメリカ海軍は、軽空母1隻、護衛空母2隻、駆逐艦3隻を失った。

前述したように、連合艦隊の作戦計画は様々な問題点を抱えていた。アメリカ海軍も第3艦隊と第7艦隊とのミスコミュニケーションがあったこと、第3艦隊が「囮」の小沢機動部隊に引っ掛かって、北上するといったミスを犯してる。しかし栗田はレイテ湾を目前にして、艦隊を反転させた。前述したように、反転理由は現在もはっきりしていない。しかし反転理由がいかなるものであったとしても、当初の作戦目標である「敵輸送船団の撃破」を果たせなかったのは、揺るぎない事実である。

レイテ沖海戦でアメリカ海軍もミスを犯したが、日本海軍はそれを上回るミスを犯した。そしてより多くのミスを犯した日本海軍が、戦いに敗れたのである。

このレイテ沖海戦で連合艦隊は事実上、壊滅した。もはや連合艦隊には、アメリカ艦隊と決戦するだけの戦力が残されていなかった。レイテ沖海戦で連合艦隊は「敵輸送船団を撃破し、フィリピンを死守する」という、捷一号作戦の作戦目的を果たすことなく、ただ「連合艦隊をすり潰す」という結果だけに終わったのである。

神風特別攻撃隊創設　1944・10

なぜ特攻などという作戦が生み出されたのか

◉未熟なパイロットでも戦果があがることを期待して

マッカーサー率いるアメリカ軍がレイテ島に上陸したのと同じ１９４４年（昭和19年）10月20日、第一航空艦隊（一航艦）司令長官の大西瀧治郎《たきじろう》中将がルソン島クラークフィールド飛行場を訪れた。そこで大西は第２０１航空隊のパイロットたちを前にこう話した。「我が一航艦はすでにアメリカ第3艦隊との戦闘で、航空機の大半を失ってしまった。しかし栗田艦隊のレイテ湾突入は、何としても成功させなければならない。そのためにはゼロ戦に２５０キロ爆弾を搭載して、敵艦に体当たりを行うしかないと思うが、どうだろうか」。

パイロットたちは大西の提案に賛成した。直ちに特別攻撃隊が編成された。隊長には当時23歳だった関行男《ゆきお》大尉が任命された（関はこの年の5月に結婚したばかりであった）。これが「*神風特別攻撃隊（特攻隊）」の始まりである。

戦後この特攻戦法は、大西中将の発案であったと言われることが多いが、これは事実ではない。生還が期待できない、爆弾（爆薬）を抱えた特攻兵器を乗員ごと敵艦に体当たりさせるという「特別攻撃隊」の構想は、１９４３年（昭和18年）頃から、海軍内部で議論されるようになっていた。提案者の一人は、海軍軍令部第二部長の黒島亀人《かめと》少将であった。黒島は真珠湾攻撃の航空攻撃作戦を立案した人物である。

黒島は次第に悪化していく戦況を見て、「もはや特別攻撃隊を編成して、決死の覚悟で体当たり攻撃をしなければ、この戦争には勝てない」と主張した。しかしこの時点では、黒島の提案は却下されている。また城英一郎海軍大佐は爆弾を搭載した航空機による体当たり攻撃を提案した「特殊航空隊編成」という意見書を１９４３年（昭和18年）7月に連合艦隊司令部と海軍軍令部に提出しているが、これも当初は却下された。

しかし戦況がさらに悪化した１９４４年（昭和19年）２月、海軍軍令部は特攻兵器の開発を正式に認可した。これを受け、海軍は人間魚雷「*回天《かいてん》」と装甲爆破艇「*震洋《しんよう》」の開発を開始した。人間魚雷「回天」とは、文字どおり魚雷を人間が操縦して、敵艦に体当たりする特攻兵器である。装甲爆破艇「震洋」とは、先端部に爆薬を詰め込んだベニヤ張りの小型モーターボートを乗員が操縦して、乗員ごと敵艦に体当たりする兵器である。さらに潜水服で水中に潜り、敵の上陸用舟艇が頭上を通った時に、長さ約２メートルの竹槍の先に取り付けた機雷を船底にあてて爆発させる「*伏龍《ふくりゅう》」という特攻兵器まで開発された（これらの特攻兵器はすべて黒島の発案であった）。

またサイパンの戦況が悪化した１９４４年（昭和19年）６月25日に開かれた「元帥会議」（伏見宮《ふしみのみや》海軍元帥、永野修身《おさみ》海軍元帥、杉山元《はじめ》陸軍元帥）で、伏見宮（皇族）が「ここまで戦局が困難になった以上、特別な攻撃方法によってやるよりしょうがない」と発言したことが、特攻兵器の開発と特別攻撃隊構想をさらに推し進めた要因であると言われている（なお、伏見宮は１９３２年〔昭和７年〕から１９４１年〔昭和16年〕の９年間、海軍トップの海軍軍令部総長の要職を務めたが、その間に海軍軍令部の権限を強化し、海軍の軍備増強を強力に進めた）。

また１９４４年（昭和19年）６月のマリアナ沖海戦と10月の台湾沖海戦が行われた頃になると、パイロットのほとんどが未熟であるため、敵航空機や敵艦船に攻撃を行っても、戦果が期待できない状況になってしまっていた。

このパイロットの経験不足の問題は、日本国内での航空燃料不足が深刻化したことも一因にあげることができる。深刻さを示す一例として、日本軍が東宝映画にある特撮映画の撮影を依頼したという事例がある。軍からの依頼を受け、東宝映画は世田谷に大きな池を作り、そこにアメリカ軍艦の模型を浮かべ、クレーンに据《す》え付けたカメラで様々な角度から、様々な速度で模型の軍艦に接近する映像を撮影した。その映像で作った特撮映画を、パイロット訓練生に見せたのである（これは訓練用の燃料不足を補うための措置であった）。

アメリカ軍のフィリピン侵攻を前にする頃になると、日本陸海軍の多くの指揮官や参謀らも、特別攻撃隊構想に傾いていった。「滑走路からの離発着すらおぼつかない未熟なパイロットを乗せた航空機部隊による敵機や敵艦への攻撃は〝卵を石の壁に投げつける〟ようなものであり、効果はほとんど期待できない。よって彼らのような未熟なパイロットでも戦果が期待できる〝特攻〟戦法に切り替えるべきである」。彼らはそう考えるようになっていた。そういった雰囲気の中で、たまたま前線航空機部隊の指揮官を務めていた大西が、初の特攻隊攻撃を命じたというのが真相であった。

１９４４年（昭和19年）10月25日、関大尉を含む９機の特攻機は、クリフトン・スプレイグ少将の護衛空母部隊に「特攻」した。この攻撃の結果、護衛空母「セント・ロー」が沈没。その他に護衛空母２隻が大破、２隻が損傷した（ちなみに「セント・ロー」という艦名は、１９４４年〔昭和19年〕７月18日にアメリカ軍が占領したフランスの都市「サン・ロー」の英語名である）。

翌10月26日、及川海軍軍令部総長は、天皇に特攻隊攻撃とその戦果を報告した。天皇は「そのようにまでせねばならないのか。しかしよくやった」と述べた。

海軍にならい、陸軍もフィリピンの戦いで特攻攻撃を開始した。フィリピンに展開していた陸軍第４航空軍司令官の富永恭次《きょうじ》中将の命により、特攻隊を編成し、アメリカ艦隊への攻撃を行った。

富永は東条の「腰ぎんちゃく」と呼ばれていた男で、陸軍省など東京での勤務経験が長かった。しかし東条の首相辞任に伴い、第4航空軍司令官に任命された。事実上の「左遷《させん》」である。富永は特攻隊の出撃に際し、パイロットたちに「諸君だけを行かせはしない。自分も最後の1機に乗って、諸君の後を追うつもりである」と訓示した。

しかしアメリカ軍がルソン島に上陸した1945年（昭和20年）1月、富永は無断で台湾に逃亡した。残された第4航空軍の約1万人の兵は、ルソン島での地上戦で戦い、ほぼ全滅したと言われている（一説によると富永は台湾で、病気治療と言って温泉宿に滞在したと言われている）。

その後、富永は「敵前逃亡」の責任を取らされ、満州の前線部隊に異動を命じられた。そして1945年（昭和20年）8月9日にソ連軍が満州に侵攻した際、ソ連軍の捕虜となり、シベリアに抑留された。1950年（昭和30年）に帰国し、その5年後に68歳で亡くなっている。

●レイテ島の戦い

1944年（昭和19年）11月初旬、日本軍第14方面軍は南方軍総司令官寺内元帥の命令に従い、レイテ島でアメリカ軍と決戦を行うため、ルソン島に配置されていた主力部隊から2個師団と1個旅団をレイテ島に送った。11月下旬までに、約4万8000人の兵がレイテ島に上陸した。しかし途中、アメリカ軍航空機部隊の攻撃を受け、食糧などの補給物資の大半を輸送船ごと沈められてしまった。そのため、レイテ島に上陸した日本軍は、ガダルカナルやニューギニアのように食糧不足に苦しんだ。また増援部隊が上陸した頃、レイテ島を守備していた第16師団の兵力はアメリカ軍との戦闘により、約3000人までに打ち減らされてしまっていた。

12月5日、日本軍はレイテ島東部の飛行場を奪回するため、攻撃を開始した。しかしこの攻撃の最中の12月7日、島の西側にある日本軍の上陸拠点であるオルモックに、アメリカ軍が上陸した。補給路と退路を断たれた日本軍は12月下旬に攻撃を中止し、島の西海岸のカンギポットへ退却した。1945年（昭和20年）1月2日、小磯首相はレイテ決戦の事実上の終了を発表した。*

生き残った日本兵約2万人は、小型船舶やカヌーなどでレイテ島からの脱出を試みたが、ほとんどが空襲で沈められてしまった。結局、脱出に成功したのは1000人にも満たなかった。レイテ島の日本軍は文字どおり「全滅」したのである。

ちなみにマッカーサーとニミッツはレイテ島での戦いが行われていた1944年（昭和19年）12月に元帥に昇進している。

マニラ解放　1945・3

市民10万人を巻き込んだ激戦の末、ついに日本軍撤退。マニラ解放される

1945年（昭和20年）1月9日、3日間の砲爆撃の後、アメリカ軍はルソン島のリンガエン湾に上陸した（87ページ地図参照）。日本軍の防衛線を突破したアメリカ軍は、南下して1月下旬に首都マニラの郊外に達した。

第14方面軍司令官の山下大将は、マニラを「無防備都市」と宣言して放棄する予定であった。しかし海軍はこの決定に反対し、岩淵海軍少将率いる海軍防衛隊約2万4000人にマニラ死守を命令した。この海軍防衛隊は、主に撃沈された艦艇の乗組員とマニラにいた日本の民間人によって編成されていたが、陸上戦闘の訓練も経験もなく、また武器も不足していた。

2月3日、マニラを巡る日本軍とアメリカ軍の戦闘が開始された。この市街戦には、フィリピン人ゲリラ兵も多数、参加していた。日本兵はフィリピンの民間人とゲリラとの見分けがつかなかったため、多くのマニラ市民が戦闘の巻き添えになって殺された。

また日本兵は建物に立てこもって頑強に抵抗したため、アメリカ軍はマニラ市街への無差別砲爆撃を行うようになった。この砲爆撃でマニラ市の市街地の大半が廃墟と化し、多くのマニラ市民が死んでいった。結局この戦闘でマニラ市民約70万人のうち、約10万人が死亡した（ちなみにこの戦闘で、当時中立国であったスペインの在マニラ総領事館が破壊されたことを受けて、スペインは4月12日に日本との国交を断絶した）。

2月25日、生き残った日本兵はマニラ市からの退却を開始した。翌26日、岩淵少将は自決した。3月3日、アメリカ軍はマニラ市の戦闘終結を宣言した。また同じ3月に、アメリカ軍はコレヒドール島を占領した（占領記念式典にはマッカーサーも参加した）。

アメリカ軍はフィリピン全土を解放することを決定し、ミンダナオ島やセブ島などのフィリピンの主要な島々にアメリカ軍を上陸させた（これらの島々での戦いは終戦まで続いた。そして終戦後、各島の日本軍は降伏した）。

その後山下率いる日本軍は、ルソン島中部と北部にこもって持久戦を続けた。アメリカ軍は北上し、日本軍を次第に北方へ追い込んでいったが、結局8月15日の終戦を迎えることとなった。戦争終結時、ルソン島北部で戦っていた日本軍は当初の約25万人から約5万人になっていた。

1945年（昭和20年）9月3日、山下は正式にアメリカ軍に降伏した。その後、山下はマニラの軍事裁判でマニラの市民虐殺の容疑で裁かれ、死刑判決を受けた。アメリカ人弁護士団は判決を不服として、フィリピン最高裁判所とアメリカ連邦最高裁判所に死刑差し止めを求めたが、いずれも却下された。1946年（昭和21年）2月23日、山下はマニラで絞首刑に処せられた。

なお、山下に関して、「山下財宝（ヤマシタトレジャー）」という伝説がある。これは戦争末期に日本軍は東南アジア各地から集めた金塊を、シンガポールからフィリピン経由で日本に運ぼうとしたが、アメリカ軍の日本の海上輸送路への攻撃が激しくなったため、山下がフィリピンのどこかに埋めたという伝説である。しかし戦後に山下が処刑されたため、金塊のありかが分からなくなってしまった。そのため、今でも金塊はフィリピンのどこかに埋まっているというのである。しかしそのような事実を示す記録や証拠はなく、信憑性《しんぴょうせい》は薄いと言われている。

そして終戦へ

6章

これまでの軍人・軍属に加え、東京大空襲では8万4000人、沖縄戦では9万4000人の民間人が犠牲となった。「戦争の継続は民族を滅亡させる」と天皇が述べられたことを受け、ポツダム宣言の受諾が決まる。

本土空襲
――横浜上空で焼夷弾を投下するB-29の編隊。

1945年（昭和20年）	2月	ヤルタ会談
1945年（昭和20年）	2月	アメリカ軍、硫黄島上陸
1945年（昭和20年）	3月	東京大空襲
1945年（昭和20年）	3月	アメリカ軍、硫黄島占領
1945年（昭和20年）	4月	アメリカ軍、沖縄上陸
1945年（昭和20年）	4月	小磯内閣総辞職、鈴木内閣成立
1945年（昭和20年）	4月	ルーズベルト大統領死亡
1945年（昭和20年）	4月	ムッソリーニ処刑
1945年（昭和20年）	4月	ヒトラー自決
1945年（昭和20年）	5月	ドイツ無条件降伏
1945年（昭和20年）	6月	アメリカ軍、沖縄占領
1945年（昭和20年）	7月	ポツダム会談　連合国、ポツダム宣言発表
1945年（昭和20年）	8月	広島、長崎に原子爆弾投下
1945年（昭和20年）	8月	ソ連軍、満州に侵攻
1945年（昭和20年）	8月	宮城事件
1945年（昭和20年）	8月	日本無条件降伏
1945年（昭和20年）	9月	日本、ミズーリ艦上にて降伏文書に調印

日本本土空襲 1944・11

命中度を高める低高度の爆撃、焼夷弾の使用が進言され、東京が標的に

1944年（昭和19年）11月24日、マリアナ諸島（サイパン、グアム、テニアン）の飛行場を飛び立ったB-29爆撃機約110機は、東京郊外にある中島飛行場の工場を爆撃した。これがマリアナ諸島からの日本本土空襲のはじまりである。

当初、B-29は主に日本国内の軍需工場を中心に爆撃した。しかし高度8000～1万メートルという高高度から爆弾を投下しても、命中精度は極めて悪く、日本に与えた損害も軽いものであった。そこで1945年（昭和20年）1月、爆撃部隊司令官のハンセル准将を解任し、新たにカーチス・ルメイ少将を任命した。ルメイ少将は爆撃方法を大幅に変更した。まずそれまでの高高度爆撃から低高度爆撃（高度2000メートル）への変更を行った。次に爆撃目標を都市部に変えた。さらにそれまで使用していた通常爆弾から、焼夷弾《しょういだん》に切り替えた。焼夷弾とは発火性の薬剤の入った爆弾である。アメリカ軍が使用したのはM69焼夷弾である。この焼夷弾にはナパームという着火力と燃焼力に優れたゼリー状の油が入っていた。M69焼夷弾はE46（集束焼夷弾）という大型爆弾の中に38発ずつ収められた。E46を投下すると、中からM69焼夷弾が分離し、火を噴きながら落下していくという仕組みになっていた。

ルメイはこの焼夷弾で、日本の都市部への「じゅうたん爆撃*」を行うよう指示した。「じゅうたん爆撃」とは床にじゅうたんを敷き詰めるように、広い地域に大量の爆弾を隙間《すきま》なく投下する爆撃方法である。

この爆撃は、都市部に住む一般市民への「無差別爆撃」を意味した。これに対してルメイは次のよう

に主張した。「日本の住宅街を含む都市部には、多数の軍需工場がある。木造住宅が大半を占める日本の住宅地に、焼夷弾によるじゅうたん爆撃を行えば大火災が起こり、住宅地と共にこれら軍需工場も焼き払うことができる。また都市部が大火災を起こせば、都市周辺にある軍需工場にも延焼し、ダメージを与えることができる」。

このルメイの新しい方法が初めて実施されたのが、1945年（昭和20年）3月10日未明に実施された「東京大空襲」*であった。約300機のB‐29が江東区、墨田区、台東区、中央区を中心とする、東京の東半分をじゅうたん爆撃した。この一晩の空襲で、約8万4000人が死亡した。

その後も横浜、名古屋、大阪、神戸など日本の都市の大半が空襲を受けた（ただし、広島、長崎、新潟、小倉は開発中だった原子爆弾投下の候補地であったため、爆撃目標から外されていた。また京都は様々な事情や偶然が重なって、大規模な空襲を免れた）。このB‐29による爆撃以外にもアメリカ軍は、空母から発進した艦載機による機銃掃射を行った。

この本土空襲を受け、東京、横浜、名古屋、大阪などの大都市に住む国民学校（小学校）の生徒たちは、空襲の被害を避けるために地方の農村部に移動した。これを「学童《がくどう》疎開《そかい》」という。

終戦までに日本のほとんどの都市が文字どおり「焼野原」となった。この本土空襲による日本側の死傷者は約100万人と言われている。

ちなみに日本も戦争末期に「風船爆弾」*によるアメリカ本土爆撃を試みている。「風船爆弾」とは気球に爆弾を吊るしたものを飛ばし、それをジェット気流に乗せてアメリカ本土を爆撃することを目的としたものである。

気球は和紙とコンニャクのりで作られた（このため、戦争末期には日本の食卓からコンニャクが消えたと言われている）。気球の製作は、主に女子学生たちによって行われた。

風船爆弾は約１万発が製造され、１９４４年（昭和19年）11月から１９４５年（昭和20年）春頃まで、福島県、茨城県、千葉県の海岸から飛ばされた。しかし、ほとんど戦果をあげることができなかった（アメリカ本土に到達したのは４００発未満で、その大半は爆発しなかった）。

硫黄島の戦い　１９４５・２〜３

なぜアメリカ軍は長さ8キロ足らずの硫黄島の占領を計画したのか

B－29による日本本土空襲に対して、日本軍も戦闘機部隊や高射砲などで迎撃を試みたが、効果をあげることはほとんどなかった。しかし機体に損傷を与えることはあり、中には基地に戻る前に海に不時着した機もあった。そこでアメリカ軍はマリアナ諸島と日本本土の中間にある硫黄島を占領して、ここにB－29の緊急着陸用の飛行場を建設することにしたのである。硫黄島攻略の指揮官には、ハルゼーから指揮を交替した第5艦隊司令長官のスプルーアンス大将が任命された。これを迎え撃つ日本軍守備隊の指揮官に任命されたのが、栗林忠道《ただみち》中将であった。

栗林は陸軍士官学校と陸軍大学を優秀な成績で卒業した。また大使館付武官としてアメリカとカナダに駐在した経験もあり、陸軍では数少ない「欧米通」として知られていた。

太平洋戦争初頭では、第23軍参謀長として香港攻略に参加している。その後、近衛第2師団長を務めた後、１９４４年（昭和19年）５月に「小笠原兵団長」に任命され、硫黄島に赴任した。

硫黄島は長さ8キロ、幅は最大4キロ、最小で400メートルという小さな島である。活火山のある火山島であるため、地中から地熱と硫黄ガスが噴き出ていた。そんな島に陸軍約1万5500人、海軍陸戦隊約7500人、合わせて約2万3000人の兵力が配置されていた。大本営は硫黄島守備に関して、敵を上陸地点でたたく従来どおりの「水際撃滅作戦」を指示していた。しかし栗林は「縦深陣地」による「持久戦法」で戦うことを決めていた。大本営は栗林の方針を認めなかったため、栗林は表向きは海岸線に陣地を築くように見せかけ、実際は縦深陣地を築くよう兵士らに命じた（栗林は島中を視察して回り、兵たちに陣地建設に関して具体的で詳細な指示を与えた）。

日本軍は硫黄島に最大で深さ2～30メートルにも及ぶ地下トンネルを網の目のようにめぐらし、その中に大砲や機関銃などを収めた陣地、兵士らの宿舎、食糧や弾薬などの貯蔵庫、発電機などを設置した。栗林は硫黄島に「地下要塞」とも呼べる大陣地を築いて、アメリカ軍を迎え撃とうとしたのである（日本兵は地熱と硫黄ガスに苦しみながら、この陣地建設作業をすべて人力だけで行った）。

1945年（昭和20年）2月19日、3日間の事前の砲爆撃の後、アメリカ軍は上陸を開始した。硫黄島攻略に参加したのは、海兵3個師団を中心とする約7万5000人である。アメリカ軍は硫黄島の大きさなどから、5日間で島を占領できると予想していた。

上陸部隊第一波、約1万5000人を乗せた上陸用舟艇が硫黄島に向かっていった。島の東海岸に上陸するや否や、四方八方から砲弾や銃弾が降り注いできた。この日のうちに約3万人のアメリカ兵が上陸したが、この1日だけで約2400人が戦死した。さらに確保できたのは海岸から奥行4～900メートルの範囲にすぎず、上陸したシャーマン戦車（第二次世界大戦で活躍したアメリカ軍の主力戦車）

56両中、28両が破壊された。

翌20日、アメリカ軍は今度は島の南部を攻撃、激戦の末、23日に島で一番高い「擂鉢山《すりばちやま》」を占領した。この時アメリカ兵が頂上に星条旗を掲げた光景を撮影した写真は、第二次世界大戦を映した最も有名な写真の一枚となった。

擂鉢山を占領したものの、アメリカ軍はまだ島の南端部と海岸線の一部を占領したにすぎなかった。大部分は依然、日本軍が支配していたのである。

アメリカ軍は大規模な砲爆撃の援護を受けつつ、北上していった。しかし、地下陣地に巧みに隠された大砲や迫撃砲、機関銃などによる攻撃を受けた。さらに前進するアメリカ兵の背後から、突如、地下トンネルから現れた日本兵による攻撃も続いた。これらの日本軍の攻撃によって、アメリカ軍の死傷者は日に日に増えていった。

栗林は兵士たちに「突撃」を強くいましめた。そして陣地にこもって「一人十殺（一人で十人の敵を殺すという意味）」を命じた。日本兵は栗林の命令どおりに戦い、アメリカ軍に多大な損害を与えたのである。

しかしアメリカ軍は、戦車、火炎放射器、手りゅう弾などで、日本軍の陣地をしらみつぶしに破壊していった。そして3月初旬頃には島の中部をほぼ制圧した。

3月初旬の時点で日本軍の戦力は約4100人まで減っていた。島の中部にある玉名山を守っていた千田少将は、3月9日、生き残った自分の部隊と共に突撃を行った。突撃に先立ち、負傷兵らには自決用の手りゅう弾が配られた。この突撃で千田少将は戦死し、彼の部隊も壊滅した。

3月26日、栗林は約400人の兵に最後の突撃を命じた。栗林は突撃前に拳銃で自決したとも、兵らと共に突撃したが敵弾を受けて負傷して歩けなくなったため、その場で自決したとも言われている（遺体は見つからなかった）。栗林は3月17日付で大将に昇進している。


硫黄島の戦いは映画や本などで紹介されているためか、とかく栗林や日本兵の勇敢さや美談などが取り上げられる傾向があるが、実際の戦闘は悲惨きわまりないものであった。

戦闘の終盤近くになると、飢えに苦しんだ日本兵は仲間の死体を食べたり、のどの渇きをいやすため、自分の小便を飲んだりした。兵士たちで一杯になった地下陣地では「口減らし」のため、毎日、何人かが無理やりアメリカ軍陣地に「突撃」させられた。アメリカ軍の降伏勧告に応じて、地下陣地を出て投降しようとした兵士を、後ろから上官が射殺したという証言も残されている。さらに降伏勧告に応じない日本兵がこもる地下陣地に、アメリカ軍はガソリンの混ざった海水を流し込み、それに火をつけて焼き殺した。

日本軍の組織的抵抗が終了した3月26日の時点で、硫黄島にはまだ3000人近くの日本兵が生き残っていた。彼らは日中は洞窟や地下トンネル、地下陣地に隠れ、夜になると水や食糧を求めて島をさまよい続けた（地熱のため、洞窟や地下トンネル、地下陣地内の温度は40度を超えていた）。その中で2000人近くがアメリカ兵に殺され、約1000人が捕虜になった。

硫黄島の戦いでの日本軍の戦死者は約2万2000人であった。一方アメリカ軍の戦死者は約5900人、負傷者約1万7000人であった。アメリカ軍が硫黄島攻略に要した日数は、当初予定していた5日を大幅に上回る36日であった。

沖縄では地上と海上でどんな戦いが繰り広げられたのか

◉兵士不足を補うため島民男性約2万5000人が徴兵された

硫黄島の次にアメリカ軍が揚げた攻略目標は、沖縄であった。大本営も次の戦場は沖縄であると予想した。しかし沖縄でアメリカ軍とどう戦うのかについては、陸海軍の間に隔《へだ》たりがあった。

陸軍はアメリカ軍との決戦を、日本本土で行う「本土決戦」構想を持っていた。沖縄はその体制が整うまでの「時間稼ぎ」であると主張した。一方海軍は沖縄に特攻隊を中心とする全航空戦力を投入し、アメリカ軍と決戦を行う戦場であると主張した。

さらに陸軍内部においても、沖縄戦をどう戦うかという作戦方針について意見の相違があった。東京の陸軍参謀本部は、「水際撃滅作戦*」を現地の部隊に指示していた。しかし沖縄を守備する牛島満《みつる》中将指揮下の第32軍は、この方針に反対した。

元々沖縄には、3個師団と1個旅団が配置されていた。ところが1944年（昭和19年）11月に台湾に配置されていた第10師団がレイテ島に送られた穴埋めのため、沖縄に配置されていた精鋭の第9師団が台湾に送られてしまった。大本営は第84師団を沖縄に送ることを約束していたが、実施されなかった。牛島は2個師団と1個旅団という「戦力不足」の状態では、「水際撃滅作戦」は実行不可能と判断し、硫黄島と同様の「縦深陣地」による「持久作戦」に切り替えることを主張した。なお、この具体的な作戦計画を立案したのは、第32軍作戦参謀の八原道博《やはらひろみち》大佐であった。

八原も硫黄島の栗林と同様、陸軍士官学校と陸軍大学を優秀な成績で卒業し、アメリカに駐在した経験を持っている「欧米通」であった。そのためか栗林と同じように、合理的な考え方の持ち主であった。

陸軍参謀本部は第32軍に「水際撃滅作戦」の実施を指示し続けたが、両者のすり合わせが行われないまま、アメリカ軍の沖縄上陸を迎えることになった。つまり日本軍は、陸海軍の作戦構想の相違だけでなく、陸軍参謀本部と第32軍との作戦方針の違いを抱えたまま、アメリカ軍の沖縄上陸を迎えることになったのである。

アメリカ軍の沖縄攻略の指揮を執ったのは、硫黄島攻略に続いて第5艦隊司令長官・スプルーアンス大将であった。この作戦には艦船約1300隻、艦載機約1700機、総兵力約55万人（うち上陸部隊約18万人）が参加した。

対する日本軍は、陸軍第32軍の約6万9000人と、大田実海軍少将率いる海軍部隊約8000人、計約7万7000人であった。日本軍は兵力不足を補うため、満17歳から45歳までの県民男性約2万5000人を兵士として動員した。この他に14歳から17歳の少年兵から成る「鉄血勤皇隊《てっけつきんのうたい》」*も編成された。さらに負傷兵を看護するため、沖縄県女子師範《しはん》学校と沖縄県立第一高等女学校の教師と女子生徒による「ひめゆり部隊」*も編成された。

なお、アメリカ軍が沖縄に上陸する前に、県民約70万人のうち約10万人が島外に疎開していた（沖縄の小学生や住民などを乗せた客船「対馬丸」*は長崎に向けて航海中の1944年〔昭和19年〕8月22日、アメリカ潜水艦の魚雷攻撃を受け、わずか11分後に爆発、沈没した。この攻撃で乗っていた約1700人中、1500人近くが死亡した）。

1945年（昭和20年）4月1日、アメリカ軍沖縄攻略部隊は沖縄西中部沖に現れた。そして激しい砲爆撃の後、バックナー中将率いる上陸部隊の第一陣、約2万人が嘉手納《かでな》海岸に上陸した。いつものように日本軍からの激しい反撃を予想していたアメリカ兵であったが、反撃は一切なかった。日本軍は「縦深陣地」にこもる「持久作戦」を取ったため、嘉手納海岸には1人の日本兵も配置していなかったのである。そのためアメリカ軍は、その日のうちに嘉手納近くにある日本軍の北飛行場と中飛行場を占領した。

◉菊水作戦　1945・4〜6

一方本土の日本軍は「菊水作戦」*を発動し、沖縄近海のアメリカ艦隊に対して、特攻機を中心とした大規模な航空攻撃を開始した。作戦が実施された4月6日から6月22日の間、約1800機の航空機によって、アメリカ艦隊への特攻攻撃が行われた（この中には、特攻隊の護衛戦闘機も含まれている）。鹿児島県の鹿屋《かのや》飛行場などから発進した特攻隊によって、アメリカ艦隊は駆逐艦など36隻が沈没、200隻以上が損傷した。

なお、この特攻攻撃には人間爆弾「桜花《おうか》」*も参加している。桜花とは翼を持った爆弾で、ロケットエンジンで最大時速1040キロという超高速で飛ぶことができた。しかし航続距離が短いため（40〜60キロ程度）、一式陸攻（陸軍の中型爆撃機）の胴体下部に搭載され、敵艦隊に接近したところで機体から切り離され、ロケットエンジンを点火することになっていた。その後は乗っているパイロットにより敵艦まで誘導され、体当たりを行うという兵器であった。

しかし実際には、桜花の切り離し地点にたどり着く前に、ほとんどの一式陸攻が桜花を抱えたまま撃墜されてしまった。合計55機の桜花が出撃したが、アメリカ軍に与えた損害は、駆逐艦1隻撃沈と駆逐艦数隻に損傷を与えるにとどまった。桜花のパイロットと一式陸攻の搭乗員、合わせて400人以上が戦死した。

またこの作戦には「白菊」などの練習機も多数参加した。しかしただでさえ低速のうえ、爆弾を搭載したこれら練習機はアメリカ軍戦闘機の「標的」でしかなく、その多くが戦果をあげることなく撃墜された。

一方、これらの航空機の体当たり攻撃とは別の特攻攻撃も行われた。その部隊の名を「*義烈空挺隊《ぎれつくうていたい》」と言った。これは爆撃機に空挺部隊の兵士を乗せてアメリカ軍飛行場に強行着陸し、アメリカ軍航空機や飛行場施設を可能な限り破壊することを目的とした部隊であった。爆撃機の搭乗員も着陸後は、空挺部隊の兵士と共に戦うという、まさに生きて帰ることのない特攻攻撃であった。

1945年（昭和20年）5月24日、奥山大尉を隊長とする兵士、搭乗員合計168人を乗せた12機の爆撃機は熊本の飛行場を飛び立った。途中4機がエンジン不調のため、引き返した。残る8機のうち7機が沖縄上空でアメリカ軍の対空砲火によって撃墜され、1機だけが北飛行場に着陸した。そして搭乗員を含む10人が滑走路に降り立ち、全員、死ぬまで航空機と施設の破壊を行った。

この攻撃でアメリカ軍の戦闘機、爆撃機、輸送機計6機が破壊された。また燃料集積所も攻撃を受け、ガソリンの入ったドラム缶約600本が焼失した。

●戦艦「大和」の最期（天一号作戦） 1945・4

「菊水作戦」開始前日の4月5日、連合艦隊司令部は伊藤整一中将指揮する第2艦隊（戦艦「大和」、軽巡洋艦「矢矧《やはぎ》」、駆逐艦8隻）に沖縄への海上特攻作戦、「天一号作戦」*の実施を命じた。これは「大和」以下第2艦隊が沖縄に向かうことで、アメリカ軍艦載機部隊の注意を引きつけ、特攻隊のアメリカ艦隊への攻撃を援護する。もし艦隊が沖縄にたどり着けた場合は、海岸に乗り上げ「砲台」となって最後まで戦うという壮絶な作戦であった（この任務のため、全艦には沖縄への「片道分」の燃料しか積まれなかった）。

伊藤はこの日、山口県徳山沖に停泊していた「大和」艦上で草鹿《くさか》連合艦隊参謀長より、この作戦命令を聞いた。当初伊藤はこの無謀な作戦に反対した。しかし草鹿の「日本国民一億総特攻の〝さきがけ〟になっていただきたい」という言葉で、作戦を承諾したと言われている（なお、当時の実際の日本の総人口は約7千万人であった）。

草鹿からの命令受領後、伊藤は「大和」の全乗組員を甲板に集めて作戦を説明した。乗組員の中には、この無謀な作戦に疑問や不満の声を出す者もいた。しかし、ある青年士官が言った言葉で皆、納得した。彼はこう言った。「負けて目覚めることが最上の道だ。〝敗れて目覚める〟それ以外にどうして日本が救われるのか。今目覚めずしていつ救われるのか。俺達はその先導になるのだ」。また「大和」甲板の黒板には次のような言葉が書かれていた。「死に方用意」。

4月6日、「大和」以下第2艦隊は徳山沖を出港し、沖縄に向かった。しかし翌7日、アメリカ軍偵察機に発見されてしまう。アメリカ第58機動部隊指揮官のミッチャー中将は、直ちに攻撃隊を発進させた。第1次攻撃隊、第2次攻撃隊、合わせて約400機の艦載機の攻撃で20発の魚雷と爆弾を受けた「大和」は、4月7日午後2時30分、九州、坊《ぼう》ノ岬沖に沈没した。伊藤中将と艦長の有賀大佐は「大和」と運命を共にした。「大和」乗組員3300人中、生き残ったのは300人に満たなかった。この海戦

（坊ノ岬沖海戦*）で生き残ったのは駆逐艦4隻であった。

なお、シブヤン海海戦で戦艦「武蔵」は40発近くの魚雷と爆弾の攻撃を受けながら約9時間持ちこたえたのに対し、「大和」は約2時間の攻撃を受けた後に沈没している。これは優れた防御力を持った「武蔵」の撃沈に手こずった苦い経験から、アメリカ軍が「大和」の左舷に攻撃を集中させたためであると言われている。

「大和」以下第2艦隊の沖縄特攻は連合艦隊最後の出撃であり、「大和」の沈没は連合艦隊の「最期」でもあった。

●沖縄戦終結 1945・6

日本軍はその主力を島の南部に集中し、北部には1個大隊のみを配置した（アメリカ軍第6師団はこの大隊を全滅させ、4月22日に島の北部を制圧した）。日本軍は島の南部の洞窟や地形を利用した地下陣地を構築して、アメリカ軍を迎え撃った。

4月2日から7日にかけて日本軍は、丘陵や高地など地形を利用した防衛戦を行った。とくに歩兵を伴った戦車で前進してくるアメリカ軍に対し、まず砲爆撃を加えて歩兵を退却させて戦車を孤立させた後、爆弾や地雷を抱えた兵士が戦車に突っ込んで自爆するという「肉弾攻撃」戦法によって、多数のアメリカ軍戦車を撃破した。

それでもアメリカ軍は日本軍を退却させて前進した。しかし今度は首里北方の嘉数《かかず》高台と呼ばれる丘陵地帯に築かれた強固な陣地からの激しい攻撃を受けた。

ここを守っていた日本軍第62師団は、巧みにアメリカ軍の攻撃を防いだ。アメリカ軍の砲爆撃が行わ

アメリカ軍、沖縄上陸

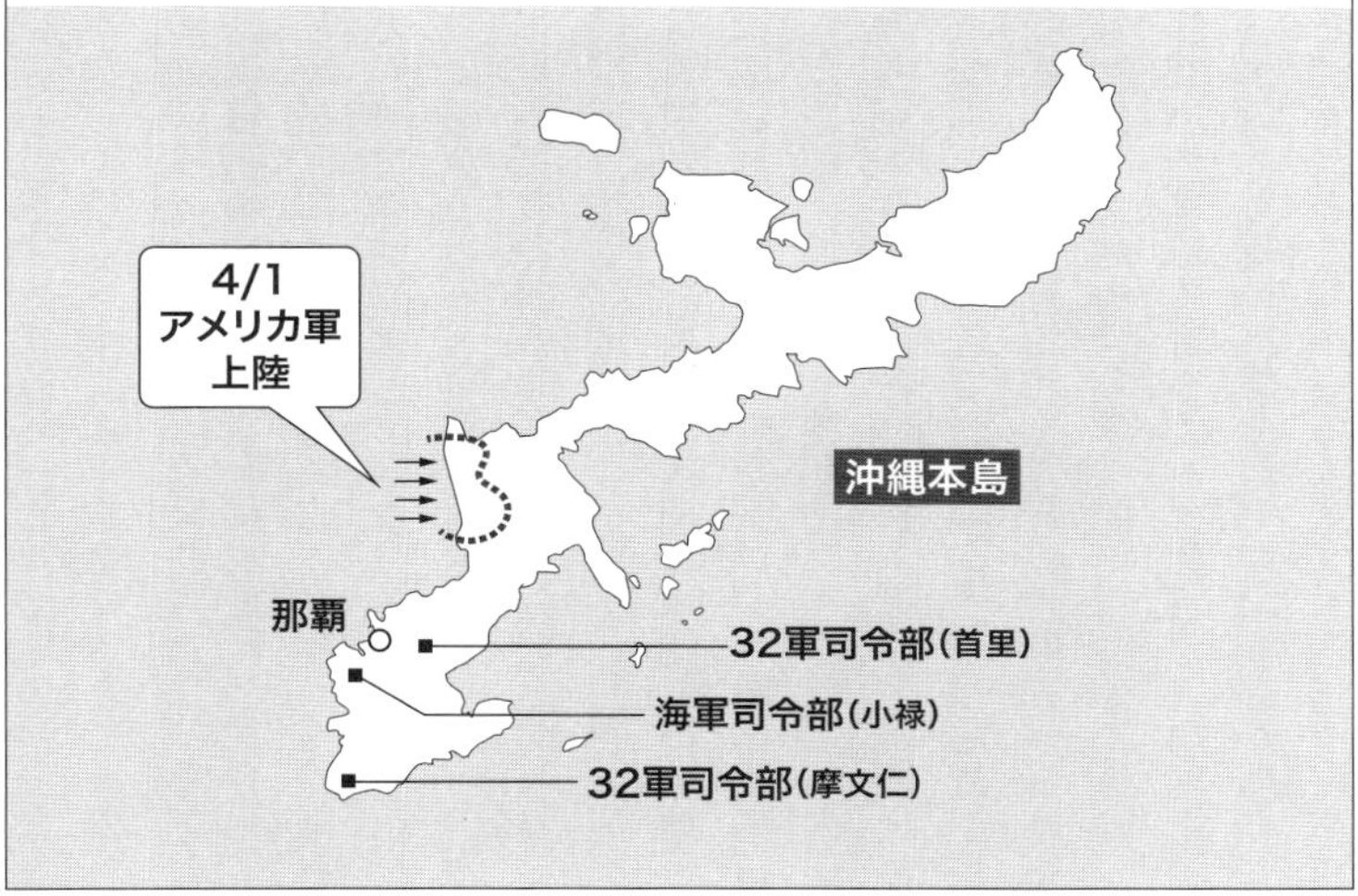

れている間、日本兵は丘の反対側斜面の陣地に避難する。砲爆撃が止んでアメリカ軍が前進してきた時、地下トンネルを通って敵軍に面した斜面の陣地に移動し、アメリカ軍を迎え撃った（この日本軍陣地は「反斜面陣地」と呼ばれた）。

4月8日から24日までの16日間にわたって、日本軍は嘉数高台でアメリカ軍をよく防いだが、戦力も3分の1まで減少したため退却した。

この嘉数高台の戦闘の最中、第32軍は陸軍参謀本部から北飛行場と中飛行場の度重なる奪回命令を受け、4月12日、アメリカ軍に対して攻撃を仕掛けた。この攻撃を強く主張したのは、第32軍参謀長の長《ちょう》勇《いさむ》少将であった。「持久戦」を主張した八原大佐に対し、長は以前から積極的な攻撃を主張していた。しかし12日の攻撃は失敗に終わった。日本軍は2個大隊を失って、後退したのである。

この敗北にもかかわらず、4月29日に首里で開かれた作戦会議で、長は再びアメリカ軍への攻撃を提案した。長は言った。「このまま防御戦闘を続けても、いたずらに戦力を消耗するだけである。それよりもまだ第24師団と第44旅団が無傷のうちに、思い切って攻勢をかけ、死中に活を求めるべきである」。

八原は長のこの意見に反対した。しかし彼を除くほとんどの指揮官と参謀が長の提案に賛成した。牛島は攻撃開始日を5月4日に定めた。

しかし日本軍の攻勢は失敗に終わった。日本軍の攻撃を受けたアメリカ軍は、当初は一時混乱したものの態勢を立て直すと、戦車、大砲、迫撃砲、機関銃など、豊富な火力にものを言わせて猛反撃した。さらに夜が明けると航空機部隊が飛来し、日本軍に激しい空爆を行った。結局攻勢は5月5日に中止され、日本軍は多数の死傷者を出して退却した。

「日本軍は主力部隊を失った」と判断したバックナーは、5月11日、首里への攻撃を開始した。日本軍は首里郊外の高地（アメリカ軍はこの高地を「シュガーローフ」と呼んだ）に反斜面陣地と砲兵陣地で構成された強固な陣地を築いて、激しく抵抗した。しかし5月19日に、この高地もアメリカ軍の手に落ちた。

戦力をズダズダにされた日本軍は八原参謀の意見を採用し、首里市内での戦いをあきらめて地形が険しくて洞窟が多数ある、沖縄南端の喜屋武《きゃん》半島に撤退して持久戦を行うことを決定した。日本軍は5月末に豪雨にまぎれて首里から撤退した。日本軍が退却した後の5月29日、アメリカ軍は首里を占領した。

5月30日、牛島中将は摩文仁《まぶに》の司令部に移動した。

第32軍の退却によって、那覇近くの小禄《おろく》半島で戦っていた大田少将指揮下の海軍部隊は敵中に孤立した。アメリカ軍の攻撃で自分の司令部が孤立したことを知った大田は、6月13日、地下壕で拳銃で自決した。

大田は自決する前の6月6日、東京の海軍次官に宛てて次のような電報を送っている。「この沖縄の戦いで、沖縄県民は勇敢に戦いまた献身的に協力しました。沖縄県民かく戦えり。県民に対し後世、特別のご高配を賜《たまわ》りますようお願い申し上げます」。

6月18日、喜屋武半島の前線を視察していたバックナー中将は、日本軍の砲弾の破片に胸を貫かれ、戦死した（バックナーは、太平洋戦争で戦死した最高位のアメリカ軍の軍人となった）。バックナーの後任にはビルマ戦線で日本軍と戦った、ジョセフ・スティルウェル大将が任命された（6月23日着任）。

喜屋武半島に退却した日本軍は抵抗を続けたが、アメリカ軍の攻撃と「鉄の暴風」と呼ばれる猛烈な艦砲射撃と空爆によって、戦力を減らし、ついに半島の最南端へと追い詰められていった。サイパンの戦いと同様、多くの沖縄県民が手りゅう弾で集団自決したり、摩文仁の崖から飛び降りていった。

しかしその一方で、アメリカ軍の降伏の呼びかけに応じて、多くの沖縄県民や日本兵が投降した。中には数千人単位で投降した県民や、数百人単位で投降した日本兵もいた。

6月23日、牛島中将と長少将は摩文仁の司令部で割腹自決した（八原大佐は牛島の命令でアメリカ軍に投降し、捕虜となった）。この日をもって、沖縄での日本軍の組織的抵抗は終わった（沖縄戦終結日は、6月23日とされている）。

この沖縄の戦いでの日本軍の戦死者は約6万6０００人、沖縄県民の死者は民間人、軍人合わせて約12万人と言われている。アメリカ軍の戦死者は約1万2０００人である。

看護兵として沖縄の戦いに参加したひめゆり部隊の女学生たちは、歌を歌ったり、小説を読んだり、まだ見ぬ未来の恋人に思いを巡らして、胸をときめかす多感な10代後半の女性たちであった。

その彼女らが沖縄の戦いでは看護兵として、弾が飛び交う戦場で命懸けで水くみに行ったり、麻酔なしの負傷兵の手足の切断手術に立会ったり、負傷兵の身体にわいたウジ虫をピンセットで取り除くなどといった仕事に従事した。また「お母さん、お母さん…」とつぶやきながら死んでいく負傷兵の最後を看取ったりもした。

この沖縄の戦いで「ひめゆり部隊」に参加した教師、生徒約240人中、136人が死亡した（この中には荒崎海岸で毒薬を飲んで自決した教師1人と生徒9人が含まれている）。

「鉄血勤皇隊」に参加した約1780人中、約890人が戦死したと言われている。ある隊員が家族に宛てて、次のような遺書を残している。「お父さん、お母さん、英米の野獣に家を焼かれ、壕生活をして、皆も苦しいでしょう。平和な時が来たら、今よりも立派な家を建てるのですよ。楽しく暮らしていこうと思えば、何よりも体が大切であって、体が残っていなければ、何にもなりません。ですからお父さん、お母さん、マサアツ、ヨシ、皆元気でいて下さい。まずや一番、命あり。命があってこそ、何事も思い通りに出来るのである」。

●鈴木内閣成立とトルーマン大統領就任 1945・4

アメリカ軍が沖縄に上陸した6日後の1945年（昭和20年）4月7日、小磯首相が辞任した（戦後小磯は極東国際軍事裁判で終身禁固刑の判決を受けたが、服役中の1950年〔昭和25年〕11月に食道がんで死亡した）。

小磯が首相を辞任したのと同じ日に、鈴木貫太郎*が新首相に就任した。鈴木は前述したように1936年（昭和11年）の二・二六事件で瀕死の重傷を負ったが、かろうじて一命を取りとめた。鈴木はこの時77歳であり、歴代の首相の中で最高齢で就任した首相となった。鈴木内閣には東郷茂徳《しげのり》が外務大臣、米内光政が海軍大臣、そして阿南惟幾《あなみこれちか》が陸軍大臣として入閣した。

その5日後の4月12日、ルーズベルトが脳卒中で死亡した。享年63。連合国軍の勝利を目前にした死であった（現在でもルーズベルトは、歴代アメリカ合衆国大統領人気ランキングでジョージ・ワシントン、エイブラハム・リンカーンと並んで常にベスト3にランキングされている）。鈴木はルーズベルトの死に対して、短波放送を通じて深い哀悼《あいとう》の意を表している。

ルーズベルトの死後、副大統領のハリー・トルーマンが大統領に就任した。副大統領就任後、わずか88日目のことであった。

●本土決戦構想

レイテ沖海戦での連合艦隊の壊滅とレイテ島の地上戦での敗北を受け、大本営は１９４５年（昭和20年）1月20日に「帝国陸海軍作戦計画大綱《たいこう》」を定め、硫黄島、沖縄を含む日本本土の防衛計画を作成した。

その後、硫黄島の陥落、さらにアメリカ軍の沖縄上陸を受け、大本営は「本土決戦」*計画を固めていった。これは日本本土に上陸してくる連合国軍に対して、一大決戦を行うという計画であった。

１９４５年（昭和20年）4月8日、大本営は本土決戦の作戦計画「決号作戦」*を定めた。この計画では、連合国軍の日本本土上陸が予想される秋までに防衛準備を完成させることを目標としていた（事実、連合国軍は日本本土上陸を１９４５年（昭和20年）秋に予定していた）。

この当時、日本陸軍には約４００万人の兵力があったが、そのほとんどがアジア・太平洋各地に配置されており、日本本土にいたのは1割強の約45万人だけであった。そこで新たに徴兵が行われた。また満州、朝鮮に配置されていた兵士の日本本土への移動も行われた。この結果、新たに約150万人の兵が動員された。しかし彼らはほぼ全員が30～40歳代の兵士であった（しかも国内の食糧事情の悪化により、彼らの体力はかなり衰えていた）。

さらにこれらの動員部隊の兵器不足は深刻なものとなっていた。小銃は兵士2人に1人しか与えられず、また機関銃や大砲も各部隊に定数の20～30パーセント程度しか割り当てられなかった。

また徴兵とは別に「国民義勇隊」も設立された。この部隊には15歳から65歳の男性と、17歳から45歳の女性が隊員として動員された。これにより、約2800万人が動員された。武器は隊員が自前で用意することになっていた。その結果、幕末から明治初期に使われた旧式銃、火縄銃、弓矢、日本刀、カマ、出刃包丁、竹槍などが用意された。

また本土決戦用に、航空機約1万機（主に特攻）が動員されることになっていた。しかし、アルミニウム不足による機体やエンジンの質の低下や整備不良、そして燃料不足などの問題もあり、果たして何機がまともに飛べるのか、はなはだ疑問であった。

大本営はこれらの兵力で、上陸してくる連合国軍に対して「水際撃滅作戦」を実施する計画であった。しかし日本の海岸線に陣地を構築するための鉄材やコンクリートが、国内にはほとんどなかった。そのため兵士たちは、タコツボ壕を掘るのが関の山であった。

さらに本土決戦に備え、長野県松代の山中に大規模な「地下壕」を築き、そこに皇室、政府、大本営を移転させるという計画も進められた。

和平への試み　1945・5

ドイツが降伏したのに、なぜ日本は戦い続けたのか

すでに日本は1944年（昭和19年）から外交による事態の収拾を図ろうとしていた。1944年（昭和19年）9月に、日本はドイツとソ連の両国に和平を呼びかけた。これは有利な条件で戦争を終わらせるという目的ではなく、ソ連を日本・ドイツ同盟側（枢軸国《すうじくこく》）に引き入れて、連合国との戦いを有利にしようという意図があった。しかしすでに3年以上も血みどろの死闘を繰り広げていた独ソが和平に応じるはずもなく、両国とも日本の呼びかけを正式に拒否した。

1945年（昭和20年）2月4日から11日に、ルーズベルト、チャーチル、スターリンがソ連クリミア半島のヤルタで首脳会談を行った。この会談は、ドイツ降伏後のヨーロッパ問題（とくにポーランドの扱いに関して）が主要議題であったが、同時にドイツ降伏後、ソ連が対日戦争に参加することを約束した。ルーズベルトは太平洋の島々やアジアで徹底的に戦う日本軍を見て、日本を降伏に追い込むにはソ連の参戦が必要不可欠と考え、以前からスターリンに対日戦への参加を要請していたのである。

1945年（昭和20年）4月25日、イタリアの独裁者ムッソリーニ*はイタリアでイタリアのパルチザン（抵抗組織のこと）に捕えられ、28日に愛人のクラーラ・ペタッチとともに銃殺された後、ミラノ中心部の広場で逆さ吊《づ》りにされた。

4月30日、ヒトラー*は前日に結婚した恋人のエヴァ・ブラウンとソ連軍に包囲されたベルリンの地下壕で自決した（ヒトラーの遺言により2人の遺体にはガソリンがかけられ、焼却された）。5月8日ド

イツは連合国に無条件降伏した。ドイツの降伏によって日本は完全に孤立し、ただ一国だけでほぼ全世界を相手に戦い続けることとなった。

１９４５年（昭和20年）５月11日、ドイツの降伏を受け、東京で「最高戦争指導会議」が開催された。この会議には、総理大臣、外務大臣、陸軍大臣、海軍大臣、陸軍参謀総長、海軍軍令部総長の６名が参加した（なお、この会議は必要に応じて、天皇も出席した）。

この会議で初めて第３国の仲介による連合国との和平が議題にされた。ただし陸軍大臣の阿南と陸軍参謀総長の梅津美治郎《うめづよしじろう》は「ソ連による和平仲介」のみに同意した。さらに両者は本土決戦で日本軍が勝利を収めた後、ソ連の仲介により連合国と和平交渉を行い、日本に有利な条件で講和条約を結ぶことを条件とした。

近年の研究では、阿南も梅津も本当は連合国との和平推進賛成派であったとする説が有力になっている。しかし表立って連合国との和平を主張すると、陸軍内部の主戦派（最後の一兵まで連合国軍と戦おうと主張するグループ）の反対、あるいは最悪、軍事クーデターを招く危険性があった。そこで彼らは表向きは、和平について本心とは異なる強行な意見を述べていたと言われている。

阿南と梅津は「スウェーデン、スイス、バチカン（ローマ法王）などに和平の仲介をしてもらったら、連合国は日本に対して、無条件降伏を突きつけてくるだろう。一方、ソ連は大国である。ソ連はこの世界大戦終了後のアメリカとの対立を踏まえて、〝強い〟日本との同盟を望むはずである。したがって、ソ連は日本に有利な条件での和平の仲介をしてくれるはずである」と主張した。

この主張に東郷外相は反対した。東郷は「ソ連は今年４月上旬に日ソ中立条約の延長を行わない旨を正式に通告してきた。よってソ連に連合国との仲介を期待できる可能性は低い」と主張した。しかし陸軍は「延長されなかったとはいえ、日ソ中立条約は来年4月までは有効である。この期間内にソ連に仲介を依頼するべきである」と主張した。結局、会議では陸軍の主張が承認された。

しかしこの後、5月下旬から6月にかけて、スウェーデン、ポルトガルなどの中立国の大使館などにいる陸軍駐在武官たちから「ソ連が2月のヤルタ会談で、対日参戦を約束した」ことと、「ソ連の対日戦参加は7月以降の確率が高い」といった報告が東京の陸軍省や陸軍参謀本部に相次いで届いた。

しかし陸軍はこの情報を天皇、首相、外務省、海軍などに報告、共有しなかった。ソ連が対日戦に参加するということになれば、陸軍が主張している「本土決戦で連合国軍に一撃を加えた後に、ソ連仲裁による和平」という構想の前提条件が崩れてしまうからである。結局陸軍はこの情報を「握り潰した」。

また5月初旬よりスイスの首都ベルンで、日本の海軍武官の藤村中佐がアメリカOSS（アメリカ戦略情報局）のアレン・ダレス（後のCIA長官）と接触していた。ダレスは藤村に「アメリカ政府は日本と直接和平交渉を行う用意がある」と言った。これを受けて、藤村は東京の海軍省と海軍軍令部に無電で報告した。

この報告を受けた和平派の高木惣吉《そうきち》海軍少将は、直ちに米内海軍大臣に報告した。高木は是非この和平交渉を進めるべきであることと、必要があれば高木自身がスイスに行って、アメリカとの交渉に臨むと言った。しかし米内は高木のどちらの提案も却下した。米内は言った。「これは我が海軍と陸軍を分裂させるための、アメリカの謀略の可能性がある」。

6月3日、東郷外相の依頼を受け、元首相の広田弘毅《こうき》が箱根の強羅《ごうら》のホテルに疎開していたソ連駐日大使のヤコフ・マリクを訪問した。広田は言った。「日ソ中立条約の期限切れが迫っているが、日本はソ連との友好関係をより深めることを願っている」。これに対してマリクは言った。「日本にはまだソ連に対して敵意を抱いている人間がたくさんいる。したがってあなたの言葉を素直に信じることはできない」。結局両者の話し合いは、これといった成果をあげることなく終わった。

6月6日、最高戦争指導会議が開催された。この会議では鈴木首相の指示で内閣総合計画局が作成した「国力の現状」という報告書が提出された。その主な内容は次のとおりである。

・国民生活は窮乏《きゅうぼう》し、局地的に飢餓状態に陥る可能性がある。米や食塩の配給も底をつき、今年の秋には「最大の危機」を迎える。
・工業生産は空襲の激化や石炭不足で、大部分が運転休止になる。
・輸送力も燃料の枯渇《こかつ》と敵の攻撃で、汽船は今年中に皆無、鉄道輸送は半減する。

この報告書に阿南や梅津は異議を唱え、内容の修正を求めた。報告書の内容を認めてしまうと、現在の日本の国力では「本土決戦」など到底行えないことを認めることになるからであった。この陸軍の要求は却下されたが、妥協案として報告書の結論部分が次のように変更された。「最大の問題は、生産意欲と敢闘精神《かんとうせいしん》の不足にある」。つまり精神力を高めれば、本土決戦も可能であるという文言を付け加えることによって、国力のお粗末な現状と、本土決戦が可能であるという陸軍の主張のつじつまを強引に合わせたのである。

6月22日、天皇は最高戦争指導会議を招集した。会議は皇居内の「御文庫《おぶんこ》(図書館)」で開かれた(5

月下旬の空襲で皇居の御所が焼失したため、天皇は御文庫で暮らしていた)。

この会議で天皇は「現在、本土決戦の準備が進められていることは知っているが、和平の実現に向けて、必要な措置を直ちに取るように」と述べた。

また天皇は梅津に「和平交渉は、本土決戦で敵に一撃を加えた後のみという意味なのか」と尋ねた。梅津は「必ずしも一撃の後とは限りません」と答えた。天皇は陸軍から、本土決戦を行わずに、和平に応じる可能性もあるという言質《げんち》を引き出したのである。

天皇の和平実現に向けての発言を受け、外務省はモスクワ駐在大使の佐藤尚武《なおたけ》を通じて、元首相の近衛のモスクワ訪問をソ連政府に打診した。しかし7月18日、ソ連はこれを正式に拒否した。「近衛元首相訪問の目的が不明である」ことが理由とされた。

この頃、シベリア鉄道に乗ったソ連軍の大部隊がヨーロッパからソ連満州国境に向けて、続々と移動していた。このことはモスクワの日本大使館より連日、東京に報告されていた。しかし陸軍参謀本部も関東軍の首脳部も、この報告を真剣に受取ろうとしなかった。彼らは「いずれソ連軍は、国境を越えて攻め込んでくるだろう。しかしその時期は、今年の秋、いや来年であって欲しい」という願望を持っていた。やがてその願望が「ソ連軍の侵攻は今年秋か来年以降である」という、何の根拠もない未来予想となってしまったのである。

なお、この頃になると、アメリカ艦隊による日本本土への艦砲射撃も行われるようになった(艦砲射撃は岩手県釜石市、北海道室蘭市、茨城県日立市などに対して行われた)。

受諾を決定した御前会議ではどんなことが話し合われたのか

●受諾を拒否する人間もいたが天皇が決断を下す

1945年（昭和20年）7月17日、ドイツのベルリン郊外の都市、ポツダムでアメリカ、イギリス、ソ連首脳によるポツダム会談が開催された。そして7月26日、日本に無条件降伏を求める「ポツダム宣言」を発表した（このポツダム会談が始まる前日の7月16日、アメリカはニューメキシコ州で、人類初の原子爆弾〔原爆〕の実験に成功した）。

このポツダム宣言に対し、鈴木首相は記者からの質問に答えるという形で、「ポツダム宣言への回答の必要性を認めない」と発言した。しかし鈴木のこの発言は、海外では「黙殺」として報道された。

8月6日、広島に原爆が投下され、約14万人が死亡した。さらに8月9日未明、ソ連軍約150万人が日ソ中立条約を破って満州への侵攻を開始した。同じ日に皇居内で最高戦争指導会議が開かれ、善後策を協議している最中に、長崎に原爆が投下されたとの報告が入ってきた（死者は約8万人）。この日の午後、首相官邸で緊急閣議（首相と大臣による会議）が開かれたが、あくまで徹底抗戦を主張する阿南陸相と、ポツダム宣言受諾《じゅだく》を主張する東郷外相との間で激論が交わされ、閣議は紛糾《ふんきゅう》したが、結論には至らなかった。そこで御前会議で最終結論を出すこととなった。

翌8月10日、皇居内御文庫の地下壕で御前会議*が開催された。会議で天皇はこう述べた。「これ以上戦争を継続することは、我が民族を滅亡させることになる。速やかに戦争終結を図るように」。これを受け外務省は同日、スイスとスウェーデンの公使を通じてポツダム宣言受諾の電報を連合国に打電した。「天皇の地位に変更が加えられることはないと理解したうえで」との条件付の受諾であった。

8月12日、サンフランシスコ放送を通じて連合国の回答を日本は受信した。その内容の解釈を巡って再び政府と軍部の間で論争が起こった。連合国の回答によると、天皇は連合国軍司令官に「subject to」することとなっていた。外務省はこれを「管理下に置かれる」と解釈したのに対し、陸軍は「従属する」と解釈した。そこで陸軍はこの点に関する連合国への「再照会」を要求した。これに対して外務省は、「再照会は和平の機会を逃す可能性があり、危険である」と主張した。結局異例のことながら、再度御前会議を開催して、ポツダム宣言受諾の可否に関する天皇の裁可を仰ぐこととなった。

同じ日に、海軍軍令部次長の大西中将が東郷外相に迫りこう言った。「外相、日本男子をあと2000万、日本男子の約半数を特攻に出す覚悟で戦えば、日本は必ず勝てます」（ちなみに大西は終戦翌日の8月16日に割腹自決した）。

8月14日、皇居内御文庫の地下壕で再度御前会議が開催された。会議の冒頭で鈴木が天皇にポツダム宣言受諾に関して、再度の判断をあおいだことを詫びたうえで、豊田海軍軍令部総長、梅津陸軍参謀総長、阿南陸軍大臣の3人が現状ではポツダム宣言の受諾は、困難であると主張していると述べた。その後、豊田、梅津、阿南はそれぞれ自分の意見を述べた。

そして最後に天皇が自身の意見を述べた。「私の意見はこの前申したことと変わらない。これ以上の戦争継続は無理だと考える。陸海軍の将兵にとって、武装解除や連合国軍による占領は耐え難い屈辱であろう。また国民の国に命を捧げようという気持ちもよくわかる。しかし私自身はどうなろうとも、国民にこれ以上苦痛をなめさせることは、私には忍びきれない。できることは何でもする。私が直接国民に呼びかけるのが良ければ、マイクの前にも立つ。陸海軍将兵を納得させるのに、陸軍大臣や海軍大臣が困難を感じるのであれば、どこへでも出かけて、なだめて説き伏せる」。天皇は時々ハンカチで目頭を押さえながら、列席者たちに語りかけた。天皇が話している間、地下壕のあちこちからむせび泣く声や、すすり泣く声が聞こえてきた。

この御前会議で、ポツダム宣言の受諾（日本の無条件降伏）が正式に決定された。外務省は前回同様、スイスとスウェーデンの公使を通じてポツダム宣言受諾の電報を連合国に打電した。そして8月15日の正午に、天皇の肉声によるラジオ放送でその旨を全国民に伝えることが決定された（また天皇の肉声は生放送ではなく、レコード録音によって行われることが決定された）。

14日夜、皇居内において天皇は終戦の詔書《しょうしょ》（天皇の命令書）を朗読して、レコード盤に録音した（このレコードは「玉音盤《ぎょくおんばん》」と呼ばれた）。玉音盤は宮内省事務室の金庫に保管された。

◉宮城事件

8月14日、御前会議を終え陸軍省に戻った阿南を、多くの陸軍士官たちが迎えた。阿南は彼らに告げた。「ポツダム宣言を受諾する」。士官らはショックを受けた、そして阿南に「陸相はなぜ決心を変えられたのですか」と聞いた。阿南は言った。「陛下はこの阿南に〝お前の苦しい気持ちはわかるが、ここは涙をのんで我慢してくれ〟と涙ながらにおっしゃられた。自分としてはそれ以上何も言えなかった」。そしてこう言った。「不服なものはこの阿南を斬れ」。

しかし陸軍省の若手士官の何人かは阿南のこの言葉を聞いても、決心を変えようとしなかった。彼らは日本が降伏すれば、天皇制はなくなり、そうなれば日本も終わる。それを阻止するためには、戦争を続けなければならないと考えた。彼らは近衛師団を使って皇居を占領し、玉音盤を奪って明日正午の放送を阻止するという計画を立てた。陸軍省軍務課の椎崎《しいざき》中佐、畑中少佐、近衛師団の古賀少佐、航空士官学校の上原大尉などがこのクーデター計画に参加した。

8月15日午前0時過ぎ、畑中と上原は近衛師団司令部の師団長室を訪ね、森赳《もりたけし》師団長（中将）に自分たちのクーデター計画への同意と参加を迫った。しかし森はこれを拒否。逆上した畑中と上原は拳銃と日本刀で森と同席していた森の義弟の白石中佐を殺害した。

そしてニセの師団長命令書を作成し、皇居を守っていた近衛師団第2歩兵連隊に皇居の占領と玉音盤の捜索を命じた。しかし森の上官である東部軍管区司令官の田中大将が、畑中たちのクーデター計画を知り、直ちに鎮圧に動いた。午前6時頃に田中らは皇居に入り、第2歩兵連隊を指揮下に置いた。クーデターの失敗を知った畑中たちは、すでに皇居を退去していた。玉音盤は無事であった。

同じ頃、阿南は陸相官邸で割腹自決した。自決する前、「一死をもって大罪を謝す」との遺書を書き残している。

クーデターの首謀者である椎崎と畑中は、玉音放送が流れる前に皇居前の芝生で自決した。2人とも自分の腹を切った後、拳銃で頭を撃ち抜いて自決した（畑中は森師団長と森の家族に宛てて「（天皇陛下のため、誠に申し訳なきことを致しました。どうかお許し下さい。あの世でかならずお詫《わ》びいたします」という詫び状を残している）。古賀は森師団長の遺体が安置された近衛師団司令部の貴賓室《きひんしつ》で割腹自決した。上原は航空士官学校（現埼玉県入間市）の教官や生徒たちを扇動《せんどう》して皇居への進撃を企てたが、結局失敗し、8月19日に航空士官学校内の神社の神前で割腹自決した。このクーデター事件を

*「宮城事件《きゅうじょう》」という（宮城とは皇居の別名）。

またこのクーデター事件に呼応して、横浜警備隊長の佐々木武雄《たけお》大尉が自分の母校、横浜工業専門学校（後の横浜国立大学工学部）の後輩を引き連れ、鈴木首相を暗殺するため、首相官邸を襲撃した。しかし鈴木は小石川の私邸に移動していた。そこで佐々木らは小石川の鈴木邸を襲撃したが、そこももぬけの殻《から》であった（結局佐々木らはこの私邸に火を放った）。

●玉音放送

1945年（昭和20年）8月15日正午、終戦を伝える天皇のレコード放送（玉音放送《ぎょくおん》）がラジオを通じて日本全国とアジア各地に流れた。「朕深く世界の大勢と帝国の現状とに鑑《かんが》み、非常の措置をもって、時局を収拾せんと欲し、ここに忠良なるなんじ臣民に告ぐ」で始まる玉音放送は約4分40秒間続いた。日本の敗北を知って泣き崩れる者もいたと言われるが、放送内容が漢語調であったため、内容を理解できなかった国民も多数いたと言われている。

なお、玉音放送が流された8月15日は、太平洋戦争が終結した「終戦の日」となっている。

この日、海軍第5航空艦隊司令長官として特攻攻撃を指揮していた宇垣纏《うがきまとめ》中将は、玉音放送を聞いた後、彗星《すいせい》艦上攻撃機11機を率いて大分の飛行場を出撃し、沖縄に向けて最後の特攻攻撃を行った（宇垣の特攻攻撃は戦争終結後にも関わらず、部下のパイロットたちを死なせた行為であるとして、戦後、遺族などから非難を浴びている）。

阿南や大西のように、終戦を知って自決した日本の軍人と民間人は数百人にのぼったと言われている。

◉終戦は早められなかったのか

終戦という最終局面においても日本の政府や軍部は、様々なミスを犯した。

第一に陸軍、海軍、外務省間で情報の共有が行われることがほとんどなかった。陸軍はソ連の対日戦参戦に関する情報を早い段階から持っていながら、海軍や外務省に共有しなかった。海軍はアメリカとの直接和平交渉の話を外務省と陸軍に共有しなかった。

第二に思い込みによる状況判断である。陸軍はソ連の対日戦参加と、ソ連軍の大部隊がソ連満州国境に移動しているという報告を受けていながら、「ソ連の仲介による和平」という思い込み（もはや〝幻想〟と言ってもいいかもしれないが）によって、状況判断を誤った。海軍もせっかくのアメリカとの直接交渉の機会を、「陸海軍を分裂させようというアメリカの謀略である」という勝手な思い込みで失ってしまった。また外務省は陸軍や海軍が、外務省以上に優れた情報を集めることなどできないと思い込んでいた。

第三に陸軍のソ連軍の満州侵攻時期に関する予想である。前述したように、中立国の陸軍武官からソ連軍侵攻の時期などに関する豊富で精度の高い情報が送られていながら、陸軍は「ソ連軍の侵攻は昭和20年の秋か昭和21年以降だろう」という自分にとって都合のいい〝希望的観測〟で状況判断を行っている。

これらに加えて、日本政府と軍部の和平に向けての「決断の遅さ」もあげられるだろう。日本政府も軍部も、いわゆる「主戦派」の軍人たちを警戒して、１９４５年（昭和20年）５月初旬まで「和平」という言葉すら口にできない状況にあった。その後も阿南や梅津のように、本音は和平だが「主戦派」の軍人らを刺激することを避けるため、口では強硬論を唱える者が軍の指導部に多数いた。その結果、和平への動きが遅々として進まなかった。結局、8月に立て続けに起こった広島と長崎への原爆投下と、ソ連軍の参戦という「外圧」によって、日本はようやく終戦を決断したのである。

もし陸軍、海軍、外務省間で情報の共有が行われ、思い込みや〝希望的観測〟を一切排し、政府と軍部の指導者たちが確固たる意志を持って終戦を決断していたならば、少なくとも8月の広島、長崎への原爆投下とソ連軍の満州侵攻の悲劇は、避けられたのではなかったろうか？

戦後、海軍軍令部OBらによって「海軍反省会」という座談会形式の会合が開かれた。その会合の席上、豊田隈雄《とよだくまお》元海軍大佐は次のように述べている。「海軍は常に精巧な考えを持ちながら、その信念を国策に反映させる勇を欠き、ついに戦争、敗戦へと国を誤らせるに至った。陸軍も海軍も陸海軍あるを知って、国あるを忘れていた。敗戦の責任は（陸海軍）五分五分である」。

ポツダム宣言受諾後の混乱　1945・8～9

受諾決定後、国内外で何が起きたのか

◉ソ連軍との戦闘

8月15日を過ぎても、日本軍と連合国軍の戦闘はまだ続いていた。とくに満州に侵攻したソ連軍と日本軍との戦闘は継続していた。

8月9日に満州に侵攻したソ連軍の兵力は、アレクサンドル・ヴァシレフスキー元帥率いる兵士約1

ソ連の侵攻経路と旧満州国

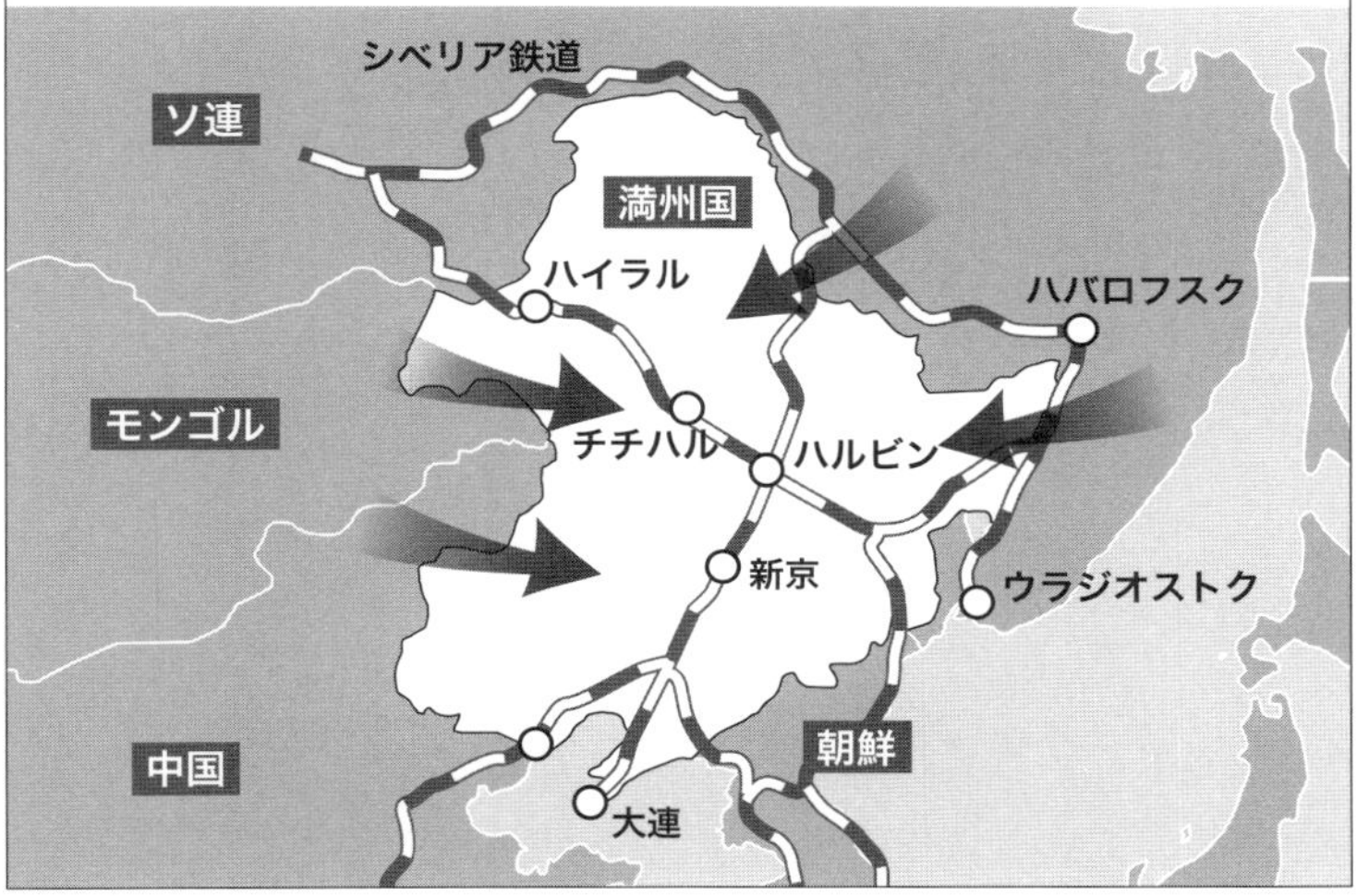

５０万人、大砲約２万６０００門、戦車約５５００両、航空機約３４００機であった。対する関東軍は、山田乙三《おとぞう》大将率いる関東軍の兵士約70万人、大砲約１０００門、戦車約２００両、航空機約３５０機であった。またこれとは別に満州国軍約30万人がいた。

兵の数では関東軍、満州軍１に対して、ソ連軍１・５の比率であったが、大砲、戦車、航空機といった機械化装備では、ソ連軍が圧倒的に優勢であった。しかもソ連満州国境は１０００キロ以上に及ぶ長大なものであった。その国境線沿いに関東軍は薄い防衛線を敷かざるを得なかった。しかも陸軍参謀本部と関東軍の首脳部はソ連軍の侵攻は秋か来年以降だろうと予想していたため、ソ連軍が侵攻を開始した時、関東軍の兵士たちは警戒態勢に入っていなかった。

しかしそれでも国境線の関東軍は勇敢に戦った。関東軍の一部の部隊は、地形や陣地を利用してソ連軍に多大な損害を与えた。しかし第２、第３の防衛線を築いていなかったため、ひとたび国境沿いの防衛線が突破されると、ソ連軍は堤防を決壊させた濁《だく》流《りゅう》のように、一気に満州国内になだれ込んできた。

満州国内には約150万人の「開拓団」を中心とした日本人居留民が暮らしていた。国境の防衛線がソ連軍に突破されたことを知った関東軍部隊のほとんどは、これらの居留民を見捨てて、自分たちの家族だけを連れ、鉄道やトラックなどで南へと退却していった（関東軍司令官の山田大将と関東軍総参謀長の秦彦三郎《はたひこさぶろう》中将の妻と家族は飛行機で日本に脱出している）。

関東軍に見捨てられた居留民たちは、徒歩などで自力で避難していった。その避難の途中、飢えと病気、そしてソ連軍による無差別攻撃などによって、約18万人が死亡したと言われている。またこの避難の途中、多くの日本人の子供らが親たちのやむにやまれぬ事情（食糧不足など）により、中国人家庭に引き取られた（彼らは後に「中国残留孤児」と呼ばれた）。

満州帝国皇帝の溥儀《ふぎ》は首都の新京（現在の長春）を脱出し、奉天から飛行機で日本への亡命を試みたが、そこでソ連軍に捕らえられた（1946年〔昭和21年〕。溥儀は極東国際軍事裁判に〝証人〟として出廷している。1950年〔昭和25年〕に中華人民共和国に送還され、政治犯収容所に収監された。1959年〔昭和34年〕、溥儀は恩赦によって釈放された。その後は北京動物園で庭師として勤務し、1969年〔昭和44年〕に癌《がん》で亡くなった。享年61であった）。

8月19日、関東軍はすべての戦闘行動を停止した。そして約57万人の関東軍兵士が捕虜としてソ連軍に捕らえられた。彼らはシベリアなどソ連各地の収容所に送られ、過酷な強制労働に従事した。その後1956年（昭和31年）までに生き残った元関東軍兵士らは帰国した。この抑留《よくりゅう》中《ちゅう》に約10万人が死亡したと言われている。

樺太、千島列島の位置図

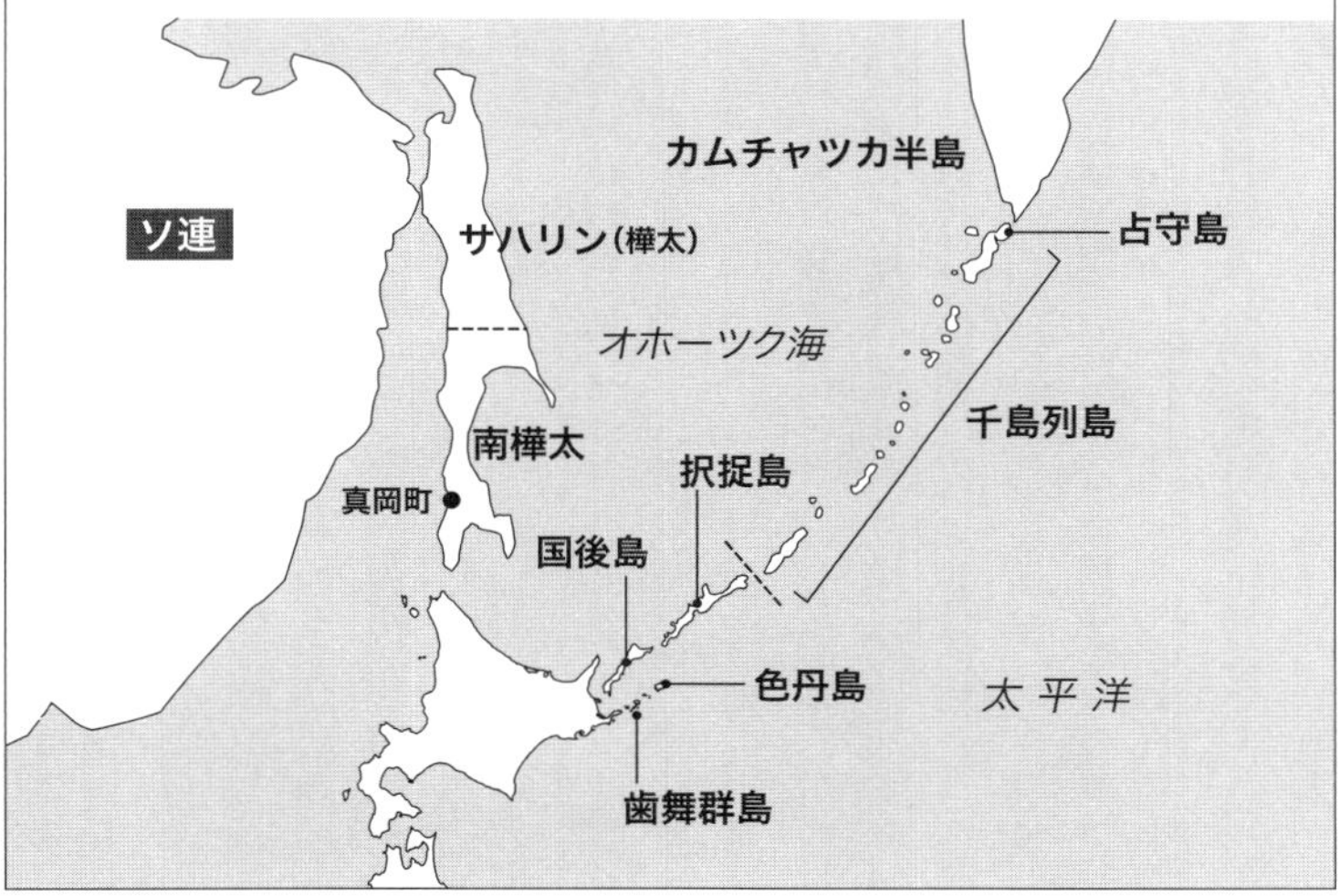

8月11日、北樺太（現サハリン島北部）のソ連軍は、当時日本の領土であった南樺太（現サハリン島南部）に侵攻した。8月20日、南樺太の真岡町にソ連軍が上陸した際、郵便局で勤務していた日本人女性の電話交換手9人が自決した。8月25日、ソ連軍は南樺太全土を占領した。生き残った日本人は日本の民間船で日本本土に帰還した。

8月18日、ソ連軍は千島列島への上陸を開始した。千島列島最東端の占守島《しゅむしゅとう》*の戦いで、日本軍は精鋭の第11戦車連隊を繰り出すなど、ソ連軍に多大な損害を与えたが、21日に島の日本軍は降伏した。その後択捉島《えとろふとう》、歯舞島《はぼまいとう》、色丹島《しこたんとう》、国後島《くなしりとう》などが次々と占領され、9月5日にソ連軍は千島列島全島を占領した。

さらにヴァシレフスキーは8月18日に指揮下の3個師団に北海道への上陸準備を命じたが、ソ連軍総司令部からの指示により中止された。

ソ連軍はまた朝鮮半島にも侵攻した。アメリカとの取り決めにより、ソ連は北緯38度線以北の朝鮮半島北部を占領した。このソ連軍の占領に一人の朝鮮人士官が参加していた。士官の名を金日成《キムイルソン》といった。後の朝鮮民主主義人民共和国（北朝鮮）の最高指導者、そして現在の北朝鮮の最高戦争指導者・金正恩《キムジョンウン》の祖父である。

◉もし戦争が続いていたら

もし日本がポツダム宣言を受諾せず、戦争が継続していたらどうなっていただろうか？　アメリカ軍は「ダウンフォール作戦」*という日本本土上陸作戦を準備していた。この作戦は２つの段階（作戦）で構成されていた。

まず第１段階は「オリンピック作戦」*と呼ばれる、九州南部への上陸作戦であった。これは約３０００隻の艦艇と約２０００機の航空機の援護の下、16個師団、約34万人の部隊が九州南部の宮崎、大隅半島、薩摩半島に上陸するというものであった。ただしこの作戦の目的は、関東上陸作戦を援護する航空機部隊の飛行場を確保することが主目的であったため、占領するのは九州南部のみとされていた。なお、作戦開始予定日は、１９４５年（昭和20年）11月１日であった。

「オリンピック作戦」が終了した後、第２段階として「コルネット作戦」*が予定されていた。これは関東平野への上陸作戦であった。この作戦は湘南海岸と九十九里海岸に地上部隊を上陸させた後、東西から東京を包囲、占領するというものであった。この上陸作戦には１００万人以上の地上部隊が参加する予定であり、上陸予定日は１９４６年（昭和21年）３月１日であった。

もし８月15日以降も戦争が続いていたら、アメリカ軍はこの「ダウンフォール作戦」を実施していたであろう。しかし前述したように、ソ連軍がすでに８月末に北海道への上陸の準備を進めていたため、九州南部と関東平野への上陸作戦は、予定より早まっていた可能性が高かったと思われる。
一方の日本軍であるが、まず日本に接近するアメリカ艦隊と輸送船団に対して、航空機による特攻攻撃を行う計画であった。前述したように、本土決戦用に約１万機の特攻機が用意されていた。しかしアメリカ軍がフィリピン上陸作戦前に行ったように、日本国内の基地に待機していた特攻機部隊はアメリカ航空機部隊によって上陸前に徹底的に攻撃され、壊滅していた可能性が高かったと思われる。

さらにアメリカ艦隊と輸送船団が九州南部と関東の海岸線に近づいた時、震洋《しんよう》（先端部に爆薬を詰め込んだベニヤ張りの小型モーターボート）が海岸線沿いの基地から一斉に発進して、アメリカの艦船に特攻攻撃を仕掛ける予定になっていた。しかし恐らくアメリカ軍の事前の猛烈な砲爆撃によって、震洋の多くは沿岸の基地ごと破壊されていた可能性が高かったと考えられる。たとえアメリカ軍の砲爆撃を逃れた震洋がアメリカの艦船目がけて特攻攻撃をかけたとしても、成功率は低かったであろう。

アメリカの艦艇は空を飛んで突っ込んでくる特攻機でも、レーダーとＶＴ信管付砲弾で撃墜することができた。ましてや、特攻機よりはるかに低速で海上を進んでくる震洋を迎撃するのは、それほど難しいことではなかったのではないか。しかも震洋はベニヤ張りの船体であり、先端部には爆薬を満載していた。一発でも船体に当たれば、爆発、轟沈《ごうちん》していたであろう。

一方、アメリカ上陸部隊を迎え撃つ日本軍の戦力は、前述したように陸軍部隊約２００万人と国民義勇隊約２８００万人であった。しかし竹槍や出刃包丁などで武装した国民義勇軍は、ほとんど戦力にはならなかったであろう。また陸軍部隊のうち、武器も満足に与えられていない「にわか作り」の約１５０万人も戦力になるかどうかはなはだ疑問である。頼みの綱は陸軍正規部隊約45万人であったであろう。

仮に九州南部の海岸に約15万人、関東の海岸に約30万人を集中配置したとしても、九州南部に上陸する約34万人と、関東に上陸する100万人以上のアメリカ軍に対して、約半分から3分の1程度の戦力でしかない。

また日本軍は「水際撃滅作戦」を取る予定であったが、資材不足のため、九州南部と関東の海岸線には、陣地と呼べるものがほとんどなかった。せいぜい兵士たちが掘った粗末なタコツボ壕が関の山であった。そのような粗末な陣地では、サイパンの戦いのように連合国軍の上陸前の砲爆撃によって大半が破壊され、多くの日本兵が死傷していたと思われる。

このように連合国軍の上陸前に多数の兵と陣地を失った日本軍は、上陸してきたアメリカ軍に対して無謀な「バンザイ突撃」を行い、いたずらに損害を増やすことになっていたであろう。戦力をズダズダにされた日本軍は東京から撤退し、皇室、政府、大本営を長野県松代の地下壕に移動させていたかもしれない。また兵力の大半を失った日本軍は、山岳地帯などに後退することを余儀なくされていたと思われる。その頃には北海道を制圧したソ連軍が、津軽海峡を渡って青森に上陸、東北地方を南下してきたであろう。

また内閣総合計画局が作成した「国力の現状」という報告書の予想どおり、1945年（昭和20年）の秋以降に日本は深刻な食糧不足に見舞われたであろう。そうなれば国民、兵士の士気は急速に低下することは避けられなかったはずである。そして沖縄戦終盤のように、民間人や兵士のアメリカ軍への集団投降が一気に加速された可能性が高かったのではないか。

アメリカ軍の関東上陸の数カ月～1年後、松代の地下壕はアメリカ軍、またはアメリカ・ソ連連合軍によって包囲され、ついに日本は無条件降伏を余儀なくされることになっていたのではないだろうか。そして日本はソ連に占領された北海道、東北（これに上越も加わっていたかもしれない）と、アメリカに占領された関東以西の「2つの国家」が誕生し、「分断国家」として戦後の歴史を歩むことになっていたと思われる。

◉日本国内の混乱

1945年（昭和20年）8月15日、鈴木首相は辞任した（鈴木は1948年〔昭和23年〕4月に80歳で亡くなった）。鈴木の後を継いで、皇族で陸軍大将の東久邇宮《ひがしくにのみや》*が首相に就任した。

玉音放送が流れた8月15日以降も依然として、「徹底抗戦」を訴える軍人が複数いた。

厚木飛行場の第三〇二海軍航空隊司令官の小園《こぞの》大佐は、日本の降伏を受け入れず、8月15日に「三〇二海軍航空隊は降伏しない」ことを宣言した。しかしその後小園はマラリアにかかって入院したため、反乱は21日に鎮圧された。

8月17日、「東京で終戦を阻止するため、立ち上がった部隊がいるらしい（宮城事件のこと）」という情報を聞いた水戸教導航空通信師団の士官らは、部隊を率いて東京に向かった。彼らは上野公園内にある東京美術学校（後の東京芸術大学美術学部）を占拠して立てこもった（上野公園占拠事件*）。しかし宮城事件はすでに終結ずみであることを知った彼らは、19日に水戸の師団に戻った。そしてこの事件を指導した士官数名が自決した。

8月24日には、宮城事件に参加した窪田《くぼた》陸軍少佐が埼玉県寄居町の陸軍予科士官学校の生徒67人を引き連れ、埼玉県川口市にあるラジオ放送所を占拠した（川口ラジオ放送所占拠事件*）。しかし東部軍管区司令官の田中大将が現場に駆けつけて、窪田を説得した。田中の説得に応じた窪田は、部隊を引きつれて列車で寄居町に戻った（なお、田中大将は29日に皇居へのアメリカ軍の爆撃を防げなかった責任を取って、拳銃で自決している)。

8月17日、大本営は皇族の朝香宮鳩彦王《あさかのみややすひこおう》を中国および東南アジアに派遣した。朝香宮は各地の司令官や部隊に、「降伏は天皇の意志であり、連合国軍に対して決して強硬な態度を取らぬように」と説得して回った。

◉連合国軍の日本進駐

8月19日、日本政府と軍の代表団がマニラに到着し、連合国軍(アメリカ軍が主力)の日本進駐(占領)に関して話し合いが行われた。日本側は日本進駐を9月下旬頃と想定していたが、連合国側は「日本進駐は8月26日以降より開始する」と一方的に通告してきた。

前述したようにこの頃、ソ連軍は南樺太と千島列島に侵攻し、さらに北海道上陸を準備していた。そのため、アメリカ軍も速やかに日本に進駐しなければならないという判断が働いたのがその理由であった。

8月21日、大本営は「連合国軍は8月26日以降、日本への進駐を開始する」ことを各部隊に通達した。各部隊には海岸に設置された大砲の除去や、航空機の飛行禁止などが命じられた。航空機のプロペラを外したり、爆薬や弾薬を海中に捨てるようになどの細かい指示もなされた。

8月22日、大本営は全部隊に「戦闘停止命令」を正式に通達した(これには自衛のための戦闘行為も含まれていた)。

8月28日、アメリカ軍第一陣が厚木飛行場に到着した。その2日後の8月30日、愛機「バターン号」に乗った連合国最高司令官、ダグラス・マッカーサーが厚木飛行場に降り立った。

マッカーサーとアメリカ兵らは、車とトラックに分乗して約25キロ先の横浜に向かった。道の沿道には武装した日本兵が定間隔に立って、一行を護衛した（日本兵は全員、マッカーサーらに背を向けていた）。横浜に到着したマッカーサーは、空襲で焼け残った「ホテル・ニューグランド」を仮の宿舎とした。

そこでマッカーサーは本人の強い希望により、ウェインライト中将とパーシバル中将と面会した。ウェインライト中将は、１９４２年（昭和17年）にマッカーサーがフィリピンのコレヒドール島から脱出した後、アメリカ軍の指揮を執り、日本軍に降伏した軍人であった。パーシバル中将はマレー、シンガポールのイギリス軍司令官として日本軍と戦い、１９４２年（昭和17年）２月に日本軍に降伏した軍人であった。

両将軍とも、戦争中は台湾や満州で捕虜生活を送っていた。２人とも長年の捕虜生活で、すっかり痩せこけていた。

●日本降伏文書調印式

１９４５年（昭和20年）９月２日、東京湾に停泊していた戦艦「ミズーリ」の甲板で日本の降伏文書調印式が行われた。この日東京湾には「ミズーリ」を含む、ハルゼー大将率いるアメリカ第３艦隊が停泊していた（ちなみにスプルーアンス大将は、この日、沖縄にいた）。

この日の朝、横浜港に集まった連合国代表団はアメリカの駆逐艦「ブキャナン」に乗った。そして約１時間の航海の後、戦艦「ミズーリ」に到着した。午前８時３分、「ブキャナン」は「ミズーリ」に横付けした。連合国代表団は「ミズーリ」に乗り移った。その20分後、マッカーサーが「ミズーリ」に乗艦した。ニミッツとハルゼーが、マッカーサーを出迎えた。

駆逐艦「ブキャナン」が横浜港を出港した後、日本の代表団が横浜港に到着した。日本政府代表は重《しげ》光葵《みつまもる》外務大臣、日本軍の代表は梅津陸軍参謀総長であった。2人を含む総勢11人の日本代表団はアメリカの軍艦に乗り、「ミズーリ」を目指した。彼らを乗せた軍艦が「ミズーリ」に近づいたところで、日本代表団はランチ（小型の連絡船）に乗り換えた。そして彼らはタラップ（艦船の乗降用の階段）を上って「ミズーリ」の甲板に到着した（重光は15年前の上海での爆弾テロで片足を失っていたため、杖を頼りに重い義足を引きずりながらタラップを上った）。

甲板に着いた彼らの目の前には、椅子とテーブルがあり、そのテーブルの上には降伏文書が2冊置いてあった。すでに甲板には連合国代表団と新聞記者やカメラマンが待ち構えていた。その周りや大砲の上、あるいは艦橋などには、この歴史的瞬間を一目見ようとする「ミズーリ」の乗組員たちが所狭しと立っていた。なお、この会場の片隅には、92年前の1853年（嘉永6年）に日本に来航したペリー率いるアメリカ東インド艦隊（いわゆる「黒船」）に翻《ひるがえ》っていた星条旗が掲げられていた。

その後、艦橋からマッカーサー、ニミッツ、ハルゼーが現れた。マッカーサーは用意されていたマイクに向かい、持っていた原稿を読み始めた（この様子はラジオで全米に生中継された）。

「我々主要交戦国の代表は今ここに集い、平和を回復するための厳粛な協定を締結する。異なる思想や理念の対立はすでに戦場で決着がついており、もはや議論すべきではない。今ここで受諾されようとしている日本帝国軍の降伏条件は、諸君の目の前の降伏文書に記載されている。

連合国軍最高司令官として責任を遂行するにあたり、代表する諸国の伝統に従い、正義と寛容をもって臨むと共に、降伏条件が全面的に速やかかつ忠実に守られるよう、最善を尽くすことをここに宣言するものである。

それではこれより日本国天皇および日本政府と大本営の代表者に、降伏文書に署名することを求める」そう言った後、マッカーサーは日本代表団に対して降伏文書に署名するよううながした。

まず外交官の岡崎が一歩進み出て、重光と梅津の全権委任状を提示した。そして重光が外交官の加瀬俊一に付き添われて椅子に座り、降伏文書に漢字で署名した。午前9時4分のことであった。続いて梅津が署名した（彼もまた漢字で署名した）。

2人が署名した後、再びマッカーサーがマイクに向かって発言した。「日本と戦争をしたすべての国を代表して、連合国軍最高司令官が署名を行う」（マッカーサーはこの降伏文書調印式で、司会と主役を兼務した）。続けて彼はこう言った「ウェインライト中将、パーシバル中将、前へ」。マッカーサーに呼ばれた2人の将軍は、彼に敬礼して進み出た。

マッカーサーはポケットから5本のパーカー製の万年筆を取り出し、署名を始めた。マッカーサーは署名を途中で止めて振り返り、その万年筆をウェインライトに渡した。2本目の万年筆で署名すると、今度はそれをパーシバルに渡した。そして残りの3本の万年筆を取り換えながら署名を終えた。1本は母校のウエストポイント（陸軍士官学校）に、1本はアメリカ国立公文書館に寄贈するためのものであった。最後の1本はマニラにいる妻と子供のために持ち帰った。

次にアメリカ代表として、ニミッツ元帥が署名した。続いて中華民国代表徐永昌《じょえいしょう》将軍、イギリス代表フレーザー大将、ソ連代表デレビヤンコ中将、オーストラリア代表ブレイミー大将、カナダ代表コスグレーブ大佐、フランス代表ルクレール大将、オランダ代表ヘルフレッヒ大将、ニュージーランド代表イシット少将が署名した。

連合国のすべての代表が署名した後、再びマッカーサーがマイクに向かって発言した。「これをもって世界に平和が戻った。平和が守られるよう神に祈ろう。これで調印式を終了する」。

ここに3年8カ月にわたる太平洋戦争は正式に終結した。この戦争における日本の死者は約310万人。アジア諸国の死者はそれをはるかに超えると言われている。

おわりに――客観的視点を持つことが教訓を活かすことになる

今回、本書執筆にあたって、あらためて太平洋戦争に関する様々な文献を読み返してみた。そこでつくづく感じたのは「いかに日本兵が勇敢に、そして忍耐強く戦ったか」ということである。

もちろん、アメリカ、イギリス、中国、インド、オーストラリア、ニュージーランドなどの連合国軍兵士らも勇敢に戦った。しかし、日本兵は彼らよりはるかに劣悪で不利な状況の下で戦い抜いた。とくに太平洋戦争の後半では、味方の援軍や補給がまったく期待できない状況の下、はじめから玉砕(全滅)覚悟で、最期まで絶望的な戦闘を戦い抜いた日本兵や、特攻で若い命を散らしたパイロットたちの献身と勇気には、ただただ頭が下がる思いである。

しかし、だからこそ、日本の戦争指導者や高級指揮官たちのお粗末な指揮や無能さに、怒りを感じずにはおられない。

日本が3年8ヵ月におよぶ太平洋戦争を戦うことができたのは、ひとえに「日本兵と日本人の勇気と忍耐」によるものではないかとさえ思えてくる。

本書を執筆していてもう一つ感じたのは、太平洋戦争の過程と、戦後のバブル経済の誕生と崩壊のプロセスが非常に似ているように思われるということである。

戦後、〝奇跡的〟な復興と高度経済成長を果たした日本は、1980年代に「バブル経済」を迎えた。

この時、日本のほとんどの企業は、株や不動産などの投資に際限なくのめり込んでいった。これは太平洋戦争で際限なくアジア太平洋に戦線を拡大していった時の日本軍に似ているように思われる。

そしてバブル経済が崩壊した時、これらの企業は大量の不良債権を抱えてしまった。中には経営危機に瀕する企業まであった。この危機を回避するため、多くの企業では「リストラ」と呼ばれる社員の大量解雇が行われた。バブル崩壊に何の責任もない社員たちが「詰め腹」を切らされたのである。しかし会社を傾けた当の責任者である経営幹部の多くは、何の責任も取らず、その地位に留まり続けたのである。

これはミッドウェーとガダルカナルの戦い以降、敗北を続けた日本軍が戦線を維持するため、兵士やパイロットたちに太平洋の島々での玉砕戦や特攻攻撃を命令した日本軍首脳部の行動に似ているように思われる。日本軍の敗北に何の責任もない、兵士やパイロットたちが死んでいく一方、大本営の指揮官や参謀らが、責任を取ることはほとんどなかった。

「攻撃重視、人命軽視」の日本軍と、「利益重視、社員の生活・安全軽視」の日本企業（もちろん、すべての日本の企業がそうだとは思わないが）の体質は、どこか似ているように思われる。

それ以外にも、日本軍という組織が持っていた問題点は、現在の日本の政治や社会や企業が持っている問題点と驚くほど似ているように思われる。例えば長期計画を立てられないこと、組織間・部門間の連携の悪さやセクト主義、部下や部署への命令、指示内容の曖昧さ、学歴偏重主義などである。

現在、日本は１０００兆円以上の借金を抱える世界一の「借金大国」である。日本政府の年間歳入は約50兆円であるのに対して、年間支出は約100兆円であり、足りない約50兆円は国債の発行（つまり借金）でカバーしている。つまり日本は、年間収入が約50兆円しかないのに、1000兆円以上もの借金を抱え、しかもその借金は毎年50兆円以上も増え続けているのである。

私はそう遠くない将来、日本はかつて経験したことのない、深刻な経済・財政危機を迎えるのではないかと危惧している。それは「経済的焼野原」、あるいは「第二の敗戦」とも呼べるような事態になるのではないか。もしそうなれば、太平洋戦争やバブル崩壊の時と同じように、何の責任もない国民や一般の会社員などが犠牲になることになるだろう。

「太平洋戦争の歴史にはその最悪のシナリオを回避するための、様々な教訓やヒントが散りばめられているのではないか?」。そんなことを考えながら本書を執筆した。

日本人はとかく太平洋戦争を感傷的、あるいは感情的に見る傾向があるように思われる。しかし、そのような見方からは決して何も得られることはないだろう。

客観的な視点から太平洋戦争の歴史を冷静に見ることによって、私たちは今の日本の社会や経済をより良い方向に導いていく、多くの貴重な教訓をあの戦争から得ることができるのだと思う。そしてそれらの教訓を将来に活かしていくことが、あの無謀で悲惨な戦争で亡くなっていった多くの人々の死を無駄にしない、唯一の方法ではないかと思う。

著者　記す

ま

や・ら・わ

は

な

た

さ

索引

あ

か

写真協力

P.017
ⓒTopFoto/amanaimages

P.045
ⓒThe Granger Collection/amanaimages

P.103
ⓒNaval History and Heritage Command/amanaimages

P.147
ⓒNaval History and Heritage Command/amanaimages

P.203
ⓒNaval History and Heritage Command/amanaimages

P.277
ⓒTopfoto/amanaimages

■諏訪　正頼（すわ　まさより）
1969年埼玉県生まれ。

ロンドン大学（キングス・カレッジ・ロ ンドン）大学院修士課程修了（研究テーマ：中近東およびバルカン半島の地域紛争・民族紛争）。中央大学大学院博士後期課程退学（研究テーマ：太平洋戦争における日米の戦略・戦術の比較）。軍事戦略・戦術、軍事組織、軍事史、地域紛争、民族紛争、国際政治などに関する論文多数（「The Afghan War 1979～1989」「太平洋戦争における日米の戦略・戦術・組織等の比較」「アメリカ海兵隊の変遷に関する一考察」など）。

他に著者自らが「太平洋戦争史ブログ」を立ち上げ、人気のサイトとなっている。

http://blog.livedoor.jp/pacificwar/

現在、貿易関連企業に勤務。TOEICスコア925点。

いまこそ読みとく太平洋戦争史

2016年8月20日　初版発行

■著　者　諏訪　正頼
■発行者　川口　渉
■発行所　株式会社アーク出版
〒162-0843　東京都新宿区市谷田町2-23
第2三幸ビル2F
TEL.03-5261-4081　FAX.03-5206-1273
ホームページ　http://www.ark-gr.co.jp/shuppan/
■印刷・製本所　新灯印刷株式会社

ISBN978-4-86059-165-6